现代大学生思想政治教育与创新创业

孙海燕 著

吉林出版集团股份有限公司

图书在版编目（CIP）数据

现代大学生思想政治教育与创新创业 / 孙海燕著
. -- 长春 : 吉林出版集团股份有限公司, 2019.7
ISBN 978-7-5581-7488-9

Ⅰ.①现… Ⅱ.①孙… Ⅲ.①大学生—思想政治教育
—研究—中国②大学生—创业—研究—中国 Ⅳ.
①G641②G647.38

中国版本图书馆CIP数据核字(2019)第145615号

书　　名：现代大学生思想政治教育与创新创业

作　　者/孙海燕

责任编辑/蔡宏浩

责任校对/朱进封面设计/朱进

开　　本/787mm×1092mm　1/16

字　　数/300千字

印　　张/14.5

版　　次/2019年7月第 1 版

印　　次/2022年9月第 1 次印刷

出　版/吉林出版集团股份有限公司（长春市人民大街4646号）

发　行/吉林音像出版社有限责任公司

地　址/长春市绿园区泰来街1825号

印　刷/长春市博美图文印业有限公司

ISBN　978-7-5581-7488-9　　　　　　　　定　价：79.00元

前　言
PREFACE

改革开放 40 余年来，我国的政治、经济、文化及人民生活的方方面面都发生了令人惊叹不已的变化。随着社会的进步，一些新的突出的问题、矛盾也交织在人们面前，而且十分棘手，大学生就业就是其中之一。近年来，高校毕业生人数不断增加，又受国际金融危机的影响，我国大学生就业的形势十分严峻。就业是民生之本，尤其是大学生的就业，它关系到十六年寒窗苦读价值的体现，也关系到每个家庭的安宁与殷切期待，更关系到社会的稳定与祥和。《国家中长期教育改革和发展规划纲要（2010—2020）》明确指出，要大力推进高等学校创新创业教育工作，加强学生创新能力和实践能力的培养，加强就业创业教育和就业指导服务，着力提高学生的就业创业能力。2012 年 8 月，教育部专门下发了《关于普通本科学校创业教育教学基本要求（试行）的通知》，对普通高校创业教育的教学标准、教学内容做了基本规定，提出面向全体、注重引导、分类施教、结合专业、强化实践的原则，推动高等学校创业教育科学化、制度化、规范化建设。我们认为，就业指导与创业教育作为知识经济条件下产生的国际教育新理念，为思想政治教育学科带来了新的研究课题，成为了思想政治教育学科的新领域。就业指导与创业思想教育是大学生思想政治教育与社会需要的结合点，它的很多目标与大学生思想政治教育是相吻合的。

因而，把职业生涯规划、就业指导和创业教育与思想政治工作有机结合起来，使大学生思想政治教育工作更加具有针对性和实践性，是继续加强和改进大学生思想政治教育工作行之有效的方法。

本书在思想政治教育理论框架中，通过对大学生职业生涯规划思想教育问题研究、大学生职业生涯规划思想教育的思考以及在就业与创业中的思想政治工作等问题的探讨，要求在就业指导与创业教育中加大思想政治工作的力度，形成具有中国特色的符合中国实际的思想政治教育理论，更好地指导就业与创业的实践，解决民生之根本问题。全书分为七章，第一章对思想政治教育中的创新创业进行阐述，第二章就大学生思想政治教育与创新创业的理论基础进行分析，第三章研究的是开展大学生思想政治教育与创新创业的思维模式，第四章阐述的是思想政治教育中创业者的素质教育，第五、六章分析大学生创新能力构建的理论和大学生创业模式的理论分析，第七章对大学生创新创业的法律保障问题进行阐述。

本书结合大学生群体的实际特点，帮助大学生了解和掌握创新与创业的相关知识和规律，提高大学生的创新意识和创业能力。本书具有知识新颖、内容丰富、贴近实际、注重素质培养和能力提升等特点。

本书在写作过程中，参考和借鉴了国内外专家和学者关于创新教育研究方面的相关成果，在此，对被引用作者致以深深的谢意。在本书的写作过程中，由于时间仓促，力有不逮，疏漏、错谬之处，恐在所难免。在此，请各位专家、读者多多批评指正。

目 录
CONTENTS

第一章 思想政治教育中的创新创业

大学生是十分宝贵的人才资源，是民族的希望，是祖国的未来；思想政治教育要与择业就业相结合、要与创新创业相结合；要帮助大学生树立正确的就业观念。思想政治工作与就业指导创新创业教育的内在的、必然的联系。本章主要分析研究思想政治教育与创新创业的关系。

第一节 思想政治教育指导大学生创新创业

党中央、国务院一直大学生思想政治教育工作和就业工作，二者相互联系，相互促进。高校一定要认识到位，而且还要做到锐意创新，必须在做好就业工作的同时，切实做好思想政治教育工作。

一、加强大学生思想教育工作，树立大学生正确的就业观

（一）突出最后一课

通过四年大学的学习，学生在思想政治素质，专业理论知识上都有一定的提高与积累，当要毕业的时候，相当一部分学生由于就业问题或这样那样的原因出现思想不稳定、心烦气躁等一些现象。愈是如此，思想政治教育工作则愈加重要。要结合毕业生的特点，结合教育实习、毕业论文、形势教育等继续深化对大学生的三观教育、诚信教育、爱国主义教育，上好四年大学中的最后一课。在就业创新创业教育过程中，突出诚信教育，采用案例教学、多媒体教学、职业论坛等形式讲明诚信在就业创新创业工作中的重要作用，做到对

毕业生负责，对用人单位负责。以隆重而热烈的毕业典礼为契机，表彰到基层、到西部去的优秀学生，鼓励广大毕业生在为国家、为社会建功立业中实现自己的人生价值，奉献社会，回报祖国。做好毕业生离校前的思想教育和各项服务工作，耐心倾听毕业生心声，竭尽所能为他们排忧解难，使毕业生离校工作井然有序，没有出现不文明现象，培养感恩母校、回馈母校的真情实感。

在就业创业思想教育中，高校要始终不渝地全面贯彻党的教育方针，坚持学校教育、育人为本，德智体美、德育为先的原则，充分发挥大学生思想政治教育主阵地、主课堂、主渠道的作用，全方位推进大学生思想政治教育，多方面促进大学生全面发展。在高等院校中构建完善的适应社会发展的就业创业指导体系，建立完整的就业创业指导目标、指导内容，形成有效的就业指导方式和手段，逐步推进在整个大学期间的就业创业指导，并且在就业创业指导的同时推进对学生的人生教育。

（二）加强观念更新

在我国传统的职业观念影响下，人们都希望能够到政府机关、事业单位或国有大企业谋职、发展，而不愿意到集体企业或私营企业求职发展。随着改革开放的深入，人们的就业观念也有了深刻的变化。第一阶段，有人放弃进国有企业的机会而到"三资"企业去求职、应聘，谋到更适合自己的职业；第二阶段，有人放弃政府官位不坐而去下海经商；第三阶段，有人希望自己能够早日办公司、当老板等等。传统的职业观念是终身从事一项稳定的职业，不断精益求精，直到退休。这种职业观念已不适应市场经济发展的要求。而现在大学生一度出现的就业难和就业紧张情况，有很大一部分原因是因为大学生就业观念比较滞后，社会需要当代大学生发展到第四阶段、第五阶段。

要缓解就业压力，首先要转变一个就业观念。不要一说到就业，就想到政府部门算就业，事业单位还算次之，企业是委曲求全，其实有收入就算就业。如果你还有能力，就利用这个时间去学习，参加培训，甚至去上学，把基础打牢，这是一个缓冲期，前途是光明的，我们的产业结构一旦调整过来以后，需要大量的劳动力，需要大量的有文化的管理者和建设者。从实际工作中来看，不同的工作岗位只是社会分工的不同，并无高低贵贱之别，大学生也是社会阶层的普通成员，要以普通劳动者的心态和定位选择工作。无论是大城市还是小城市，只要肯努力就会开创出一片天地。

世界金融危机在影响我国经济发展的同时，给大学生的就业创业带来了更大的影响。因此，高校思想政治工作者应该发挥阵地优势，通过强有力的思想政治工作和丰富多彩的活动，诸如报告会、座谈会、主题团会、团课、辩论赛、社会实践等活动，教育大学生正确理解和把握"市场导向、政府调控、学校推荐与用人单位双向选择"的就业政策，引导大学毕业生树立正确的就业观和创业观：舍弃天之骄子的虚荣和追求高、大、铁（高薪水、大城市、铁饭碗）的就业目标，主动适应社会的需求；鼓励大学生到西部，到基层和艰苦的地方去，经受磨炼，健康成长；树立灵活就业，先就业、后择业的动态就业的观念；转变唯外企、党政机关、国有大中型企业就业的观念，树立到能够发挥自己作用的各类经济组织中就业的思想；树立创业思想，培养创业精神，增强创业意识，走自主创业的道路。同时，学校也要不断探索校企合作、定岗实习＋就业、订单式培养等新路子，教会大学生找准自己的定位，找到合适的岗位。

（三）转变观念偏差

在大学生就业工作中，双向选择，自主就业已是大势所趋。当前来看，在众多的大学生中仍然存在着依赖等待观念、一次就业定终身、专业对口观念、忽视自主创业观念、去大城市不愿意回乡观念、自愿失业观念、从众就业观念等等。但其最主要的还是认识上的问题，及时纠正大学生在求职择业时思想和行为上存在的偏差，对于大学生个体、家庭乃至社会都有及十分重要的意义。思想政治教育以其特有的转化功能和调节功能，可以及时纠正大学生在求职择业时思想和行为上出现的偏差。加强学校就业指导及服务工作，全面提升大学生的综合素质，准确自我定位。面对就业压力，大学生应自觉按照素质教育的要求培养自己的道德素质、文化素质、业务素质、身体心理素质等，培养自己的交际能力、创新能力、运用知识的能力，增强自己的竞争力和自信心，使自己成为适应社会需要的合格人才；引导学生倾听家庭成员、老师的指导性意见；发挥政府导向作用及建立和完善社会保障体系；引导毕业生以良好的心态参与竞争，在竞争中充分展示自己的思想、智慧，从而顺利就业，进一步实现创新创业。

（四）培养学生信心

温家宝曾在与北航学生座谈时，在讲话中一再强调信心的问题，他说："我为什么开始就讲要树立信心，而且反复讲、到处讲，讲信心比货币和黄金还重要，就是因为一个民族、一个国家在困难的时候，如果失掉信心，那就失掉了一切，有了信心，才有力量的源泉，才有勇气。"有了信心，就有了未来的一切！温家宝在 2008 年 9 月对话美国经济金融界人士时，曾留下了"信心比黄金和货币更重要"的名言。

大学生求职择业完成后即将走上工作岗位，角色的变化、人际关系的变化、环境等一系列的变化，都需要大学生保持健康的心理素质，去适应不断变化的职业和环境。通过思想政治教育培养大学生适应社会发展需要和就业需要的健康心理素质，培养学生的自信心、进取心和对环境的主动适应能力、良好的挫折承受能力，同时，提高学生对素质教育的认同度和参与的积极性，这也是推进高等教育改革，贯彻素质教育要求的重要组成部分。使大学生在求职的过程中能充分发挥自己的聪明才智，挖掘自身的潜力，综合自己的优势，扬长避短，不懈努力，从而找到适合自己的舞台。

二、思想政治工作贯穿就业创新创业导全过程

在就业指导中加强思想教育是思想政治工作的着力点。在新时期，大学生就业形势呈现出许多新问题、新特点，我们只有认真研究这些新问题，把握这些新特点，才能有效地、有针对性地开展思想政治工作。大学生就业指导中的思想政治工作内涵丰富，需要引起广大学生教育管理工作者高度重视和关注，把思想政治教育贯穿于就业指导的全过程。

（一）思想政治工作要贯穿职业指导全过程

当前一个重要的特点是大学生就业指导工作从就业指导向职业指导转变。就业指导主要是帮助学生迅速找到工作，而职业指导侧重于指导适合做什么工作，是对终身从事职业的指导。近年来，越来越多的学校认识到，只抓大学生毕业环节的就业指导是"临阵磨枪"，大学生的成功就业，归根结底凭的是心理素质、做事能力等综合实力。要从根本上提高大学生的就业力，不能只抓就业环节，而必须从整个在校期间抓起，才能为就业奠定扎实的基础。因此，很多学校从"大二"开始开展职业生涯发展规划，引导大学生从确立职业发展目标起步，刻苦学习，积极参与实践活动，使大学生逐步培养适应社会的能力，对于促进就业取得了良好效果。因此，大学生思想政治教育要伴随着职业教育的全过程，在每一

个环节都要渗透思想政治教育，帮助大学生树立正确的择业观，设定适合自己的职业目标和职业规划。

（二）思想政治工作要和专业教育相结合

专业教育的任务不只是对大学生进行专业知识教育，还要帮助学生了解自己所选专业的知识框架、就业方向、岗位特质、特殊能力和一般能力等等，引导大学生明确就业方向和发展方向。思想政治教育要渗透在专业教育中，并从中贯穿职业精神的教育。专业教育直接负有对大学生进行思想教育的责任。如何帮助学生明确就业方向、熟悉岗位规范、掌握职业技能、了解职业文化与职业道德等，都应该纳入教学大纲和教学计划中。思想教育要通过多种活动，培养职业兴趣，挖掘潜力，培育学生学习的积极性、主动性和创造性。

（三）思想政治工作要与学生就业实际相贴近

高校工作的中心是学生就业，思想政治教育要以职业指导为载体，改变思想教育脱离学生实际的弊端，将涉及学生切身利益的就业作为思想教育新的着力点，发挥思想教育主渠道作用，使思想教育工作贴近学生实际。随着社会的发展，大学生就业环境和形势都在发生着变化，人们对选人、用人各个环节的问题认识逐步深化，相应的育人策略也必须进行调整，全程化、系统化、科学化职业指导服务将成为大学生指导工作的突出特点，思想政治教育也要融合在职业指导中全程为学生服务。总的来说，思想政治教育要力求解决学生的实际问题，要针对大学生所关注的就业问题，注重对学生开展正确的择业观、就业观、成功观教育，突出吃苦耐劳精神、社会责任感、服务意识、创新意识、团队精神的培养，确立诚实守信、爱岗敬业、相互尊重的职业道德观。

（四）思想政治工作伴随其他教育过程中

在帮助大学生就业的过程中，要坚持以人为本的原则，为大学生多办实事，要突出理想信念教育，帮助大学生树立正确的就业观；要加强就业形势政策教育；要加强诚信教育，强化大学生就业诚信意识；要加强职业道德教育，培养大学生的职业精神；要加强创业教育，支持大学生自主创业；要加强心理健康教育，培养大学生良好的心理素质。特别在教育实习、撰写毕业论文、设计、操作实验过程中，更要寓思想政治教育于其中。通过扎扎实实的在就业工作中加强学生思想政治教育，引导大学生树立正确的就业观、成才观，培养优良的道德品质和积极的人生态度，更好地引导和帮助大学生健康成长与成才，保证大学生能顺利、及时、充分就业，促进高校就业工作和大学生思想政治教育工作的双丰收。

第二节　思想政治教育与大学生创新创业的关系

一、就业指导与创新创业教育的关系

创业教育与就业指导，两者具有内在联系，不可分割，你中有我，我中有你。

（一）教育目的层面

就业指导和创业教育都承担着培养社会主义现代化建设所需要的合格建设者和可靠接班人的重任，都在履行着高校培养人才的职能。既要培养学生勇于创新不断开拓的意识，又要提升学生从事本职工作、开创自己事业的知识和技能。但是这并不是说，只有创业教育才培养"创新"人才，就业指导就只能培养出"守成"人才；只有创业教育才能培养学生开创新的职业，而就业指导就只能教育学生寻求现有的职业。如果说，创业教育是一种培养和提高大学生生存能力的教育的话，那么就业指导就是一种促进学生寻求更好的职业、更好地设计职业发展道路、更好地开创自己的事业的教育。® 显然，两种教育虽有侧重，但本质相同。

（二）教育主体层面

就业指导和创业教育都是由高校师资来承担的，目前主要由辅导员和一些从事就业和创业教育的教师来承担。就业指导既然要指导学生顺利就业，就必然要在培养大学生职业能力、增强大学生创新意识、规划职业发展生涯等方面进行有针对性的教育，因此，就业指导的老师不能不对大学生的创业意识、创业精神、创业心理素质等方面进行指导。同样，创业教育的教师本身对就业教育等方面也要有所了解，要具备就业指导的相关理论和方法，这样才可能有效地指导学生进行创业。我们不能想象，一个学生连自己如何择业就业都不知道，却知道如何创业。我们也不能想象，一个老师不会指导学生选择自己的适合职业、确立自己的职业发展和事业追求目标，却能指导学生成功创业。所以，对于创业教育和就

业指导的主体而言，既有教育主体上的重任，又有教育者共同的本质要求。

（三）教育内容层面

在创业教育中，高校教师教育学生树立自主创业的意识、掌握创业必须具备的知识，增强创业必需的各种能力，培养学生良好的心理品质。从实际来看，这些内容与就业指导是相一致的。在进行就业指导的同时也需要对学生进行敢于竞争、大胆创新的意识的培养，健康心理潜质的养成，就业能力的提升，甚至讲授大学生创业的模式以及成功案例分析。所以，在就业指导中渗透着创业教育，在创业教育理念指导下进行就业指导。

（四）教育载体层面

课堂教学和课外活动都是进行就业指导和创业教育的有效载体。一般地，创业教育除了一些具体的课程外，主要依靠第二课堂，如开展大学生创业设计、创业大赛、社会实践等活动。而就业指导教育载体中，也是依托这些有效形式进行的，因为两种教育的目的、手段和途径有交叉的部分。即便是在第一课堂，大学生的就业指导和创业教育的一些内容也共同渗透到大学的教材教学之中了，如就业指导和创业教育的课堂教学内容，都包含着自主创新的心理素质的培养等内容和方法。可见，就业指导和创业教育都需要课堂教学和课外实践等相同的载体和途径。

二、就业指导、创业教育与思想政治工作的关系

就业指导、创业教育与思想政治教育是相互影响、相互渗透、密不可分的。具体而言，思想政治工作是就业指导、创业教育的重要内容，就业指导、创业教育是思想政治工作的具体化。高校就业指导、创业教育的开展为大学生进行思想政治工作提供了一个切入点。通过高校就业指导、创业教育，能够针对大学生的思想实际、个性特点和人才市场的现状及发展趋势，有的放矢地进行思想政治教育工作，使大学生受到潜移默化的影响，避免了理论上的空洞说教，增强思想政治教育的针对性和实效性。

（一）就业指导与思想政治工作的关系

虽然就业指导和思想政治教育各成体系，有各自的侧重点和针对性，但二者在主体、客体、目标、内容、表现形式、措施手段等要素上有着很多共同及互补之处。

1. 从主体、客体要素方面看

思想政治教育主体是思想品德实践活动的组织者和实施者，就业指导中对大学生进行政策的指导、思想的指导和心理的指导的内容和任务，决定了思想政治教育者是大学生就业指导工作队伍中的重要组成部分。思想政治教育和大学生就业指导的客体都是以青年大学生为主，培养他们的就业技巧，树立正确的职业观、人生价值观。

2. 从目标要素方面看

当前高等学校思想政治教育根本目标和着眼点是以马克思列宁主义、毛泽东思想、邓小平理论和"三个代表"重要思想为指导，培养具有高度思想政治素质和科学文化素质的"四有新人"，为建设有中国特色的社会主义培养人才。大学生就业指导是通过为大学生提供教育、培训、信息、咨询等项服务，以培养有正确就业观、职业观和价值观，能够对就业政策和就业形势进行正确的分析，把国家需要和个人的发展统一起来的有较高政治素质的人才为目标。由此可见两者在目标培养上是高度一致的。

3. 从内容要素方面看

就业指导中的择业观、职业理想、职业道德和就业政策及形势与思想政治教育的人生观、价值观、道德观、法制观、国情及形势政策的教育在内容上有着千丝万缕的联系，互相补充、互相渗透。择业观是一个人的世界观、人生观和价值观在择业中的集中反映，因此对学生进行择业观的教育也就是进行"三观"教育；职业理想、职业观、职业道德既是思想政治教育必不可少的内容，也是大学生就业指导的核心内容；就业政策和形势教育是国情及形势政策教育的一部分。

4. 从表现形式方面看

就业指导使思想政治教育更具有针对性。在就业指导中，主要引导学生从个人需要和社会需要去考虑将要从事的职业。如在大学低年级，通过专业介绍，使学生了解本专业的社会需求情况和人才培养目标等，让学生结合自身素质条件，初步确立符合自身发展的职业理想、职业道德和职业意识，并在今后职业生涯设计的发展、实施、反馈和修订中不断完善，使之更适合职业发展的需要。学生一旦有了自己的职业理想，就会依据目标规划自己的学习和实践，积极做好各种准备，包括职业理想的确立、职业道德的养成、职业意识的形成等。这样，学生就会自觉地要求通过思想政治教育来提高个人修养，使思想政治教育的内容得以优化、突出和落到实处，使包含职业价值观、职业道德等内容的思想政治教育水到渠成。

5. 从措施手段方面看

就业指导使思想政治教育更加具体化。就业指导是引导学生根据社会发展和个人实际进行自我分析及调整的过程，是学生从职业的角度认识自己、了解社会的过程，是学生树立职业理想、形成职业动力的过程，是学生依据职业对从业者素质的要求进行自我教育、提高自身素质的过程。通过就业指导，使学生内心真正形成积极上进、渴求知识、追求理想和自觉接受教育的愿望，使之学有所长、德有所进，充分发挥主观能动性和创造性。

（二）创业教育与思想政治工作的关系

从内涵来看创业教育与思想政治教育并不完全等同，思想政治教育的目标不完全是为了创业，创业知识与创业技能的传授也不能由思想政治教育来完成，然而二者有着不可分割的联系。主要表现在以下方面。

1. 从教育目标看，二者有一致之处

创业素质的组成部分如创业意识、创业心理品质等与学校思想政治教育目标的内涵有不可分割的内在联系。思想政治教育的核心目标是人生观、价值观、世界观的培养，而创业意识教育主要应重视创业需要、创业动机、创业兴趣、创业理想、创业信心和创业世界观的培养，创业素质培养中必需的创业精神、积极的进取心、勇于承担风险的心理品质和敢于开拓创新的魄力正是新时代价值观的集中体现。

2. 从教育方式看，二者都趋向于多样化

创业教育与思想政治教育都不是靠空洞说教来实现，而是靠丰富多样的教育渠道得以实现。因此，两者均可在养成教育、实践体验、理性教育等方面结合，通过大力宣扬和倡导创业精神，树立创业成功的典范，培育人文素养和科学精神，使学生不仅学会做事，还学会做人，把创业教育与学生思想政治工作结合起来。我们要把创业教育纳入到学生思想政治工作中，作为培养学生综合素质的重要内容。

（三）就业指导与创业教育是思想政治教育的新载体

思想政治工作要把就业指导与创业教育作为新的载体和工作重点，这是思想政治工作要注重人文关怀和心理疏导的要求，是突出人性化的具体体现，是构建和谐社会的一项基础性工程。要紧紧把握大学生就业过程中思想工作的新动态、新特点、新需求，将思想政治教育做深、做细，使思想政治工作的引导作用得到充分发挥。思想政治工作要充分利用好就业指导与创业教育这个载体，以丰富自身内容。

1. 创新就业指导与创业教育

由于市场经济的激烈竞争和知识经济的到来，要求劳动者不断更新自身知识和技能，才能适应时代的要求。大学生必须具备创新意识和创新精神，才能更好地就业或创业。因此，思想政治教育要特别强调创新意识的培养和教育。通过创新创业教育，在促使大学生在夯实基本知识和专业知识的同时，加强大学生的创业意识、创业精神、创业思维、创业技能等素质的培养，使大学生具备强烈的事业心、进取心、探索精神，具备独立工作的能力。这样，毕业后就具有了更强的就业能力、竞争能力和创业能力。大学生也要开阔思路，善于学习，寻求多种形式的就业。

2. 择业品德教育

大学生由学校走向社会的第一步就是择业，他们在接触社会中的人和事的同时，也在将学校接受的做人做事教育的道理放到现实中进行检验。不诚实、不守信的行为一旦在择业中得逞，将对学生以后的人生产生很大影响，容易强化对学校教育是一套，在社会行为中又是一套的德育两面性现象。思想政治教育要特别强调对大学生的择业品德教育，让大学生牢记，要把德摆在第一位，讲诚信，讲大义，"有德有才晕优等品，有德无才是疵品，无德无才是废品，有才无德是危险品"。品德永远是第一位的。和谐社会建设中需要良好的职业道德，也是大学生自身完善发展的需要。思想政治工作要帮助大学生树立正确的就业观、诚信观和法制观。

第三节　创新创业在思想政治教育之中

加强和改进大学生思想政治教育是全党、全社会的共同责任。高校要把人才培养作为根本任务，把大学生思想政治工作摆在学校各项工作的首位，贯穿于就业指导、创业教育和整体教学的全过程，要充分发挥大学生思想政治教育主阵地、主课堂、主渠道作用。大学生就业指导与创业教育是对大学生职业生涯规划进行指导，以课堂教学和实践活动为主要载体，以开发和提高就业能力和创业主体综合素质为目标，培养学生尽快适应社会及未来从事创业实践活动所必备的知识、能力与心理品质等的素质教育。思想政治工作是大学生就业指导与创业教育的重要内容，就业指导与创业教育是思想政治教育工作新的重要组成部分。

一、人生观、世界观、价值观教育是就业创业教育的重要前提

帮助学生进行职业生涯规划是大学生就业创业教育最关键之处。职业生涯规划是指根据个人对自身的主观因素和客观环境的分析，确定自己的职业生涯发展目标，选择实现这一目标的职业，以及制定相应的工作培训和教育计划，并按照一定的时间安排，采取必要的行动实施职业生涯目标的过程。

世界观、人生观、价值观是个体对整个世界及人生价值的总的看法，是个体一切行为的思想根源，在择业观形成过程中起着内因的作用。大学生一旦构建了科学的世界观、人生观和价值观，就表明具有明确目标和为实现目标锲而不舍的精神及积极的人生态度，这种精神和人生态度有助于大学生正确认识国家、集体、个人之间的关系，确立恰当的择业期望值，把满足国家、社会的需要和发挥个人的才能、实现人生的价值结合起来。然而，目前大学生在就业取向上有"功利化"倾向。

当前来看，尽管大学生们非常重视和追求兴趣爱好与个人才能的发挥，但面对现实，他们更多关注的是职业的"含金量"。许多大学生在就业过程中过分看重工作待遇，而忽略了自身特点是否适合用人单位的要求及自身的长远发展；或者在就业过程中过分看重沿海地区、经济发达地区和大中城市，而忽略了个人理想与国家、社会利益的结合，忽略了到基层、到西部、到祖国最需要的地方建功立业，走与实践相结合的成才之路。因此，他们在选择岗位时更多的是青睐于薪金较高的"三资"企业，有时甚至为此放弃"专业对口"的要求，这说明大学生在现实利益中更多地优先考虑物质生活条件。同时，大学生道德品质修养有"弱化"的倾向。在调查大学生对涉及素质培养方面的问题时，78.2%的大学生把道德品质修养作为其最低或较低的选项。

大学生在择业观上的偏差以及道德品质修养"弱化"的倾向，这种现象正是一些不良人生观、世界观、价值观的反映，在指导学生进行职业生涯规划时加强"三观"——世界观、人生观、价值观教育，针对部分学生在择业时过分强调自我价值，置国家需要及社会利益于不顾的错误倾向给予适时引导，通过职业生涯规划辅导使他们能正确地认识自我、了解社会、确立就业创业目标，同时制定相应大学生策略并对已确定的职业生涯设计进行评估和修正，．使大学生逐步树立正确的就业创业观，自觉地把个人前途同祖国命运结合起来，把发挥自己的聪明才智与服从国家需要结合起来，把追求个人利益与个人对社会应尽责任结合起来，把实现个人价值与服务祖国、人民统一起来，到祖国最需要的、最能发挥个人才智的地方去。

二、职业道德教育是就业创业教育的核心内容

《公民道德建设实施纲要》指出："职业道德是所有从业人员在职业活动中应该遵循的行为准则，涵盖了从业人员与服务对象、职业与职工、职业与职业之间的关系。""要大力倡导以'爱岗敬业、诚实守信、办事公道、服务群众、奉献社会'为主要内容的职业道德。"鼓励人们在工作中做一个好建设者。

当前来看，在大学毕业生的择业、就业过程中，除了专业素质和技能，用人单位最为看重的就是毕业生的职业道德素质。因此在大学生就业指导和创业教育中，一方面要强化专业教育，引导学生逐步拓宽知识面，更重要的是引导学生逐步树立正确的职业理想，干一行，爱一行，精一行。教育学生不仅应将以后选择的职业作为"饭碗"，而应该满腔热情、全力以赴地在以后的工作岗位上进行创造性的劳动，干出成就来。爱岗敬业的基础来自于职业自豪感，而职业自豪感在于把个人的理想融入到全国人民的共同理想中，把个人奋斗融入到集体的振兴发展和社会主义现代化建设事业的奋斗中，要将爱国家、爱本职工作紧密结合起来，从中汲取爱岗敬业的巨大精神力量。敬业精神表现为对工作、对事业的全身心投入，是中华民族的传统美德，是社会主义精神文明建设的重要内容。

现在，有一些大学生走上工作岗位后缺乏基本的职业道德，急功近利，心态浮躁又害怕吃苦，缺乏责任感，缺少实干精神。有些毕业生甚至把协议单位作为跳板，一旦时机成熟不是要求调离就是不辞而别另谋高就。这在某种程度上不仅挫伤了用人单位接受应届毕

业生的积极性，而且，也对高校就业市场的稳定与发展产生影响，同时一个不热爱本职岗位的大学毕业生也很难取得事业上的成功。因此，在就业指导和创业教育中，要加强爱岗敬业、岗位成才的职业道德教育，培养大学生的敬业精神。加强大学生公德心、责任感、职业伦理和敬业精神等方面的教育，培养大学生艰苦奋斗的精神和坚韧不拔的意志。只有这样大学生才能积极进取，胸怀大志，才能开发蕴藏在自己身上的创造力，为社会作出贡献，实现自己的人生价值。

三、理想信念教育是就业创业教育的重要内容

崇高的理想和坚定的信念是人生的奋斗目标，是人生的前进动力，是人生的精神支柱。人生理想包括社会理想、生活理想、道德理想、创业理想等。其中创业理想是人生理想中重要的一环，是实现其他理想的基础和前提。社会理想的实现是由千百万的劳动者在各自岗位上的辛勤劳动和艰苦创业的结果；生活理想的实现，是以劳动者在各自岗位的经济收入为基础的；道德理想常常表现为立足本职岗位的职业道德。由此可以看出，职业理想与创业理想教育是人生理想信念教育的具体形式，职业理想与创业理想的实现也是社会理想、生活理想、道德理想等各种因素相互作用的结果。可见，在大学生中开展就业指导与创业教育是使高校思想政治教育具体化的有效途径之一。

随着我国社会主义市场经济体制的逐步完善，需要培养更多的创业者来适应市场经济发展的需要和满足知识经济发展的要求。在大学生中开展创业教育是高校教育的重要内容之一。创业教育作为开发和提高大学生创业素质，培养大学生良好的创业意识、创业能力和创业心理品质，使他们成为具有开创性的社会主义建设者和接班人，其教育过程本身就渗透着理想信念教育的各个环节和内容。其中创业意识是人生观在创业过程中的反映，在本质上是一种自强自立的意识，是个人的人生观在创业过程中的集中反映。强烈的创业意识是积极乐观的人生观的具体体现。培养大学生的创业意识，要着眼于帮助大学生树立正确的人生观，把为社会作贡献作为人生目标，把为社会创造财富作为人生的追求，激发积极进取、艰苦创业的精神，使之成为创业的稳定的内驱力；创业目标是人生理想的外在形式和具体体现。大学生在正视现实的基础上做好自己的创业目标规划，选择适合自己的发展方向，不断完善自己的创业素质，最大限度地发挥自己的特长和能力，实现自己的人生

价值，这个过程就是追求人生理想的过程。创业目标的实现是理想信念的支点，创业目标的逐步实现将会更加坚定已有的理想信念。在创业过程中，如果自己制定的一个个目标都没有实现，往往容易使自己已经认识了的事物，已经确立了的理想信念发生动摇。相反，分目标的逐个实现，将会进一步强化自己对已确立的理想信念的正确性的认识，更加确信自己所追求的理想信念一定能够实现，就会把创业目标的实现作为实现自己的理想信念的具体内容，并尽自己全力付诸实践。

在就业指导与创业教育中渗透理想信念教育，在理想信念教育中加强就业创业教育，使两者有机结合，互相促进，构建一种良性互动机制，是高校思想政治教育的重要环节。

第一，就业创业教育是一种适应现实社会变革的理想信念教育。随着社会主义市场经济体制的完善，我国的就业制度从以往"统分统配"向"自主择业"转变。结合理想信念教育的就业创业教育，有助于促进大学生以积极的态度参与人才市场的竞争，以科学的态度进行职业选择或职业设计，通过展示良好的综合素质去获得就业的机会，从而坚定大学生"未来更美好"的信念和信心。在国家为经济社会的进步而大力倡导创新和创业的时代，教育大学生树立正确的创业理想，无疑是顺应了全社会的共同追求目标，同时也为学生的人生理想大厦打下了一个坚实基础。

第二，就业创业教育是一种具有目标导向的理想信念教育。就业创业教育鼓励大学生在自己所喜欢的事业上"经世济民"，并根据自己的特点设计创业人生。如果说理想是建立在现实可能性的基础之上的人生追求目标，那么创业目标就是人生理想的外在形式。大学生在正视现实的基础上确立自己的创业目标，选择适合自己的发展方向，在适当的时候投身创业，最大限度地发挥自己的特长与能力，实现自己的人生价值，这个过程就是追逐人生理想的过程。创业目标就像高悬于理想之路的导向明灯，有效地控制与理想目标相悖的行为冲动，同时激发创业主体的聪明才智和拼搏活力，并保持行为的持久性，成为大学生克服困难和挫折，向着既定目标前进的精神动力。

第三，就业创业教育是一种注重示范启迪的理想信念教育。就业创业教育比较注重实践示范教育的作用，常常通过创业成功人士的创业报告、创业成功事例的分析讲解，以及组织学生进行社会创业考察和市场调查等活动，引导大学生把实现自我价值与服务人民、贡献社会的理想统一起来，激发大学生对于创业的强烈欲望，同时坚定自己在改革开放时代不断成长的信心和对学校进行思想政治教育改革的信任。

四、艰苦奋斗教育是就业创业教育的内在要求

只要能够帮助学生理解创业活动的特点，艰苦奋斗教育价值就会存在。创业是一种追求增值效果的、复杂的、艰苦的生产活动。创业必须以提供产品或服务作为活动的直接结果，这一结果必须是有用的或者说是有使用价值的，即创业必须增值，没有增值过程的创业活动没有意义，也不可能存活。创业活动需要创业者付出艰苦的脑力劳动、体力劳动和物化劳动。对创业企业家来说，艰苦奋斗永远是一种人格特质，一种可贵的精神财富。因此，对大学生进行创业教育，实际上也是一种艰苦奋斗精神的教育，这种教育对创业型人才的成长有着重要的影响。

利用创业教育对大学生进行艰苦奋斗精神教育，可以通过多种形式进行，可以充分利用校内各种成功创业的资源。如组织高质量的成功创业报告会、创新论坛、企业家课堂等活动，用专家、学者、企业家的艰苦创业经验和典型事迹，激励、鼓舞广大学生艰苦创业的热情，增强大学生创业的信心和决心。使他们了解艰苦创业精神，认识任何艰苦的工作和行业都是社会主义现代化事业不可缺少的部分。

除此之外，高校还可以充分利用校内外创业实践基地或者通过成立"大学生创业中心"，在老师的指导下，按照现代企业制度的要求，由大学生自主经营小型项目直接进入市场，或鼓励大学生自主经营学校的服务项目来提高大学生创业的实际能力，或通过组织学生打工、社会兼职等形式，或在校园内外开展勤工俭学活动，增强大学生的竞争意识，锻炼他们分析问题和解决问题的能力，使他们积累更多的创业经验，培养吃苦耐劳的精神。

五、诚实守信教育是就业创业教育的要求

诚实守信是做人的基本准则，是社会主义社会中个人与社会、个人与个人之间相互关系的基础性道德规范；诚实守信也是社会公德和职业道德的一个基本准则，是社会主义市场经济条件下的一个基础性道德规范。《公民道德建设实施纲要》不仅在十个基本道德规范中提出"诚信"，而且，在职业道德要求中也强调"诚实守信"的重要性。十六大报告也明确指出，公民道德建设要"以诚实守信为重点"。可见，诚实守信已经成为社会道德生活和公民道德建设的一个重点问题，是人们立身处世之本和事业成败的关键。

大学生既是社会主义市场经济的实践者，也是社会主义市场经济的受益者。诚信作为市场经济的基本规则和基本道德观念，对其学习、生活、就业创业都有着十分重要的作用。无论是考试、求职、交友还是创业，要想取得真正的成功，缺乏诚信是不可想象的。特别是在市场经济条件下，各种关系契约化，缺乏诚信难以形成真正的契约，而契约一旦形成则处于法律的保护之下，违约失信者将会受到法律的制裁。然而，许多大学生在接受市场经济的价值观念、竞争观念的同时，却忽视了"诚信"这一市场经济中最重要的道德观念。一些人为了达到目的，在竞争中不择手段，将"诚信"二字抛于脑后，如考试作弊、"克隆"论文或剽窃别人的劳动成果、荣誉证书和英语四六级证书随意拷贝、学生干部履历虚假填写、毕业后不及时还助学贷款等等。大学生不守信用这种行为，既给学校抹黑，更影响了社会对大学生群体的信任度。

在大学生就业指导和创业教育过程中加强诚信教育，在教育理念上注重人本化，将诚信教育与大学生的成长成才相结合，以"人而无信，不知其可也"为出发点和归宿点；在教育管理上重视制度规范化，如建立大学生个人信用档案、就业推荐材料审查制、大学生实践成果和创业计划答辩制等等；在教育过程中通过大量事例将诚信教育贯穿于整个就业指导和创业教育过程的始终。通过教育引导自我完善，不断健全大学生的社会人格，提高就业后的社会竞争力。

六、团队协作精神教育是就业创业教育必要内容

当代社会是一个注重相互交流、相互协作的社会，无论从事什么样的社会实践，离开团队协作往往难以达到预期的目的。为了适应既竞争又合作的社会，必须要培养大学生的竞争力和团队协作精神。如何在竞争环境里有效地进行团队协作精神教育，也是目前高校思想政治教育关注的一个热点问题。我们认为，开展就业创业教育，并将它作为思想政治教育的载体，有利于培养大学生的团队协作精神。

这里，最重要的是要让大学生认识到团队协作精神的重要作用。创业活动的主体可以是创业个体，也可能是创业团队。孤军奋战的创业者可以谋生，但不一定能够快速成长。只有创业团队的创建，才有可能在激烈的市场竞争中求得发展。

以任务为导向，拥有共同的奋斗目标和以互补技能进行有效交流与合作，是团队的本

质特征。创业团队的形成，可能需要外部的组织力量，而内部的凝聚力则是维系创业团队的存在与活动的协和的重要基础。个体需要得到满足后所产生的团队成员之间的"心理契约"，是确保团队协和的一种伦理机制。所谓心理契约，是指个人将有所奉献与组织欲望有所获取之间，以及组织将针对个人期望收获所提供的一种配合。由团队与成员共同建立的心理契约，是团队减少协调费用、提高管理效率、激发人力资源潜力和实现团队不断创新的重要思想保证。除了心理契约之外，形成团队的"共同愿景"也至关重要。所谓创业团队的共同愿景，简单而言，是"我们的创业要实现什么？"在创业团队共同愿景的建立过程中，思想政治工作的力量是重要的。因为，思想政治教育可以使团队成员之间就共同价值观和某些原则达成共识。

创业是认识活动与非认识活动（情绪、动机）综合作用的过程，为创业而组建的团队应该是高层次创业性人才所构成的具有"共同愿景"的团队，即使是专家、学者，如果对团队的创业目标毫无兴趣，没有强烈的与时俱进、开拓创业的精神，不能主动地、满怀热情地把自己所掌握的知识运用于团队的创业活动之中，那么，团队就会失去"灵魂"，就会形同虚设而毫无效率。

对大学生进行就业创业教育，并不要求大学生在学校里就着手组织创业团队。学校就业创业教育不是企业家速成教育，它的基本价值取向在于发展学生的创业素质，为创业社会提供具有创业意识和创业潜能的人才。对团队协作精神的理解，对"心理契约"和"共同愿景"基本机制的认同，对日后开展创业活动是有极大帮助的。

第二章 推进大学生思想政治教育与创新创业的理论基础

加强大学生思想政治教育，是学校育人工作的中心环节。在教育活动中，要把大学生的思想政治素质培养放在首位。在社会转型的新形势下，各种社会问题几乎同时呈现出来，带来了前所未有的文明冲突和文化碰撞，历史与现实，传统与现代，本土文化与西方文明多重因素交织在一起，这就可能带来大学生政治信仰、理想信念、价值取向等迷茫和模糊现象。因此，我们就应该加强大学生思想政治教育，切实解决学生的实际问题，正确对待学生的合理诉求，培养出德智体全面发展的建设者和接班人，为国家社会主义建设事业服务。

第一节 大学生思想政治教育的理论与原则

党的十九大，是在全面建成小康社会决胜阶段、中国特色社会主义发展关键时期召开的一次十分重要的大会。各地教育部门和各级各类学校要切实提高政治站位，紧密结合工作实际，把总书记重要讲话精神转化为推动工作的强大动力，深入准确的宣传习近平总书记系列重要讲话精神和治国理政新理念新思想新战略的思想精髓、核心要义，引导广大干部师生进一步坚定"四个自信"，找准工作切入点和着力点，做好大学生思想政治教育。

一、新时代大学生思想政治教育的理论

（一）以习近平同志为核心的党中央高度重视高校思想政治工作

党的十八大以来，以习近平同志为核心的党中央把高校思想政治工作摆在突出位置，

作出一系列重大决策部署，强调高校思想政治工作只能加强不能削弱，只能前进不能停滞，只能积极作为不能被动应对。

十八大以来，党中央对高校思想政治工作的部署，是在整体推进宣传思想工作的基础上不断强化的。2013年8月19日，习近平总书记出席全国宣传思想工作会议并发表重要讲话。习近平总书记强调，要把意识形态工作领导权和话语权牢牢掌握在手中，不断巩固马克思主义在意识形态领域的指导地位，巩固全党全国人民团结奋斗的共同思想基础。其中，特别点出党校、干部学院、社会科学院、高校、理论学习中心组等都要把马克思主义作为必修课，成为马克思主义学习、研究、宣传的重要阵地。这一讲话对各部门、各层面在思想政治工作中的任务使命提出了要求，对新时期思想政治工作的主要内容作出了规定，也明确了"两个巩固"的目标。

2014年，中共中央办公厅、国务院办公厅印发《关于进一步加强和改进新形势下高校宣传思想工作的意见》，意见强调指出，意识形态工作是党和国家一项极端重要的工作，高校作为意识形态工作前沿阵地，肩负着学习研究宣传马克思主义，培育和弘扬社会主义核心价值观，为实现中华民族伟大复兴的中国梦提供人才保障和智力支持的重要任务。做好高校宣传思想工作，加强高校意识形态阵地建设，是一项战略工程、固本工程、铸魂工程，事关党对高校的领导，事关全面贯彻党的教育方针，事关中国特色社会主义事业后继有人，对于巩固马克思主义在意识形态领域的指导地位、巩固全党全国人民团结奋斗的共同思想基础，具有十分重要而深远的意义。可以说，这个文件是高校系统贯彻落实习近平总书记在全国宣传思想工作会议上的重要讲话精神的直接举措，是党中央关于意识形态工作在普遍部署之上的特殊部署，充分体现了党中央对高校思想政治工作的重视。

2016年12月7日至8日，中央在京召开全国高校思想政治工作会议，习近平总书记出席会议并发表重要讲话。这篇重要讲话是中国特色社会主义教育理论的又一重大创新成果，是加强和改进新形势下高校思想政治工作、办好中国特色社会主义高校的纲领性文献。讲话充分肯定高等教育改革发展和高校思想政治工作取得成绩，同时对加强和改进新形势下高校思想政治工作作出了全方位的部署。习近平总书记的这篇重要讲话，把加强高校思想政治工作的逻辑从育人的一个维度拓展到办学、育人两个维度，鲜明地提出办什么样的大学、怎样办大学及培养什么样的人、怎样培养人和为谁培养人的问题，并且系统回答了这些根本问题。总的来说，就是要办中国特色社会主义大学，办好这样的大学必须完成好为人民服务、为中国共产党治国理政服务、为巩固和发展中国特色社会主义制度服务、为改革开放和社会主义现代化建设服务。要想做好这"四个服务"，必须做到坚持不懈传播马克思主义科学理论、坚持不懈培育和弘扬社会主义核心价值观、坚持不懈促进高校和谐稳定、坚持不懈培育优良校风和学风这"四个坚持不懈"，必须加强党对高校的领导，牢牢掌握党对高校的领导权，高校党委必须牢牢掌握思想政治工作的主导权，高校要把立德树人作为中心环节，紧紧围绕人才培养这个核心点，培养德才兼备、全面发展的中国特色社会主义合格建设者和可靠接班人。要必须引导广大学生做到正确认识世界和中国发展大势、正确认识中国特色和国际比较、正确认识时代责任和历史使命、正确认识远大抱负和脚踏实地这"四个正确认识"；必须引导广大教师做到坚持教书和育人相统一、坚持言传和身教相统一、坚持潜心问道和关注社会相统一、坚持学术自由和学术规范相统一这"四个相统一"，必须紧紧围绕用好课堂教学这个主渠道、加快构建中国特色哲学社会科学学科体系和教材体系、更加注重以文化人以文育人、运用新媒体新技术使工作活起来这四个方面创新思想政治工作。

（二）把握规律：推动高校"四个服务"与"四个坚持不懈"

1．"四个服务"和"四个坚持不懈"：揭示了新时期大学生思想政治工作研究根本规律

教育兴则国家兴，教育强则国家强。高校发展水平是一个国家发展水平和发展潜力的重要标志。改革开放以来，我国高等教育实现跨越式发展，为党和国家事业发展作出了重要贡献。今天，要从人口大国迈向人才强国，实现中华民族伟大复兴，我国对高等教育的需要比以往任何时候都更加迫切，对科学知识和卓越人才的渴求比以往任何时候都更加强烈。党中央作出加快建设世界一流大学和一流学科的战略决策，就是要提高我国高等教育发展水平，增强国家核心竞争力。

自古以来，高等教育都是一种社会存在，不同社会制度决定着不同教育目的，不同教育目的成就了大学不同的办学特色。世界上著名的大学，无论是美国的哈佛大学、英国的牛津大学，还是法国的巴黎大学、德国的慕尼黑大学、俄罗斯的莫斯科大学，概莫能外。发展好中国高等教育，办人民满意的大学，建设中国的世界一流大学，必须有中国特色。

没有特色，跟在他人后面亦步亦趋，依样画葫芦，是不可能成功的。我国由中国共产党领导，是拥有五千多年历史的文明古国，是世界上人口最多的国家，是世界上最大的发展中国家。改革开放40多年，我国走完了发达国家几百年走过的历程，现在正处在全面建成小康社会的决胜阶段。独特的历史、独特的文化、独特的国情，决定了我国必须坚定不移地走自己的高等教育发展道路，把我国高等教育发展方向同我国发展的现实目标和未来方向紧紧联系在一起，坚持为人民服务、为中国共产党治国理政服务、为巩固和发展中国特色社会主义制度服务、为改革开放和社会主义现代化建设服务。这是扎根中国大地办好中国特色社会主义大学的根本保障。

"育才造士，为国之本"。我国高等教育肩负着培养德、智、体、美全面发展的社会主义事业建设者和接班人的重大任务，已经从精英教育阶段进入到大众化教育阶段。当前看来，全国普通高等学校有2500多所，在校学生2800多万人，比世界上很多国家的总人口都多。人无德不立，要想将这么多青年人培养成优秀人才，既要抓好知识教育，更要抓好道德人品教育。提升大学生思想道德素质的关键在于做好大学生思想政治工作。

大学生思想政治工作既是我国高校的特色，又是办好我国高校的优势。这些年来，高校广大师生思想主流积极健康向上，对党的领导衷心拥护，对党中央治国理政新理念新思想新战略高度认同，对中国特色社会主义和中华民族伟大复兴的中国梦充满信心。面对各种噪音杂音、风吹草动，高校总体保持稳定，高校思想政治工作功不可没。当前，国际国内形势深刻变化，社会思想文化和意识形态领域情况更加复杂，马克思主义指导地位面临多样化社会思潮的挑战，社会主义核心价值观面临市场逐利性的挑战，传统教育引导方式面临网络新媒体的挑战。与此同时，大学生思想政治工作中还存在一些亟待解决的问题。"有志始知蓬莱近，无为总觉咫尺远"。面对新形势新任务，加强高校思想政治工作，最重要的就是要在事关社会主义办学方向的问题上站稳立场，坚持不懈传播马克思主义科学理论，坚持不懈培育和弘扬社会主义核心价值观，坚持不懈促进高校和谐稳定，坚持不懈培育优良校风和学风，始终把立德树人作为中心环节，把思想政治工作贯穿教育教学全过程，实现全程育人、全方位育人。

总之，"四个服务"和"四个坚持不懈"从党和国家事业发展的全局和战略高度，深刻回答了我国办什么样的大学、怎样办大学、为谁办大学的重大问题，以及我国高校培养什么样的人、如何培养人、为谁培养人这个根本问题，深刻揭示了我国高等教育发展规律和我国大学生思想政治工作规律，集中体现了以习近平同志为核心的党中央对我国高等教育和高校思想政治工作的深刻理论思考和理论提炼，是中国特色社会主义教育理论体系的又一重大创新成果，是扎根中国大地办好中国特色社会主义大学的新指南。

2. "四个服务"是新形势下办好中国特色社会主义大学的新定位

我国是社会主义国家，现在走在改革开放和社会主义现代化建设道路上，在实现中华民族伟大复兴中国梦的新长征路上，坚持正确的政治方向是扎根中国大地办大学的必然要求。习近平总书记强调的"四个服务"，深刻回答了我国办什么样的大学、怎样办大学的重大问题，深刻揭示了中国特色社会主义大学的办学目的、办学方向、人才成长路径等我国高校办学规律，是新形势下办好中国特色社会主义大学的新定位。

一方面来看，"四个服务"从不同角度彰显了我国高等教育的政治定位。为人民服务是我国高等教育发展的根本目的，体现人民属性；为中国共产党治国理政服务是为执政党服务，体现政党属性；为巩固和发展中国特色社会主义制度服务是为社会制度服务，体现意识形态属性；为改革开放和社会主义现代化建设服务是发展我国高等教育的重要任务，体现时代属性。无论是人民属性、政党属性，还是意识形态属性、时代属性，都是一种政治定位。另一方面来看，"四个服务"既一脉相承，又形成有机统一。中华人民共和国成立初期，毛泽东指出，教育必须为无产阶级的政治服务，必须同生产劳动相结合；我们的教育方针，应该使受教育者在德育、智育、体育几方面都得到发展，成为有社会主义觉悟、有文化的劳动者。随着时代的变迁和实践发展的要求，邓小平强调，教育要面向现代化、面向世界、面向未来。在中国特色社会主义新的实践中，习近平总书记提出的"四个服务"和我们党一贯坚持的教育方针一脉相承，不仅体现了深刻的历史渊源，保持了连续性，反映了时代新要求，而且首次提出的为中国共产党治国理政服务、为巩固和发展中国特色社会主义制度服务，为新时期高等教育指针注入了新的内涵，体现了走有中国特色的高等教育发展道路的高度自信。同时，"四个服务"又形成了一个有机的统一体，为中国共产党治国理政服务、为巩固和发展中国特色社会主义制度服务、为改革开放和社会主义现代化建设服务统一于为人民服务，"四个服务"内在统一于中国特色社会主义大学的办学目的和办学方向，统一于办人民满意的大学。

（1）为人民服务

中国共产党的根本宗旨是全心全意为人民服务，这也是我国高等教育发展的出发点和归宿。《中国共产党章程》明确规定："党除了工人阶级和最广大人民的利益，没有自己特殊的利益。"对此，我党历代领导人均作过深刻的论述，一脉相承，矢志不渝。早在延安时期，毛泽东同志就多次明确要求，共产党员无论何时何地都不应以个人利益放在第一位，而应以个人利益服从于民族的和人民群众的利益。邓小平也曾多次指出，人民利益高于一切。习近平总书记多次强调，人民群众对美好生活的向往，就是我们的奋斗目标。众所周知，教育具有政治属性，教育为谁服务是事关教育方向的根本问题，高等教育也不例外。我们办社会主义大学，必须始终坚持为人民服务的根本要求，这既是关系广大人民群众切身利益的重大问题，更是事关中国特色社会主义高等教育性质和方向的根本问题。坚持以人民为中心、办人民满意的教育是社会主义大学的本质要求。大学关系到千万个家庭，大学办得好不好，人民满意不满意是根本检验标尺，人民群众"望子成龙"的美好愿望就是高校矢志不渝的奋斗目标。近年来，正是由于各地认真贯彻落实党和国家"建立完善的高等教育体系"等一系列重大战略部署，使高等教育毛入学率达到了40%以上，才不断赢得了人民群众的点赞。

坚持以学生为本是高校为人民服务的首要任务，不断提高人才培养质量，满足广大学生和家长的需求。第一，要一切为了学生。高校的教学、科研、社会服务和管理等各项工作都要贯彻以学生为本的理念，用心教育学生、细心管理学生、全心服务学生。在教育教学中，要讲好每一堂课、搞好每一项研究、策划好每一次活动；在管理服务中，要充分考虑学生的需求和对学生的影响，出台相关制度和政策之前要广泛征求学生意见。要关心学生学习生活的一点一滴，从事关学生成长成才的一个个具体问题抓起，在科学严格的管理和细致入微的服务中，增强育人的实效。第二，要为了一切学生。要把以学生为本的理念落实到每一个学生，一个都不能少，一个都不能例外，尊重每一个学生、关注每一个学生、服务每一个学生。要注意倾听学生的心声，认真了解他们的需求，切实解决他们的困难。要健全服务学生的规范制度，改善服务他们的物质条件，营造服务他们的校园氛围。要不断健全家庭经济困难学生资助体系，确保他们能够顺利完成学业。要切实做好毕业生的就业指导，教育引导他们树立正确的择业观念，不断拓宽就业渠道，让他们好就业、就好业。

要深入推进大学生心理健康教育，培养他们积极、知足、感恩、达观的阳光心态，做一个健康的人、幸福的人。第三，要为了学生的一切。要把以学生为本的理念落实到教育教学全过程，全面提升他们的综合素质。要培养学生正确的世界观、人生观和价值观。人以学而立，立以德为先。广大家长"望子成龙"，首先是希望自己的孩子成为一个品德良好的人。要培养学生的科学精神和人文情怀。广大家长都希望自己的孩子成为全面发展的人，而全面发展的人的重要标志是既有科学精神，又具备人文情怀。要培养学生的创新精神和实践能力。面对日益加剧的社会竞争，创新能力既是广大学生的必备素质，也是广大家长渴望自己的孩子立身社会的必备本领。

（2）为中国共产党治国理政服务

中国共产党的领导地位和执政地位是历史的必然选择，体现了广大人民群众的共同心愿。近代以来，许多优秀的中华儿女为了寻求救国救民的真理和道路，进行了前赴后继、英勇顽强的斗争。在这期间，先后出现过许许多多的政治实体，包括各色各类政党，但最终大都退出了历史的舞台。历史证明，只有中国共产党才能担负起领导中国革命的历史重任。在中国共产党的领导下，经过28年的顽强斗争，牺牲了两千多万革命先烈，终于推翻了压在中国人民头上的"三座大山"，实现了中华民族的独立和人民的解放，把一个贫困交加、四分五裂的旧中国，变成了一个团结统一、前途光明的新中国。新中国成立以后，党领导人民建立起社会主义基本制度，开始了大规模的社会主义建设。党的十一届三中全会以来，党作出改革开放的战略决策，带领人民走出了一条中国特色社会主义的崭新道路，取得了举世瞩目的伟大成就。要沿着这条道路继续走下去，最终实现中华民族的伟大复兴，这必须始终坚持中国共产党的领导。现在，贫穷落后的旧中国能够变成日益繁荣富强的新中国，中华民族伟大复兴能够展现出前所未有的光明前景，人民群众能够不断地朝着美好幸福生活迈进，这一切，都是由于有了中国共产党的领导，都是通过中国共产党治国理政来不断推进、逐步实现的。因此，中国高等教育坚持为中国共产党治国理政服务是理所当然、天经地义的。

高校作为高层次人才集聚的战略高地，应当通过人才培养、科学研究、社会服务、文化传承创新和国际交流合作等方式，充分发挥智力优势和先导作用，积极主动地承担党和国家发展战略赋予的神圣使命，努力当好党和政府治国理政的智囊参谋，成为经济社会发展的生力军。与此同时，要为中国共产党治国理政大力培养有用之才，这是极为重要的一方面，也是由高校的根本任务所决定的。

第一，要提高教育质量，培养更多高素质的中国特色社会主义事业的建设者。国无才不强。古今中外，治国理政，人才都是第一位的。高校是培养高素质建设人才的摇篮，特别是新中国成立以来，活跃在社会主义现代化建设各行各业的高水平技术人才和管理人才，绝大部分都是高校培养出来的。在高等教育进入大众化阶段后，加强内涵建设、提高人才培养质量是高校一切工作的重中之重。要着力提高大学生的创新精神、实践能力和社会责任感，特别是要全面贯彻党的教育方针，确保在人才培养的问题上不走偏，确保广大青年大学生成为中国特色社会主义事业的建设者。

第二，提高发展大学生党员质量，培养更坚定的中国特色社会主义事业的接班人。党无才不立，要把忠诚于党、忠诚于人民的优秀大学生发展成为党员，培养成为我们党治国理政的核心骨干力量和中国特色社会主义事业的接班人。各级党组织对把优秀的青年大学生吸引到党内看得很重，高校每年发展的学生党员占全社会发展党员总数的三分之一强，全国高校在校大学生党员总数超过了200万人，占全国高校学生总数的比例超过了7.7%。当前，高校尤其要注重提高大学生党员的发展质量，纯洁入党动机，坚定共产主义远大理想，牢固树立正确的世界观、人生观、价值观，自觉加强党性锻炼，增强党的观念，践行党的宗旨，在思想上政治上行动上同以习近平同志为核心的党中央保持高度一致，确保党的接班人源源不断。

（3）为巩固和发展中国特色社会主义制度服务

中国特色社会主义制度是我们党在探索中国特色社会主义的伟大实践中确立的。由历史实践证明，在中国的发展道路上，其他模式都没有走通：封建专制，国家封闭落后，人民群众生活苦不堪言；多党议政，国家积贫积弱，人民群众生灵涂炭。而中国特色社会主义制度显示出了无与伦比的优越性，自从历史和人民选择了中国特色社会主义制度，中国人民的生活一天比一天美好，国家经济发展如芝麻开花节节高。与此同时，中国特色社会主义制度发展了中国高等教育，促进和带来了我国高等教育事业翻天覆地的变化。抗日战争前夕，中国有大学大约100所，学生4万多人；改革开放以来，我国高等教育实现了跨越式发展，从精英阶段进入到大众化阶段，有高校2500多所，在校大学生达2800多万人，高考录取率超过了80%。可以说，没有中国特色社会主义制度就没有中国现代高等教育的蓬勃发展，只有坚持发展中国特色社会主义制度，才能满足广大人民群众对中国高等教育的需求。高校不仅要教育和引导广大师生正确认识中国特色社会主义制度的强大优越性，而且要更加积极主动地为巩固和发展中国特色社会主义制度服好务。

一方面，高校要教育引导广大师生不断增强中国特色社会主义制度自信。这种自信既源自过往的历史，更来自活生生的现实，不仅是可比的，而且是我们很容易触摸得到的。放眼全球，中国特色社会主义制度不仅让广大中国人民的获得感与日俱增，而且正在影响着全世界，"中国模式""北京共识"已经成为国际政界、商界和学术界热议的话题。一直热衷于向中国输送"普世价值"和"三权分立"的西方国家，也不断派人前来中国研究取经。高校要教育引导师生正确认识世界和中国发展大势，全面客观认识当代中国、看待外部世界，让他们真正体会到中国特色社会主义制度的优越性，不断增强制度自信，增强责任感和使命感，自觉地为巩固和发展中国特色社会主义制度努力成才、奋发有为。

另一方面，高校要为巩固和发展中国特色社会主义制度提供好的成果。首先，要提供好的实践成果。办好中国特色社会主义大学，培养更多又红又专、德才兼备的人才就是对中国特色社会主义制度最好的巩固和发展，就是对中国特色社会主义制度最好的服务。其次，要提供好的理论成果。邓小平曾经指出："我们的制度将一天天完善起来，它将吸收我们可以从世界各国吸收的进步因素，成为世界上最好的制度。"毋庸置疑，即便是最好的社会制度，也是发展的社会制度，更是与时俱进的社会制度。要保持中国特色社会主义制度的强大生命力，就需要为其提供足够的理论支撑。高校是哲学社会科学研究的重镇，在推动中国特色社会主义制度发展方面的优势十分明显。高校要充分发挥这一优势，及时提出新的理论成果，指导完善社会主义制度，挖掘和发挥中国特色社会主义制度更大的优越性。

（4）为改革开放和社会主义现代化建设服务

改革开放是时代的最强音，是中国特色社会主义的强国之路。40多年来，我们党领导中国人民坚持把改革开放作为推进中国特色社会主义事业的根本动力，人均国内生产总值从300多美元提升到8000多美元，经济总量已位居全球第二位，取得了"人类历史上从未有过的发展成就"，人民生活总体上实现了从温饱到小康的历史性跨越。社会主义现代化建设是中国特色社会主义发展的必经之路，既符合社会发展的矛盾运动规律，又集中体现广大人民的共同愿望。当前，我国已经进入改革深水区，只有加快社会主义现代化建设，才能破解产业结构性矛盾、就业和社会保障压力等深层次的矛盾和问题，不断增强人民的福祉。同时，我国正处在全面建成小康社会的决胜阶段，我们比以往任何时期都更加接近中华民族伟大复兴的目标，只有加快社会主义现代化建设，才能使中华民族和中国人民千年求索、百年奋斗的目标，在不远的将来变为现实。由此可以说，改革开放和社会主义现代化建设对高等教育提出了更高更新的要求，高校要适应社会发展的需求、顺应广大人民群众的期盼，在为改革开放和社会主义现代化建设服务中有更新更有力的担当。

一方面，高校要教育引导大学生不断增强中国特色社会主义道路自信。中国发展的历史事实已经雄辩地证明，只有社会主义才能救中国，只有中国特色社会主义才能发展中国。即便在苏联解体、东欧剧变和2008年国际金融危机爆发等"西风肆虐"的时刻，我们党团结带领全国各族人民不仅顶住了压力，而且依然取得了举世公认的巨大成就。所以说，中国特色社会主义不是外界强加于中国的，而是中国人民的共同选择；广大中国人民既不会走封闭僵化的老路，更不能走改旗易帜的邪路。习近平总书记强调："中国特色社会主义这条道路来之不易，它是在改革开放30多年的伟大实践中走出来的，是在中华人民共和国成立60多年的持续探索中走出来的，是在对近代以来170多年中华民族发展历程的深刻总结中走出来的，是在对中华民族5000多年悠久文明的传承中走出来的，具有深厚的历史渊源和广泛的现实基础。"高校要教育引导广大师生，找到中国特色社会主义这条道路不容易，既要好好珍惜，更要矢志不渝地走下去。

另一方面，高校要坚定不移地与改革开放和社会主义现代化建设同向同行。一是要广泛开展中国梦的宣传教育。实现中华民族伟大复兴的中国梦，是民族之梦，也是每个中国人之梦，更是高校广大学生的人生理想之梦。这个梦为广大高校学生提供了人生出彩的机会、共享梦想成真的机会。要教育引导大学生用中国梦激扬青春梦，点亮理想的灯，照亮前行的路，只有把个人的人生理想与民族的伟大复兴梦想紧密结合在一起，才会拥有更多同祖国和时代一起成长与进步的机会，才能实现人生的最大价值。二是要加快建设世界一流大学和一流学科。高校应面向国家重大战略需求和经济社会建设主战场，不断凝练学科方向、调整专业结构，加强建设关系国家安全和重大利益的学科，大力发展新兴学科和交叉学科，建设一批国家急需、支撑产业转型升级和区域发展的学科，打造一批市场急需、前景朝阳的专业，培养各行各业急需的一流人才，满足经济社会发展的迫切需要。三是要面向世界科技发展前沿，大力实施创新驱动发展战略，以科技创新引领经济社会发展。事实上，高校一直是我国科学研究的生力军和科技创新的强劲引擎。仅以湖南省为例，全省80%以上的国家科技重大专项、国家"973""863"计划项目，90%以上的国家自然科学基金和国家社会科学基金项目，均由高校牵头承担。高校应进一步突出学科交叉融合和协同创新，突出与产业发展、社会需求、科技前沿紧密衔接，深入探索建立适应不同需求、形式多样的协同创新模式，促进校企、校地联动，推进产学研深度融合，产出一流的科研成果，支撑并引领行业发展，为提高国家科技创新能力、增强国家核心竞争力作出应有的新贡献。

3. "四个坚持不懈"是新形势下加强和改进我国大学生思想政治工作的新导航

加强大学生思想政治工作，最重要的就是要在事关办学方向的问题上站稳立场，确保在人才培养的问题上不走偏。如果一所高校在人才培养的问题上走偏了，那就像一棵歪脖子树，无论如何都长不成参天大树，更谈不上成为党和国家的栋梁。习近平总书记强调的"四个坚持不懈"，深刻回答了高校培养什么样的人、如何培养人、为谁培养人这个根本问题，揭示了立德树人、德育为先、全程育人、全方位育人等高校思想政治工作规律，是新形势下加强和改进我国高校思想政治工作的新导航。

一方面，"四个坚持不懈"侧重点各不相同：坚持不懈传播马克思主义科学理论侧重于为学生一生成长奠定科学的思想基础，坚持不懈培育和弘扬社会主义核心价值观侧重于帮助学生把牢人生的"总开关"，坚持不懈促进高校和谐稳定侧重于为学生健康成长提供好的环境，坚持不懈培育优良校风和学风侧重于为学生学习成长营造好气候、创造好生态。另一方面，"四个坚持不懈"是有机统一的：它们统一于实现人的全面发展，让广大学生成为德才兼备、全面发展的人才；统一于坚持中国特色社会主义大学办学方向，培育德智体美全面发展的社会主义建设者和接班人，造就先进思想文化的传播者、治国理政的优秀人才。

（1）坚持不懈传播马克思主义科学理论

马克思主义是科学真理，具有真理性，这在于它的实事求是的理论力量、改变世界的实践力量和与时俱进的生命活力，在于它是真正的"时代精神的精华"和"文明的活的灵魂"，在于它为创建人类文明的新形态提供了最坚实的理论支撑。马克思主义具有强大的真理力量，是被我国革命、建设、改革、发展的成功实践——证明了的。中国共产党坚持以马克思主义为指导，团结带领中国人民，打败日本帝国主义，推翻国民党反动统治，完成新民主主义革命，建立了中华人民共和国，实现了中国从几千年封建专制政治向人民民主的伟大飞跃；完成社会主义革命，确立社会主义基本制度，消灭一切剥削制度，推进了社会主义建设，实现了中华民族由不断衰落到根本扭转命运、持续走向繁荣富强的伟大飞跃；进行改革开放新的伟大革命，开辟了中国特色社会主义道路，形成了中国特色社会主义理论体系，确立了中国特色社会主义制度，使具有五百年历史的社会主义主张在世界上人口最多的国家成功地开辟出具有高度现实性和可行性的正确道路，使具有五千多年文明历史的中华民族全面迈向现代化，让中华文明在现代化进程中重新焕发出蓬勃生机，实现了中国人民从站起来到富起来、强起来的伟大飞跃。我们必须始终把马克思主义科学理论作为立党立国的根本指导思想和行动指南，坚持在实践中不断丰富和发展马克思主义，有效地传播好马克思主义理论，为党和人民事业发展提供既一脉相承又与时俱进的科学理论指导，为增进全党全国各族人民团结统一提供坚实的思想基础。

高校是孕育思想、传播理论的地方。最早马克思主义在中国的传播就是在高校知识分子、青年学生中进行的。陈独秀、李大钊、李达等中国早期马克思主义者都把高校作为阵地。面对新的时代特点和实践要求，高校在坚持不懈传播马克思主义科学理论方面必须要有新的作为。

第一，学生要实实在在地学起来。毛泽东曾经这样深刻地阐述了学习马克思主义理论的极端重要性："学习理论是胜利的条件。如果中国有一百个至二百个系统地而不是零碎地，实际地而不是空洞地，学会了马克思主义的同志，那将是等于打倒一个日本帝国主义。"大学时光宝贵，要学的东西很多，高校尤其要突出抓好马克思主义理论教育，扎实推进马克思列宁主义、毛泽东思想学习教育，广泛开展中国特色社会主义理论体系学习教育，深入学习领会党中央治国理政新理念新思想新战略，增强大学生对中国特色社会主义建设的政治认同、思想认同和理论认同。对于马克思主义理论，当前大学生有的学是学了，但学习效果不够理想，这说明高校在教育顶层设计、学习环节安排、学习方法探索等方面还需要进一步改进和加强。各学科专业的学生、不同学段的学生都要学习马克思主义理论，不能疏漏；第一课堂和第二课堂都要丰满，不可偏废；总体上的"漫灌"和因人而异的"滴灌"要有机结合，不拘一格。

第二，教师要坚定不移地用起来。"凡贵通者，贵其能用之也。"网上曾有一篇很"火"的文章《我为什么加入中国共产党？》，"10万+"的阅读量、三百多个公众号转载，让文章的作者——南京航空航天大学能源与动力学院党委副书记徐川一下子成为高校师生纷纷点赞的"网红"。徐川为什么"火"了、"红"了？因为在这篇文章里，徐川结合自身实际，深入浅出地运用马克思主义原理，轻松幽默地讲好了坚定理想信念的身边故事。天边不如身边，道理不如故事。高校要让马克思主义讲中国话，要让基本原理变成学习和生活中的基本道理，使广大学生真真切切地感受到马克思主义不过时、有真用，是科学的世界观和方法论，使广大学生实实在在体会到马克思主义能够科学地指导自己成长成才、建功立业，能够很好地帮助自己为人处世。各门学科都是马克思主义科学理论的良好传播渠道，广大教师都要守好一段渠、种好责任田，要善于运用马克思主义立场、观点、方法掌握各门具体学科的科学思维，得出符合规律的认识；要懂得"广告植入"，把马克思主义科学理论和符合规律的认识有机地"植入"到教学内容和教学环节。

第三，学校要理直气壮地管起来。要管住关键少数，这个关键少数就是高校、院（系）等党组织书记、行政负责人。意识形态是"党的一项极端重要的工作"，马克思主义是我国意识形态工作的指导思想，有的高校暴露出来的意识形态问题，不少是因为高校在意识形态工作的管理上失之于宽、失之于松、失之于软。与此同时，要管住前沿阵地，坚持正能量是总要求、管得住是硬道理。虽然意识形态工作有其特殊性，需要软化渗透，需要传播技巧和方式，但过度的"内紧外松"及"冷处理"，反而让人在接受主流意识形态时陷入"晕轮效应"。高校必须敢抓敢管、敢于亮剑，旗帜鲜明地抵制反马克思主义观点，理直气壮地壮大马克思主义主流声音，做到守土有责、守土负责、守土尽责，做到前沿阵地永不丢、万里长城永不倒。

（2）坚持不懈培育和弘扬社会主义核心价值观

人生的"总开关"就是价值观，帮助和引导大学生"系好人生第一粒扣子"十分重要。2014年五四青年节，习近平总书记在同北京大学师生交流时，特别强调了社会主义核心价值观的重要性。他说："因为青年的价值取向决定了未来整个社会的价值取向，而青年又处在价值观形成和确立的时期，抓好这一时期的价值观养成十分重要，这就像穿衣服扣扣子一样，如果第一粒扣子扣错了，剩余的扣子都会扣错。人生的第一粒扣子从一开始就要扣好。""凿井者，起于三寸之坎，以就万仞之深。"加强社会主义核心价值观的培育和弘扬应遵从人的成长规律，高校要抓小、抓细、抓实，引导广大学生"扣好人生第一粒扣子"。要让他们懂得，在一个民族、一个国家里，必须知道自己是谁、从哪里来、要到哪里去，想明白了、想对了，才能坚定不移地朝着对的目标前进。众所周知，社会主义核心价值观是当代中国精神的集中体现，是凝聚中国力量的思想道德基础。事实上，我国很多高校的校训和传统同社会主义核心价值观的内在要求是一致的。如北京大学的"爱国、进步、民主、科学"，清华大学的"自强不息、厚德载物"等。毋庸置疑，社会主义核心价值观具有深厚的历史底蕴和坚实的现实基础，它所倡导的价值理念具有强大的道义力量，它所昭示的方向契合中国人民的美好愿望。培育和弘扬具有强大感召力的社会主义核心价值观，关系社会和谐稳定，关系国家前途命运，关系人民幸福安康。

"大学之道，在明明德，在亲民，在止于至善。"高校应坚持贯穿结合融入，精心加强系统设计，把社会主义核心价值观体现到办学育人全过程。

第一，要将社会主义核心价值观体现在教育内容之中。理想信念教育应一马当先。所谓"志不立，天下无可成之事"，理想信念是精神之钙、信仰之魂，始终是社会主义核心价值观建设的根本。高校应教育引导广大学生树立中国特色社会主义共同理想，使他们中的先进分子树立共产主义远大理想，将个人前途与党和人民的事业同频共振，勇做走在时代前列的奋进者、开拓者。中华优秀传统文化是社会主义核心价值观教育的"宝藏"，高校应把中华文化重要典籍作为大学生推荐读物，在政治学、社会学、法学、历史学、新闻学等专业和课程中，增加中华优秀传统文化方面的内容，建设推出中华优秀传统文化在线开放课程。革命文化、社会主义先进文化是社会主义核心价值观教育的"富矿"，高校应将党史、国史、改革开放史、社会主义发展史作为改革开放成就展览、重大历史事件纪念活动、爱国主义教育基地、国家公祭等教育活动的主题，弘扬以爱国主义为核心的民族精神和以改革创新为核心的时代精神，同时，高校还应将国家意识、法治意识、社会责任意识教育和民族团结进步教育、国家安全教育、科学精神教育纳入日常课程体系。

第二，要用社会主义核心价值观引领知识教育，贯穿教育教学、日常生活的各环节。大学生的核心任务是学习和科研，高校要将价值观教育与学习、科研紧密结合起来，避免成为"两张皮"。近年来，大国方略、创新中国、人文中国、智造中国、读懂中国、中国道路等"中国"系列课程之所以赢得上海高校大学生热捧，关键在于教育教学过程中活泼的课堂组织形式、生动的案例和对于国情的贴切把握。要注重在社会实践和课外活动中培育社会主义核心价值观，系统设计实践育人教育教学体系，分类制定实践教学标准，提高实践教学比重，增强实践教育教学的针对性和实效性，避免社会主义核心价值观教育抽象化、说教化。要注重在日常生活和文化氛围中加强对大学生社会主义核心价值观的教育，使社会主义核心价值观在不知不觉之中成为学生的日常行为准则。广泛开展文明校园创建，组织开展丰富多彩、积极向上的校园文化活动，提升校园文明程度，引导大学生勤学、修德、明辨、笃实等。

第三，要将社会主义核心价值观体现在师生教与学的行为规范之中。要抓好学生评价工作，将学生对于社会主义核心价值观的认识、态度、行为的表现具体化，建立相应指标体系，引导学生不仅学会学习、做事，还要学会做人。要抓好教学督导工作，将社会主义核心价值观教育开展情况纳入教学督导的重要内容，同时将教师在社会主义核心价值观教育方面的表现作为评奖评优、职称评定、职务晋升的重要指标。要抓好学院考核工作，在培育和弘扬社会主义核心价值观的过程中，学校是主导，学院是主体，学生是主角，要建立社会主义核心价值观教育成效评估标准与机制，充分发挥学院主体作用。

（3）坚持不懈促进高校和谐稳定

高校和谐稳定有着重要的意义，稳定是改革发展的基本前提，高校也是如此。高校虽然有"象牙塔"之称，但从来都不是封闭的孤岛，高校发生的事情会影响社会，社会上发生的事情也会影响高校。可以说，高校是社会的风向标。高校是否和谐稳定，影响的不仅仅是高校自身，更是全社会。过去我们有过这方面的教训。我们要从维护国家政治安全和意识形态的高度，认清维护高校和谐稳定的重大意义。不仅要维护好高校的和谐稳定，更要把高校建设成为安定团结的模范之地，为社会和谐稳定注入正能量。

思想活跃是高校的重要特征。在高校中，各种思想观点在交汇，各种价值观念在碰撞。也因此，高校日益成为国内外敌对势力进行和平演变、文化渗透的主要场所，思想文化渗

当代大学生思想政治教育与创新创业

透日益成为他们争夺和利用青年学生的重要方式。"泰山不让土壤，故能成其大；河海不择细流，故能就其深。"对于有益的思想文化，我们要秉持尊重差异、包容多样的态度，在多元中立主导，在多样中谋共识，在多变中定方向，让其像涓涓细流一样汇入主流意识形态的浩瀚大海。面对世界范围内制度博弈和价值观较量向高校投射，各种噪音、杂音纷至沓来，我们要高看一眼、深听一层，增强文化自信，增强政治敏锐性和政治鉴别力，对鱼龙混杂的观点要辨析甄别、过滤净化，不能照单全收，当传声筒、扩音器；对于各种错误思潮要保持警惕、有效防范，防止其以各种形式在高校抢滩登陆，同我们争夺阵地、争夺人心。

第一，要加强阵地建设管理。加强对课堂教学的建设管理，健全课堂教学管理办法，完善课程设置管理制度，建立课程标准审核和教案评价制度，落实校领导和教学督导听课制度，强化教学纪律约束，坚持课堂讲授守纪律、公开言论守规矩。加强对讲座、论坛、报告会、研讨会等的管理，把好场地申请、内容审核等审批关，落实"一会一报""一事一报"的制度，把好主持人、过程管理关，该备案的备案。严格出版管理，规范选题和书号管理，建立质量监督检查体系；加强对校园媒体的管理，严格校报校刊、广播电视等校园媒体规范管理，执行三审三校制度；严格网络新媒体管理，建立登记备案和年审制度，加强对师生自媒体的规范引导。加强校园网络安全管理，落实校园网络使用实名登记制度和用网责任制度，加强学生互动社区、网络论坛建设，加强网络舆情收集研判，做好网上舆论引导，唱响网上主旋律。上海的"易班"建设接地气、聚正气，深受网络"原住民"的喜爱，目前"易班推广行动计划"已完全覆盖上海 60 多万名高校学生，效果良好，其经验值得其他高校借鉴。加强对大学生社团的管理，实行登记和年检制度。

第二，要培育理性平和健康心态。要营造消解躁气的文化空间，把高校建设成为让人心静下来的地方，让学生静心学习，通过读书学习升华气质，以学养人、治心养性。要加强人文关怀和心理疏导，引导学生正确认识义和利、群和己、成和败、得和失，强化心理危机干预和心理疏导，不断使大学生的心理健康素质得到提升。要把解决思想问题同解决实际问题有机结合起来，多做得人心、暖人心、稳人心的工作，把师生的"柴米油盐酱醋茶"当成学校的"国家大事"，在关心学生、帮助学生中教育学生、引导学生。要加强对家庭经济困难学生的资助工作，完善奖助学金、助学贷款、勤工助学、学费减免等多种方式的资助体系，让他们共享改革发展的成果。

第三，要加强安全稳定制度体系建设。要完善责任机制，进一步把责任明细化、制度化、规范化，落实到每一位领导、每一个部门，确保事事有人管、责任有人担。要建立风险评估机制，安全稳定工作的最高境界是"防患于未然"，开展安全稳定风险评估是源头维稳的最好抓手。既要对社会稳定风险开展评估，又要对高校自身开展安全稳定风险评估，特别是要将安全稳定风险评估作为决策的前置条件和刚性门槛，防止"决策一出台，矛盾跟着来"。要健全考评机制，完善安全稳定工作考核办法，以考评调动高校各二级单位主要领导重视安全稳定工作的积极性，以考评推动安全稳定工作各项制度落到实处。

（4）坚持不懈培育优良校风和学风

校风和学风是一所学校的风气，是学校的文化标签，是学校治理能力强弱的体现，是学校办学水平高低的反映。高校的校风和学风有着重要的影响作用。一所高校的校风和学风，犹如阳光和空气一样，直接影响着学生学习成长。好的校风和学风，能够为学生学习成长营造好气候、好生态。久入芝兰之室而不闻其香，久入鲍鱼之肆而不闻其臭。校风和学风虽然闻不着、看不见、摸不到，但每天都与学生朝夕相处，一旦质量下降甚至变坏，学生都会深受其害。所以说，风气不正、风气不好的高校，办学质量、办学水平可想而知，办学方向也要打个大大的问号。

大学生思想政治工作是基于高校而存在的，高校治理得如何、校风和学风如何，既影响和决定着又反映和体现着大学生思想政治工作的水平和成效。高校治理水平高，校风和学风就好，思想政治工作就如鱼得水；反之，如果高校治理水平低，校风和学风不好，歪门邪道的东西大行其道，思想政治工作的作用是难以发挥的。"夫国大而政小者，国从其政；国小而政大者，国益大。"近些年来，社会上对高校的校风和学风议论比较多，究其原因，就在于一些高校的治理能力和管理水平跟不上，应该管的没有管起来，应该严的没有严起来，特别是在学生的学习上管理不到位、不严格。学习是学生的主要任务，学习过程也是锤炼学生心志的过程，学生的不少品行要在学习中形成。大学生思想政治工作只有同鼓励学生端正学风统一起来，同校风和学风建设有机结合起来，才能事半功倍，才能"随风潜入夜，润物细无声"。

第一，加强大学文化建设。要突出软件建设，培育大学精神。好校风和好学风来自师生的共同努力，师生共同努力的重要引擎就是大学精神。大学精神是一所大学校园文化的"灵魂"，包括学校的发展目标、办学理念等。"灵魂"在，师生就有了共同依存的精神家园；精神家园在，优良的校风和学风就有了根基。高校要充分挖掘高校优秀文化传统和历史资源，结合学校发展愿景，大力开展校情校史教育、爱校兴校教育和丰富多彩的校园文化活动，把大学精神真正化为广大师生共有的价值理念、认同目标和行为方式，让广大师生集聚在大学精神的旗帜之下，同时坚持把大学精神有机融入到教育教学全过程，引领优良校风和学风的培育。要突出硬件建设，建设美好校园。家园仅有精神还不够，广大师生都不是柏拉图，家园也要有"桌椅板凳"，还有"楼台亭榭"。要通过有序的校园规划，科学布局教育教学设施，科学划分学习生活功能区域，同时加大校园环境综合治理，特别是要在环境建设上充分考虑大学文化载体功能，以硬件承载软件，化"硬"为"软"，让校风和学风的因子在美好校园如影随形，彰显大学文化的潜移默化作用。

第二，要提升办学水平和治理水平。要坚持依法治校。没有规矩，不成方圆。依法治校是坚持办学方向、提高高校办学水平和治理水平的必由之路。当前高校办学方面的法规并不少，除了《中华人民共和国高等教育法》从法律上规定了高校办学方向和基本制度之外，很多高校依据《中华人民共和国高等教育法》制定了大学章程。但不能忽视的是，有的高校有时法章不依，校规校纪执行不严，导致高质量的育人体系和高水平的管理体系建立不起来，甚至有时候"王子犯法"不能与"庶民同罪"，这在客观上使得"上梁不正下梁歪"。从高校办学发展规律来看，依法治校没有完成时，只有进行时，永远在路上。要坚持以德治校。法治和德治从来都是相辅相成、互相促进的。要坚持以德治政、以德律师、以德育人，特别是要坚持以德治政。一所高校各级领导班子道德水平的高低，对高校风气的好坏起着至关重要的作用，以德治校务必从各级领导干部抓起。与此同时，要特别注重师生德治意识的养成。

二、大学生思想政治教育的原则

（一）大学生思想政治教育基本原则总体要求

1. 必须做到"五个坚持"

2017 年 2 月，中共中央、国务院印发了《关于加强和改进新形势下高校思想政治教育工作的意见》，明确了加强和改进大学生思想政治教育工作的基本原则必须做到"五个坚持"——坚持党对高校的领导，把党的建设贯穿始终，牢牢掌握党对高校的领导权；坚持社会主义办学方向，为人民服务，为中国共产党治国理政服务，为巩固和发展中国特色社会主义制度服务，为改革开放和社会主义现代化建设服务；坚持全员全过程全方位育人，把思想价值引领贯穿教育教学全过程和各环节；坚持遵循教育规律、思想政治工作规律、学生成长规律，把握师生思想特点和发展需求，提高工作科学化精细化水平；坚持改革创新，推进理念思路、内容形式、方法手段创新增强大学生思想政治教育工作的时代感和实效性。

2. 必须坚持"三个结合"

2017 年 5 月，习近平在中国政法大学考察时强调，大学生思想政治工作要坚持"三个结合"——思想政治工作与党建工作结合起来，把规范化的严格要求与灵活方式结合起来，把解决思想问题和实际问题结合起来。

（二）新时代大学生思想政治教育的主要原则

1. 方向性原则——面向社会

方向性原则是指大学生思想政治教育工作必须坚持正确的方向（包括政治和业务两个方面），坚持党对高校的全面领导，保证办学的社会主义方向，用正确的思想引导师生员工。这是大学生思想政治教育工作受社会政治、经济制约的客观规律的反映，也是由社会主义教育的性质、目的、任务及其特点所决定的。贯彻这一原则，高等学校就能确立正确的目标，师生员工才有向心力、凝聚力。如果思想教育方向发生偏差，高校必然产生震荡，它所造成的消极影响一般很难在短期内得到纠正。

第一，坚持正确的政治方向，全面贯彻党和国家的路线、方针、政策。大学生思想政治教育工作必须认真贯彻党在中国特色社会主义历史阶段的基本路线。明确"教育必须为社会主义建设服务，社会主义建设必须依靠教育"的指导思想全面贯彻党和国家的路线、方针、政策，尤其是教育方针政策。力求使高校的教育及其管理工作能主动地适应社会主义建设事业需要，努力培养德、智、体等各方面和谐发展的一代新人，更好地为社会主义建设服务。

第二，加强党对高校的全面领导。坚持党的领导是办好社会主义大学的根本保证，当然也是搞好教学和管理工作的根本保证。加强党对高校的全面领导，就是要坚持党委领导下的校长负责制，切实发挥党在高校治理中的领导作用、师生员工在高校治理中的主体作用；牢牢掌握党在意识形态领域的管理权和领导权，让中国特色社会主义理论体系和社会主义核心价值观真正进教材进课堂进头脑；加强思想政治工作，保证和监督党的各项方针政策的落实，从而保证学校各项工作遵循党所指引的正确方向顺利开展。

第三，明确培养目标与办学目标。目标本身就是一种方向。伟大的目标可以产生伟大的动力。被教职工共同认定的奋斗目标，是师生员工为之奋斗的蓝图。它能把教职工凝聚成为一个具有统一意志和步调、具有鲜明的奋斗目标的战斗集体；它可以帮助和引导、指导高校教职工端正办学思想和办学方向。大学生思想政治教育工作人员不仅自己要"吃透"培养目标，而且要引导教职工明确学校的培养目标，并且在此基础上提出切实可行的具有感召力、激励力的办学目标。

第四，切实加强思想领导。人们的管理活动是受一定思想支配的。大学生思想政治教育工作，既要管事，又要管人，但首先是管好人的思想，做好思想工作。只有在正确思想指导下，把人的思想发动起来，才能有积极的正确的行动，从而做好各方面的工作。

2. 整体性原则——以育人为中心

育人为中心的整体性原则是指高校的思想教育工作是以培养全面发展的高素质人才为中心的整体系统的协调运动。这是由大学生思想政治教育工作的总目标决定的，是对系统原理、整分合原理的反映。

整体性原则就是要求把高校看作社会的一个功能系统，要对影响高校的内部、外部诸因素，以及管理过程各阶段、各系统、各层次、各部分的工作，进行综合管理，做到整体把握、科学分解、重点突出、互相配合。这种配合，必须是协调一致的，也就是要合理调配科学分工，有主有从，统筹兼顾，综合平衡。由于大学生思想政治教育工作的根本任务是立德树人，因此，必须围绕坚持社会主义办学方向这一根本要求，围绕培养全面发展的高素质人才这项根本任务来进行。

贯彻整体性原则，就必须做到以下几点。

第一，树立整体观念。要明确大学生思想政治教育工作是一个有机的整体。要从整体出发，处理好局部与整体的关系，当前与长远的关系，集中统一与分散灵活的关系，内部与外部的关系，据此制定明确的总目标，并为实现总目标制定出具体方案，分清主次、从属、轻重、缓急与先后，既明确中心任务又不忽略其他任务。在大学生思想政治教育工作中，不管是订计划、做决策、定制度，还是抓调整，都要胸有全局，服从整体。

第二，明确重点，突出中心。进行思想教育工作就要学会"弹钢琴"，用全力找出它的主要矛盾。大学生思想政治教育工作必须树立以立德树人为根本，以理想信念教育为核心，以社会主义核心价值观为引领，以全面提高人才培养能力为关键。构建课程育人、科研育人、实践育人、文化育人、网络育人、心理育人、管理育人、服务育人、资助育人和组织育人等"十大"育人体系，形成全员全过程全方位育人格局。

第三，加强大学生思想政治教育工作的纵向和横向联系。就大学生的整个教育范围来说，它包括学校教育、社会教育、家庭教育等一系列要素的集合，这是一个大系统。学校思想政治教育只是其中的一个方面。这就要求大学生思想政治教育工作者在思想教育工作过程中，不仅把眼光放在学校内部，而且要向更大范围延伸，既要了解学生的家庭情况，需要与学生家长沟通及配合，同时还需要组织学生社会实践，依靠红色教育基地、社会导师等社会资源对大学生进行教育。

3. 民主性原则——全员育人

构建高校思想政治责任体系，实现全员育人。高校要重点抓好党政干部和共青团干部、思想政治理论课教师和哲学社会科学课教师、辅导员班主任和心理咨询教师等三支队伍建设，带动全校师生员工提升思想政治素养，多点发力、形成合力、共同育人。要强化党委的领导核心作用，落实党委管党治党、办学治校的主体责任。充分发挥共青团在教育、团结和联系青年学生方面的优势，把育人贯穿于思想引领、校园文化、科技创新、社会实践、组织建设等各项工作中。实行思想政治理论课专任教师任职资格准入制。提高哲学社会科学课教师的思想政治修养，加强教师队伍的社会主义精神文明建设。按照政治强业务精纪律严作风正的要求，配齐配强配顺辅导员。将心理咨询师资队伍建设纳入学校师资队伍建设规划，重视心理咨询教师的专业培训工作。

4. 动态性原则——促进改革

哲学上认为：事物的运动发展是绝对的，静止是相对的。管理过程本身就是一个不断变化发展的动态过程。因此，管理过程的实质，就是根据管理对象变化、发展的情况，及

当代大学生思想政治教育与创新创业

时做出相应的调整，以实现整体目标的过程。由于管理的对象复杂、多变，因此管理工作也必须在变动改革中前进。改革的意义，就在于调整关系，解决矛盾，克服弊端，增加适应新形势的能力。大学生思想政治教育工作必须有促进改革的能力。贯彻这条原则，要做到以下几点。

第一，明确目标，立志改革。当代科学技术发展异常迅速，知识扩展更新十分惊人。作为传授知识、创造知识的高等学校，要在这急剧变化的社会、政治、经济、科学、技术条件下，保持经常处于科学技术前沿阵地的地位，就必须立志改革，使大学生思想政治教育工作与社会国家的政治经济发展相适应，保持教育与科学、生产的紧密联系。

第二，经常分析新情况、解决新问题。动态原则要求用动态观点观察、处理问题。事物的发展总是从量变到质变，社会生产在发展，科学技术在发展，大学生思想政治教育工作的主客观因素也不断地发展，这就必然会在管理过程中出现许多新情况、新问题，要求大学生思想政治教育工作者经常深入调查研究，及时获取反馈信息，做出准确地判断和决策，采取有效的措施加以解决。

第三，注意保持管理工作的连续性和相对稳定性。动态性原则并不排斥相对稳定的特质。管理工作的发展，管理质量的提高，都要求有一个连贯的过程，以利于管理经验的积累和管理人才的成长。

第二节　中国共产党的思想政治教育经验

中国共产党历来重视思想政治工作，在长期的实践中有了丰富的经验。深入研究和总结中国共产党思想政治教育的历史经验，对于推进新阶段我国的社会主义现代化建设事业具有重要意义。

一、坚持辩证唯物主义的基本观点，正确认识到思想政治教育的重要性

自成立以来，中国共产党就非常重视思想政治工作，一直用生命线这一形象的比喻来表述思想政治工作在党的各项事业中的地位和作用。

早在 1934 年 2 月，红军总政治部就召开了第一次全国政治工作会议，王稼祥、朱德、

周恩来在会上都从不同的角度提出政治工作是红军的生命线。1938年1月，我党以周恩来的名义在国统区发表抗战军队的政治工作，指出：以革命主义为基础的革命政治工作是一切革命军队的生命线和灵魂。1944年延安整风期间，谭政所作的关于军队政治工作问题的报告标志着中国共产党思想政治教育理论的成熟，其中认为，政治工作是我们军队的生命线，认真的政治工作具有非常重要的意义，任何轻视政治工作的观点，都是不对的。

后来，毛泽东提出掌握思想教育，是团结全党进行伟大政治斗争的中心环节，并将思想教育工作放在政治局各项业务之首。中华人民共和国成立之初，毛泽东结合党在新时期的历史任务指出：政治工作是一切经济工作的生命线，思想工作和政治工作，是完成经济工作和技术工作的保证。改革开放以后，我们党依然高度重视思想政治教育工作，党的十一届六中全会通过的关于建国以来党的若干历史问题的决议重申：思想政治工作是经济工作和其他一切工作的生命线。

1992年初，邓小平视察南方发表重要讲话，指出经济发展要更快一点，同时也强调了思想政治教育工作无论过去、现在和将来都是我们的真正优势。2000年6月中央思想政治工作会议召开，会议指出，党的思想政治工作是经济工作和其他一切工作的生命线，是团结全党和全国各族人民实现党和国家各项任务的中心环节，是我们党和社会主义国家的重要政治优势。

新世纪、新阶段面对世情、国情以及民众思想价值观念的新变化，胡锦涛指出思想政治工作历来是我们党统一思想、凝聚人心、化解矛盾、理顺情绪、激励人们团结奋斗的基础性工作，面对新形势新任务，全党必须从党和国家事业发展的战略高度，进一步认识切实做好宣传思想工作的极端重要性。

需说明的是，思想政治教育属于意识形态和上层建筑的范畴，从辩证唯物主义的观点出发，思想政治教育的生命线作用是上层建筑对经济基础的反作用关于军队政治工作问题的报告指出：对于政治工作的地位的过分强调是不对的，但是如果没有必要的强调，没有必要的地位，也是不对的。在我党历史上曾出现过或者忽视、或者片面夸大思想政治教育作用的错误认识，这在理论上、实践中都被证明是有害无益的。

二、坚持物质决定意识的基本观点自觉调整思想政治教育的目标和任务

辩证唯物主义认为，物质决定意识，意识对物质具有反作用。思想政治教育作为意识形态领域，其必须服从和服务于党在不同历史时期、不同发展阶段的工作大局和中心任务。因此，根据客观形势的发展变化不断调整思想政治教育的目标和任务，是马克思主义基本原理与中国实际相结合的具体体现。

中国共产党在大革命时期成立，党的中心任务就是在工农群众中广泛宣传反帝反封建的革命纲领和党的主张，提高工农的觉悟，这也是当时党的思想政治工作的任务和目标。土地革命时期，党的思想政治教育工作主要是在军队内开展的，要将军队培养成忠于党的人民军队。一切政治工作，都要服从整个作战计划，一切政治工作，都要为着前线的胜利。

抗日战争时期，面对外敌入侵的民族危机，党的思想政治工作的中心任务就是教育和团结一切可以团结的力量一致对外。因此，党提出整个军队的方向就是政治工作的方向，政治工作的任务只能根据军队的基本任务和具体任务去规定，除此之外不能再有所谓政治工作的独立任务。中华人民共和国成立之初，党和国家的首要任务是尽快恢复国民经济，实现由新民主主义社会向社会主义社会的转变。党指出思想政治工作不能与党所进行的各项实际工作相分离，离开了党的中心工作，宣传工作就会失败，当时提出不要四面出击。

在这一正确方针的指导下，思想政治工作取得了很好的成效。改革开放后，邓小平指出：经济工作是当前最大的政治。1984年10月，中共十二届三中全会通过了中共中央关于经济体制改革的决定，明确了思想政治教育，必须坚定地贯彻执行为实现党的总任务总目标服务，密切结合经济建设和经济体制改革的实际来进行的指导方针。

在新世纪，统筹国内国际两个大局，更好地带领全国各族人民聚精会神搞建设、一心一意谋发展是党的中心工作。因此，党中央更加明确地提出思想政治教育工作要始终抓住发展这个党执政兴国的第一要务，全面贯彻党的基本路线，大力营造聚精会神搞建设、一心一意谋发展的良好氛围，大力营造倍加顾全大局、倍加珍视团结、倍加维护稳定的良好氛围，促进社会主义经济建设、政治建设、文化建设、社会建设以及生态文明建设全面协调发展，为改革开放和社会主义现代化事业提供强大的精神动力和思想保证。

三、坚持以人为本的基本观点自觉调整思想政治教育的人才培养任务

党的思想政治工作在服从、服务于党和国家的中心工作、中心任务的过程中，其最根本的目标和任务就是通过思想政治教育工作的广泛开展，为党和国家培养建设所需要的人才。以人为本是对马克思主义关于人的全面发展思想的简洁提炼。一直以来我们党在强调思想政治教育的服从、服务功能的同时，并没有忽视人，没有忽视对人的教育和培养。民主革命时期，党的思想政治工作就是要培养能适应反帝反封建的革命斗争需要的革命者。

1934年1月，我党确定苏维埃文化教育的总方针在于以共产主义的精神来教育广大的劳苦民众，在于使文化教育为革命战争与阶级斗争服务，在于使教育与劳动联系起来，在于使广大中国民众都成为享受文明幸福的人。毛泽东于1937年10月为陕北公学题词：要造就一大批人，这些人是革命的先锋队。中华人民共和国成立后，毛泽东提出要培育有社会主义觉悟的有文化的劳动者，是当时思想政治教育的主要目标。改革开放后，在新的历史条件下，邓小平指出要教育人民成为四有人民，教育干部成为四有干部。

所谓"四有"就是有理想、有道德、有文化、有纪律。培育社会主义四有新人，成为这一时期党的思想政治教育的主要目标。并且认为思想政治工作就是用人类历史上最先进、最科学的世界观、方法论去教育人、启发人，解决人的立场和思想问题，使人们从各种谬误和偏见中解放出来，不断提高认识和改造世界的能力。

2001年，江泽民在庆祝中国共产党成立80周年大会的讲话中指出，促进人的全面发展是马克思主义关于建设社会主义新社会的本质要求，是党的各项事业所追求的目标。2003年，党的十六届三中全会提出坚持以人为本，树立全面、协调、可持续的发展观，促进经济社会和人的全面发展。2005年1月，在全国加强和改进大学生思想政治教育工作会议上的讲话中，胡锦涛指出，培养什么人、如何培养人，是我国社会主义教育事业发展中必须解决好的根本问题。2007年5月，胡锦涛又提出四个新一代的育人目标，即理想远大、信念坚定的新一代，品德高尚、意志顽强的新一代，视野开阔、知识丰富的新一代，开拓进取、艰苦创业的新一代。

由以上可以看出，我们党始终以马克思主义关于人的全面发展的思想为主线，在每一个具体历史时期都根据社会发展的不同要求自觉地为思想政治工作确立不同的人才培养任务。而今，促进和实现人的全面发展被确定为党的指导思想的核心以及经济社会发展的最

终目标，充分体现了人是社会发展根本目的的奋斗目标和价值理念，实现了党的根本奋斗目标与思想政治教育根本目标的有机统一。

第三节　其他学科对思想政治教育的影响

思想政治教育作为一个单独学科，和其他学科之间存在一定联系，通过对其他学科进行有机结合可以有效提高其教育效果。尤其是随着时代的不断发展，大学生思想政治教育也在不断变化，只有充分掌握思想政治教育与其他相关学科之间的关系，并积极运用其他学科的知识，才能保证大学生思想政治教育的全面性、时代性、有效性。

一、教育学

（一）教育学的基本理论对思想政治教育的影响

大学生思想政治教育活动是一种教育活动，它具有教育属性，所以教育学的一般原理或者基本理论同样适用于大学生思想政治教育学。教育学基本原理主要包括教育本质、教育目的、教师观和学生观等基本问题，教育学科学的回答了这些基本问题，而这对大学生思想政治教育学具有重要的借鉴意义。

1. 关于教育本质的理论

按照教育学理论，教育的本质是一种培养人的社会活动。首先，所有类型的教育都具有"培养人"这一显著特征，不论教育主体、教育客体、教育种类、教育时空发生什么变化，这一特征都不会改变；其次，教育是一种"社会活动"。人类社会在不停发展，而为了适应这种发展就需要将一切自然人转变成社会人，而通过教育可以促进这种转化的发生，可以有效地解决个体与社会之间的冲突与矛盾，推动社会个体化和个体社会化的进程。个体社会化指的是社会个体对现实社会中存在的各种生产关系、价值观念、道德规范和知识经验等不断学习并逐渐适应的过程。社会中的每个个体都必须经历社会化的过程，而通过教育可以更好地促进个体进行转变的进程。由此可以看出，促进个体的社会化是教育本质的重要方面。而这种教育本质同样适用于思想政治教育，也就适用于大学生思想政治教育，也就是大学生思想政治教育可以有效地促进大学生思想观念、政治观点和道德规范的社会化，将大学生培养成符合社会要求的具有良好思想品德的社会成员。马克思曾指出，"人的本质不是单个人所固有的抽象物，在其现实性上，它是一切社会关系的总和。"因此，人的本质在于人的社会性，这是由一个人所处的社会关系的总和决定的。这个决定的过程实际上就是人的社会化过程。大学生思想政治教育可以有效地对大学生进行塑造、改造，可以促进大学生的社会化。

2. 关于教育目的的理论

开展教育活动的一个重要目的就在于培养人才。教育学研究的问题很广泛，教育的概念、教育的主体、教育的客体、教育的地点等都在教育学的研究范围内，而还有一个重要的问题也在教育学的研究范畴内，即教育的目的，也就是培养出什么样的人的问题。

社会的发展使得教育的目标也在不停变化，目前我国的教育目标需要进一步适应改革开放，需要符合建设社会主义现代化国家的时代需要，根据实际情况我国对教育提出了总体目标，即促进德育、智育、体育、美育有机融合，提高学生综合素质，使学生成为德智体美全面发展的社会主义建设者和接班人。将我国的教育总体目标作为基准，可以帮助我国高校明确其开展思想政治教育的目的，可以直接促成思想政治教育根本目的的形成，也就是全面提高大学生的思想道德素质，促进他们的自由全面发展，积极鼓励大学生成为中国特色社会主义的合格建设者，为了最终实现共产主义而奋斗。这种目的是教育者通过教育希望受教育可以达到地思想品德方面的情况，也就是指大学生思想政治教育工作者通过开展各种具有明确目的、详细计划、恰当组织的影响活动，期望可以达到的思想政治教育的预期效果。

教育目的具有一定结构，这同样适用于大学生思想政治教育，大学生思想政治教育的目的与一般教育目的同样都是由同样由三个部分组成的。一是明确大学生思想政治教育在大学生素质方面的教育期望，也就是培养大学生良好的思想政治素质；二是明确大学生思想政治教育的最终的落脚点，也就是促进大学生全面自由发展的实现；三是明确大学生思想政治教育在大学生价值观念方面的目标，也就是树立大学生科学、健康的社会价值取向，促使他们可以积极主动地为社会主义建设服务。

3. 关于教师与学生的理论

按照教育学的观点，教育是指一种有目的、有计划、有组织的系统性的影响活动，教师在这项影响活动中充当设计者、组织者以及领导者的角色，在教育活动中，教师是教育主体。在学生身心发展的过程中，教师可以引导学生向正确的方向成长，在这个过程中具有主导性的作用，是教育活动中的主要责任承担者。学生需要教师为他们的学习提供一定指导，在教育关系中学生处于受教育者的位置，也就是接受教育的对象，是教师开展各项教育实践活动中的客体。但从教育内容、教育影响的角度来看，学生又是教育活动的主体，因为在教育实践活动中，学生可以发挥自身的他动性和能动性。因此，在教育活动中，学生既是教育客体又是教育主体。大学生思想政治教育是指高校通过各种方式对大学生的思想品德开展一系列系统影响的教育活动，教育者希望通过教育实现其教育预期目标，而想要顺利开展大学生思想政治教育就必须在其过程中包含两个基本要素，那就是对教育者和教育对象的全面研究。

大学生思想政治教育想要对教育者和受教育者进行研究可以参考和借鉴教育学的教师和学生论。通过教师和学生论的观点进行一定分析，大学生思想政治教育过程也属于一种教育过程，因此，它也包含教育者和教育对象这两个元素，所以一般教育的师生主客体关系论同样可以在大学生思想政治教育上加以运用，师生关系在这种特殊教育中还得到了进一步发展。一方面，为了使大学生的思想品德可以符合社会要求，大学生思想政治教育者要按照社会要求以及学生实际情况规划教育方案、明确教育任务、选择教育内容、决定教育方法、发起并实施思想政治教育。在教育活动中大学生思想政治教育者应该积极主动地承担组织教育和实施教育的任务，同时教育者需要对教育负责，保证自身在教育中的主导地位。而受教育者因为自身的思想品德并不符合社会提出的要求，所以需要接收思想政治教育，以此提高和完善自己的相应能力，所以受教育者在这个过程中也是教育活动的受益者，可以看出，受教育者在这种教育关系中处于被动的客体地位。另一方面，大学生在教育过程中不仅只是教育的被动接受者，同时也会主动地开展自我教育，以此成为教育关系中的主体。由此可见，在大学生思想政治教育中，大学生的主体性得到进一步发展，使他们和教育者同样成为教育主体，二者之间也形成了平等的关系。这主要体现两种关系的统一上：第一，大学生思想政治教育中，教育者和受教育者同样是教育主体，从而形成了一种"主体—主体"的关系；第二，大学生思想政治教育的教育者和受教育者都不是单独的个体而是复数的主体，他们可以和思想政治教育资料之间形成"主体—客体"的关系。通过这种方式可以显现出大学生在大学生思想政治教育中的主体地位，加强对大学生教育主体地位的尊重，进一步突出以人为本的教育理念和教育方式。

（二）思想政治教育学借鉴了教育学的研究方法和教育方法

1. 对教育学研究方法的借鉴

（1）教育观察法

教育观察法是指有目的、有计划地直接观察有关的教育现象，收集并积累关于所研究的教育现象的具体资料，并对这些教育资料进行科学有序的归纳、分析，从而的吃一些理论观点和论断。开展大学生思想政治教育教学研究时经常借鉴这种方法，它是研究和总结大学生思想政治教育实践经验的一个应用最广泛、最常用的方法。教育观察法要求在一定时间内对大学生思想政治教育对象的思想政治表现进行全面、仔细观察，搜集和积累大量与大学生思想政治教育相关的思想、政治、道德等方面的实际材料，并且需要详细记录当时的客观情况。当观察的时间、积累的材料达到一定程度时，高校思想教育工作者便可以开始进行分析研究，从中总结出大学生思想政治教育的经验，探索大学生思想政治教育的规律。

（2）教育调查法

教育调查法是一种对教育的实际情况开展深入了解和研究的教育研究方法，通过这种方法可以探索教育中蕴含的规律，从而对一些特定的教育问题或教育现象开展详细而深刻的考察，通过对大量相关事实以及材料开展丰富的研究分析，找到解决相关教育问题的途径和方法。这种教育研究方法的主要形式有召开调查会议、开展专题访问、发放并研究调查问卷等。在大学生思想政治教育中，教育调查法是一种常用的研究方法，在思想政治教育研究的很多领域都会运用这种调查研究方法。这种教育研究方法需要搜集并整理大量的第一手资料，这就为大学生思想政治教育研究提供科学有效的定性和定量的依据。

除了以上两种教育学研究方法外，还有很多其他教育研究方法得到了应用，如个案分析法、经验总结法等，各种教育研究方法都对大学生思想政治教育学的研究起到了十分重要的借鉴意义。

2．对教育学教育方法的借鉴

（1）传递法

传递法认为知识是通过教师开展的教育活动单向传递给学生的，教育的目标是传授知识、培养技能，强调教师在教育过程中的主导性和权威性。在大学生思想政治教育中也有类似的做法，即灌输法。在大学生思想政治教育活动中，大学生思想政治教育者主动规划并安排实施教育活动的全过程，通过综合运用各种教育介体引导大学生接受教育。这种教育方法在马克思主义理论知识的传递教育活动中被广泛应用，虽然在这种教育中也强调受教育者的主体性，但思想政治教育者必须发挥其对大学生的引导作用，在这种教育中要发挥"灌输者"的作用。但时代的发展，传统的灌输方式已经不适合现在的大学生思想政治教育了，应该采用更有利于大学生学习和接受的方式。

（2）讨论法

讨论法是指在教师指导下，以班级或小组的形式围绕某个中心问题发表各自的看法或意见，根据这些看法和意见进行共同研讨、相互启发，通过集体思考的力量开展教育活动的方法。大学生思想政治教育也可以借鉴讨论法开展教育活动，这样通过这种方式可以帮助学生更全面、更深入地思考问题，通过对相关理论和现实的热点、难点、疑点及其他共同关心的问题进行讨论、辩论，可以引导大学生在集体教育和相互探讨的过程中，通过自己的思考提出问题、分析问题并解决问题，从而实现有效的自我教育。

（3）因材施教法

按照教育学的观点，教育的着眼点是面向全体开展教育，教育的着手点是因材施教，即教育的目的是面向全体，教育的手段是因材施教。因材施教法是指应该充分考虑大学生的现有资质和能力，将大学生各方面的特点作为依据进行有差别的个性化教育，通过这种方式实现学生的个性发展，促进他们的全面自由发展。大学生思想政治教育更应该注重对大学生的思想政治品德现状进行全面、详细的了解和把握，应该了解不同学生群体的不同特点，要对教育对象类型、层次的差异有全面的了解和把握，因为不同个体对思想政治教育要求的接受程度上存在很明显的差异，大学生思想政治教育者应该遵循大学生思想政治品德形成和发展的客观规律，有针对性地对他们开展教育活动。

总之，大学生思想政治教育在很多方面都吸收和借鉴了教育学中有价值的因素，以此支撑并促进本学科的发展和完善。

二、传播学

（一）传播学理论对思想政治教育的影响作用

随着大学生思想政治教育的不断发展，其逐渐呈现出现代化、科学化的发展趋势，在这样的背景下应该思考如何促进大学生思想政治教育工作这种特殊传播实现质量发展，如何有效地提高教育效果。因此，借鉴传播学的理论，使用传播学的技术路线对大学生思想政治教育进行研究分析，对于推进大学生思想政治教育的发展具有十分重要的现实意义。

1. 当代大学生思想政治教育所面临的时空境遇

"亲们，近日从公安机关获悉，有不法分子以文具代理项目的形式骗取我校学生钱财。在此提醒大家要提高警惕，谨防上当受骗。若发现可疑人员，请及时向学校老师报告。"这是一条高校辅导员老师发给其负责学生的信息。在信息的开头用"亲们"表示对学生的称呼，可以瞬间拉近学生和辅导员老师之间的距离。时代的进步，提醒学生注意安全的提醒也变成了不同的方式，从老师组织学生开会传授经验教训，到现在只用短信、微信、微博就可以做到学生的安全提示，通过现代化的信息传播方式，可以有效提高学生对教育信息传播的认可程度，可以使他们更轻松地接受教育信息。发生这种转变，正是因为大学生思想政治教育发生了时空境遇的改变。

传统大学生思想政治教育中，教育者一直处于信息的垄断地位，具有受教育者无法挑战的权威，学生也自觉注定的将其作为指路人。在传统的师生交往过程中，教师处于主导地位，他们对思想政治教育的途径、方法和层次具有绝对的控制权。但现代大众传媒的不断发展，教育者在教育中占有的信息垄断地位不再，每个人都有权平等地获取需要的信息。尤其是随着互联网的发展网络媒体也得到了蓬勃发展，这就使大学生更容易获取各种信息，这种信息传播方式的改变也使得学生的人际交往模式发生了重要的改变。大学生属于年轻群体，他们对新技术拥有强烈的好奇心，这就导致在一些时代前沿的领域中，大学生会比教育者更早甚至更全面的掌握相关信息，教育者在教育中已不再享有信息垄断特权。如果教育者并不具备熟练使用计算机和网络的能力，没有经过系统的媒介素养教育和网络传播培训，肯定会缺乏对新问题、新思想的关注，就会导致其反应滞后，也就不能保证教育者在教育中的主导地位和引导作用了。这种现象会导致学生对教育者的教育水平、教育魅力产生质疑，甚至可能导致学生对高校的思想政治教育主流信息的内容产生质疑、反感、抵触，这就会引起大学生思想政治教育效果的明显降低。

因此，大学生思想政治教育工作者必须保证与时俱进，应该主动研究各种新情况、新问题，主动深入学生群体，积极运用传播学的基本理论，依靠信息技术的发展，提高对信息舆情的把握与应用能力，提高信息舆情的引导力，使大学生思想政治教育充满生命力、时代感与生活气息，这样才能有效地激发学生的学习热情，从而有效地提高教育效果。

2. 大学生思想政治教育内部矛盾的变化与运动

开展大学生思想政治教育工作，不能只关注活动的数量、参与的人数以及活动的形式，在对大学生思想政治教育活动进行评价时，应该强调教育活动是否对学生的思想与行为产生积极的影响，也就是判断教育活动是否有效。教育信息并不是单向的、静态的从教育者传向受教育者，很多因素都会对大学生的心理、信息接收等产生影响，例如，教育者对教育内容的掌握程度与理解程度、对教育传播载体的运用、对教育传播环境的营造等都会对学生接收教育信息产生影响。

在大学生接受思想政治教育的过程中，会受到知、情、信、意、行等多种因素的综合影响，这是一个动态过程，最终达到知行合一。当教育者的思想教育活动和受教育者的思想状况协调时，受教育者会积极主动的参与教育活动，这样就会促使其自身产生积极的内在矛盾运动，在正确的引导下受教育者会进行自我理性认识，通过思想政治教育目标的指引以及良好的社会环境的鼓舞，大学生可以更好地实现"应然"和"将然"的理想价值追求。在互联网传播时代，大学生在这种环境下形成了更强的自主性和批判意识。在网络中，大学生勇于发表自己对事物的看法和意见，对教育者的说教并不是全部接受。网络的交互性、虚拟性，使大学生拥有相较之前更强的平等意识和民主意识，他们不再无条件的接受信息，他们会收集各种信息，按照自己的判断选择想要接收的信息，并对其进行应用。灌输式和说教式的思想政治教育对大学生产生的教育作用越来越小，这类教育方式甚至会引起学生的反感与抵触。传统大学生思想政治教育往往会通过听讲座、座谈会、先进事迹报告会等形式开展，这些教育形式相对单一、固定，在大学生自我意识不断提高的今天，这种教育形式产生的教育效果越来越弱。

教育者的一项重要使命就是促进大学生的健康成长，这就要求思想政治教育工作者要优化教育内容并不断提高自身对学生的吸引力；不断创新传播载体，综合运用各种新媒体技术实现有效的教育传播；创造平等的信息交流、反馈环境，尊重大学生的平等要求，在潜移默化中实现思想政治教育目标。

3. 关注大学生思想政治教育"受众"

当今的受众已经不再只是游走于不同媒介之间的读者、听众或观众，也不再是单纯的信息接受者，受众研究成为传播学的重要研究领域。对于大学生思想政治教育来说，其受众就是大学生群体，只有保证他们真正有效的接受了教育信息，并将这些信息内化为自己的心理准则、外化为自己的自觉行动，才能使大学生思想政治教育发挥作用。所以对传播受众进行研究对大学生思想政治教育信息传播有着积极的借鉴意义。

大学生思想政治教育信息传播系统是一个传播多向、开放式的系统，作为受众，大学生会拥有不同层次的需求，这就要求教育工作者要准确把握大学生心理需求的基本表征，以此实现教育信息被大学生有效接受。积极运用思想政治教育传播规律，对大学生受众的选择性心理进行有效分析，引导大学生进行积极情感体验，可以在一定程度上加强思想政治教育的人性化。同时加强对受众群体理论进行研究与运用，可以更好地实现教育效果，例如，通过充分发挥意见领袖的示范教育作用，积极促进大学生形成健康积极的价值观念和思想观念。实际上，将大学生作为传播受众进行研究，与大学生思想政治教育中"培养什么人、如何培养人"的主题一致，都是将大学生思想政治教育的关注点集中在"人"上，使大学生思想政治教育可以更为人性化，这样也可以使大学生更好地接受教育。

（二）思想政治教育对传播学的借鉴

1. 牢牢把握大学生思想政治教育传播话语主导权

"意识形态工作是党的一项极端重要的工作。解决了意识形态的问题，就为解决工作和实践打下了坚实的基础。没有这个基础，我们的工作就没有目的、没有指导思想，我们的工作就不能干好。"在开展大学生思想政治教育工作时，应该始终坚持立德树人的总要求，应该通过各种有效方式抵御在全球化背景下西方意识形态对我国大学生思想政治教育话语的冲击和消解，应该加强对思想政治教育工作的主动权和领导权，要旗帜鲜明地开展各项大学生思想政治教育工作。在话语的背后隐藏着意识形态，如果不让无产阶级思想占领重要的思想地带，就会被其他思想占领。所以在网络传播时代开展大学生思想政治教育，不能盲目吸收西方思想开展教育，也不能不作分析的套用西方的话语体系，尤其是在信息多元化的今天，更要注意对信息的筛选。虽然大学生思想政治教育应该借鉴传播理论，其中也包括对西方传播理论的借鉴，但这是通过学习、借鉴的方式促进我国大学生思想政治教育的发展，促进思想政治教育接受活动的有效开展。这种借鉴并不是哲学立场上的借鉴，在大学生思想政治教育上一定要坚定马克思主义的哲学立场。同时，尊重传播受众的主体地位也不是一种盲目的行为，对于大学生在网络上发表的各种舆论声音不可以毫不管理，这就会导致消除教育者在教育传播过程中的"话语霸权"走向另一个极端，也就是过分张扬学生的个性表达，在当前多元化的信息背景下，这种放纵会导致大学生很容易陷入迷茫和迷失。这就会导致思想政治教育接受失去了价值导向的接受，无法有效的促进大学生的健康成长。由此可见，大学生思想政治教育工作者必须守住思想政治教育的底线，要充分发挥其在大学生思想政治教育接受过程中具有的主导作用，促进大学生有效接受教育信息，更好地引导大学生树立健康的思想关键，促进他们的全面发展。

2. 实现传播价值理性与工具理性两者的有机统一

价值理性主要指向"应然"的价值关系，对主体活动的好与不好进行正当性评判，解决主体应该做什么、教育活动的内容应该是什么等实质性问题；工具理性主要指向"实然"状态的现存事实，对行为主体行与不行的操作能力进行判断，解决既定理想和目的如何实现等问题。讨论大学生思想政治教育对传播理论的借鉴，尤其是在传播方法和手段上的借鉴，根本目的在于促进教育目标的实现、教育效果的提升，也就是将"培养什么人""如何培养人"作为基础，对教育手段、方法以及流程进行设计和优化，并不是为了提高教学技巧进行"功利性"地学科借鉴。如果不考虑大学生思想政治教育的根本要求，一味地借鉴传播理论开展教育传播，只是没有实际意义的"空壳"借鉴，并不能起到真正的借鉴目的。在对教育传播实效进行评价时，不可以只衡量短期的"工具理性"的实现，例如，通过大学生思想政治教育工作，不应该只关注提升就业率、降低生违纪率这些方面，更应该关注学生的成长，应该判断通过教育是否促进了学生的健康成长，以此对教育效果进行综合评价。这就要求大学生思想政治教育工作不仅要设定崇高的理想，还要脚踏实地的结合实际情况开展教育活动。应该将大学生思想政治教育的宏大叙事生活化、故事化；要加强大学生思想政治教育工作的生活气息，既解决学生的思想问题，还可以帮助学生解决生活中遇到的实际问题；要积极创新，综合运用各种新媒体技术使思想政治教育更多姿多彩，便于大学生接受，实现价值理性和工具理性的有机统一。

第四节　西方国家思想政治教育的成果

英国著名哲学家培根有句名言"跛足而没有迷路者，能赶过虽健步如飞但却误入歧途的人。"这说明拥有正确的价值取向，胜于走向偏颇更有意义。而思想政治教育作为阶级社会中一种普遍的教育实践活动，并非只存在于社会主义_家，在任何历史时期和任何社会条件下，思想政治教育都会以不同的形式和途径存在。

思想政治教育的本质决定了这种人类精神活动的目的都是为统治阶级的利益服务。马克思指出，统治阶级的思想在每一时代都是占统治地位的思想。因此来看，无论是哪种社会形态，作为这个社会的统治阶级都会高度重视精神生产，并且将具有强烈意识形态特的思想政治教育放在非常重要的位置考虑。思想政治教育工作也是我党的政治优势之一，在历史上曾经发挥过重要的作用。我党历来十分重视思想政治工作。

因此，即使是在西方资本主义国家，可能没有使用思想政治教育之类的概念，但它们无一例外都高度重视并且以不同的形式和途径加强思想政治教育。且这方面资本主义国家有着许多经验和教训。研究资本主义国家在市场经济条件下进行思想政治教育的经验和教训，借鉴其成功经验，这对做好我国社会主义市场经济条件下思想政治教育工作是完全必要的。

一、西方思想政治教育的方式和途径

（一）民主、平等的家庭教育

西方国家普遍认为，家庭作为教育的起点，在政治社会化中起基础性的作用。西方的思想政治教育从受教育者呱呱坠地起，就开始在各方面影响其道德价值观的形成，这种影响贯穿一个人的一生。西方人在家庭教育中父母和子女地位平等、家庭氛围中民主气息浓厚，父母子女之间通过民主沟通的方式交流思想、解决问题。在教育方式上，西方的父母以表扬、赞美为主。西方人尊重子女的个性和尊严，着重培养子女的自立能力和实践能力。

（二）学校教育为主阵地

学校是西方思想政治教育的主要阵地。课程主要以宗教教育、政治教育和道德修养为主。尽管打着多元化的幌子，但是西方各国在课程内容设置上有着鲜明的政治性。在西方的思想政治教育理论中有一个常见的概念——"隐蔽课程"，是指学生在学校环境中无意识地获得的经验。同时他们特别重视实践性教育，具体做法包括：开办各类学术活动，举办丰富多彩的文体活动，开展生活指导，倡导社会实践。

（三）无处不在的舆论媒体

西方媒体打着宣传民主、自由的旗号宣扬资产阶级价值观，承担着意识形态的渗透作用。为了提高发行量和获取最大利润，有时竟黑白颠倒，宣传不健康的信息，那些手段可谓五花八门，无奇不有，对民众的价值导向甚至起到反作用。

（四）根深蒂固的宗教教育

宗教在西方社会发挥着重要的作用，深刻地影响着民众的思想言行。英国坎特伯雷大主教说："自启蒙运动起，人们就生活在对上帝的残余信仰之中，但是如果人们彻底离开了这些信仰，他们将发现，为人们的行为找一个代替的基础是十分困难的。"在西方国家，宗教教育在一定程度上承担着思想政治教育的职能。宗教教育主要体现在以下两方面：第一，宗教教义的讲授。第二，宗教仪式。此外，还有诸如基督教的礼拜会、国葬、独立节、阵亡战士纪念日、感恩节、早餐祈祷会等。在他们看来基督教徒和公民就没有本质区别，只有成为一个好的教徒才能成为一个好的公民。

二、国外思想政治教育的主要特征

（一）对思想政治教育工作高度重视，思想政治教育的重要性得到广泛的认同

纵观世界各国，尽管对思想政治教育的称呼不一，实施思想政治教育的具体方式、方法不尽相同，但从古至今，各国都重视思想政治教育，不仅将其置于显著地位，而且不断予以强化。从国外思想政治教育的发展历史看，大都经历了一个经济发展—道德滑坡—道德回归—经济再发展的过程，由于不重视思想政治教育而影响到国家政治、经济发展目标的实现，这样的教训在美、日、英、法等发达国家都有过。

美国在冷战时期，教育改革重点强调现代化知识的掌握，压缩了历史、地理、公民教育等教育科目，致使伦理道德、情操教养等内容从教育领域淡出，结果导致学生道德状况及学校风纪恶化，以致 1983 年美国教育改革委员会提交报告使用了"国家在危急中"这样的标题。

在此情况下，美国公众和政府开始重新认识思想政治教育的重要性，前总统里根曾说："美国之所以存在教育问题，是没有把足够的人力、物力、财力花在道德教育上"。美国近十年来相继成立了"品德教育联合会"、"重视品德同盟会"，把品德教育看作解决国民品性危机的最重要的方法之一，要求在每一所学校都实行品德教育；"911"事件后，美国更为重视思想政治教育，纽约市教育局获得了联邦政府 400 万美元的紧急拨款，用于学生的心理辅导，并把思想政治教育融入其中；2002 年 3 月美国发布的《美国联邦教育部 2002—2007 年工作要点》重申要加强学生的思想政治教育，培养新时期负责任的具有爱国主义精神的高素质公民。

日本也很重视思想政治教育。早在明治维新时期在学校就设立了"修身科"对学生进行思想政治教育；日本前首相中曾根康弘曾亲自领导进行第三次教育改革，他所提出的教育改革的七条设想之一就是加强道德情操教育；日本文部省也曾提出，日本的教育之所以出现荒废现象，是因为"战后忽视了德育"，1988 年度教育白皮书强调："道德教育在培养心灵丰富的人的过程中，担负着极其重要的作用。"日本在其规划的《21 世纪教育目标》中认为"只有重视思想素质的培养，才能保证人才的健康成长。"

英国的道德教育，过去多包含在宗教教育中。从20世纪70年代起，英国建立了专门的道德教育研究机构，开展调查研究工作，研制并推出道德教育的方案；政府规定普通学校的8条基本目标中，有4条是规定思想政治教育目标的；20世纪90年代，教育部颁发的《道德教育大纲》，要求学校向学生传授道德价值观；一些大学也相继成立了专门性的道德教育研究机构，如牛津大学的"道德发展课题组"，莱斯特大学的"社会道德教育中心"等，这些机构大多得到官方资助，不仅研究有关道德和道德教育的重大理论问题，还为学校和社区编写道德教育计划教材以及进行师资培训。

（二）坚持意识形态化，强化国家意识，加强和突显思想政治教育的政治功能

国外虽然没有提出"思想政治教育"这个概念，但是他们在"公民权利和义务教育、国民精神教育、道德教育、宗教教育和历史教育"的旗帜下悄无声息地进行思想政治教育，但这并不是说在实施教育过程中没有"政治性"色彩。在西方国家，学校思想政治教育的主要任务是以不同的方式向学生传播灌输资产阶级的意识形态，肃清敌对意识形态的影响，并对社会主义国家实施"和平演变"，重视学校思想政治教育的政治功能，并将其作为确保资产阶级统治地位、巩固和发展资本主义制度的重要工具，其政治功能的集中体现就是强化爱国主义教育。

美国教育中的政治性非常浓厚，"资本主义制度优越性的教育、国民精神教育、反共产主义教育"等几个方面相互渗透、相互影响。特别是在政治教育方面有很多硬性规定，如教学计划中对政治科目的规定，对校长、教师、督学等思想政治教育者都要按严格的政治道德要求进行筛选。而最能体现政治性的反共教育，也让很多美国人认为资本主义制度完美无缺，视社会主义为洪水猛兽，妄图以资本主义意识形态统一全世界。同时，在其教育中很重要的一点就是公民的"美利坚民族意识"，这是爱国主义的体现，更是强化国家意识的体现。

日本的思想政治教育在创建之初，就明确其政治目标。早在1950年，日本政府就明确提出"在远东，反共的最大武器就是要启蒙日本国民"，因此，必须在日本开展政治教育和道德教育，使之成为培养反共防共国民的工具。中曾根康弘认为实现"国际国家的日

本"是日本制定并推行自己德育政策的出发点，要教育国民懂得在国际事务中不仅要增加日本"作为经济大国的分量"，而且要增加日本"作为政治大国的分量"。他还提出，要实现上述目标，就必须强化国家观念，宣扬天皇的精神权威，灌输国民的"国际意识"。可见，无论何时，日本思想政治教育内容的政治色彩都是十分突出的。

法国在公民道德教育内容中，通过借助人权教育大肆攻击社会主义制度，系统地传授有关国家政治制度及其合理性的"知识"，通过历史等课程加强对学生爱国主义的教育，通过伦理道德教育灌输其价值观。

新加坡、韩国一方面毫不含糊地宣传自己的资产阶级民主建国理念，一方面抵制"西方"思想的侵袭。新加坡则通过强调国家意识，把华人、印度人、马来人凝聚成为"新加坡人"。韩国还把"反共"与"防日"联系在一起，作为对本国国民五大道德要求之一。

由以上分析可以看出，在国外思想政治教育中始终贯穿着凝聚人心、巩固政权、化解矛盾、稳定社会的政治功能。虽然给人一种"无政治色彩"的错觉，但其政治性功能却被无限度地延长和扩大，使受教育者在潜移默化中接受教育者的思想。

（三）注重"灌输与渗透"相结合，重视显性教育同时更加注重隐性教育

"灌输"理论是列宁在 20 世纪 20 年代提出来的，其核心思想是指一种理论不会自发地在人们头脑中产生，需要有意识地自觉地加以灌输。重视灌输已成为世界各国思想政治教育的一条重要的经验。特别是在两种制度间的斗争转向经济竞争和意识形态领域的斗争之后，各阶级都力图通过"灌输"使本阶级的文化和意识形态成为全社会普遍接受的共同文化和意识形态。灌输并不等于填鸭，在国外，很多国家也在不断地对其公民进行思想的灌输，准确地说，应该是一种渗透，通常它是隐蔽和无形的。

例如，在美国和西欧的学校中的学生工作机构，在日常对学生进行行为管理的过程中，通过职业咨询、心理咨询等方式对学生施加影响，进行引导，实际上是行使着思想政治教育的职能。他们用非思想政治教育的方式，传输实质性的思想政治教育内容，其科学化的结构、专家化的队伍、良好的服务设施等，都表明其思想政治教育的实施，是经过精心组织和严密设计的，这种非课堂式的教育，要远比我们现在的教育容易接受得多。

在教育的实践活动过程中，教育者把教育目的和意图隐藏起来，通过间接、暗示或迁

回的方式，使受教育者在不知不觉中受到教育。它对受教育者来说，是无意识的，但对教育者来说，则是有意识的。美国教育界人士极力强调学校德育环境（课程、集体活动、教师职责、学校组织等）对学生道德品质的影响，强调的是一种间接性、渗透性的教育。

俄罗斯的高等教育系统中虽没有开设明确与思想政治相关的课程，却大量开设历史、哲学、心理学等相关必修课程。

（四）注重社会广泛参与，重视教育的合力作用，强化思想政治教育的整体性和实践性

整体性指的是思想政治教育的宣传不是仅仅依托于教育系统，而是发动社会生活中的其他细节，依靠全社会的力量加强思想政治教育的力度，提高思想政治教育的效果。教育系统一个方面的力量毕竟有限，如果能够发动其他部门与机构，如政府、家庭、社区、大众传媒的配合，将会使思想政治教育的效果提高很多。

西方各国思想政治教育的整体性特征使国外思想政治教育非常注重与家庭、学校、社会的相互配合，形成一个辐射全社会的全方位的思想政治教育网。美国政府每年都要将几十甚至百亿美元的巨资投到传媒和出版事业上，它们在宣扬传播资产阶级的价值观、世界观上起到了重要作用。

更是对文化设施建设投入很多，在全国各地建立纪念馆、科技馆和博物馆，像美国国会大厦、白宫、华盛顿纪念馆、林肯纪念堂、国会图书馆、航空航天博物馆等参观点一百多处，它们全部免费向公众开放。这些场馆集中体现了美国的物质文明和精神文明，无时无刻不在宣扬其政治制度和价值观念，在潜移默化中强化了爱国精神和民族意识，这是美国政府向其国民进行政治、思想、道德教育的重要基地和生动教材。

三、西方成果对我国进行思想政治教育的启示

（一）坚定不移地巩固思想政治教育的战略地位，坚持马克思主义的指导思想

我国非常重视思想政治教育的地位和作用，邓小平同志曾说："我们一定要把思想政治工作放在非常重要的地位，切实认真做好，不能放松"。江泽民同志在十六大报告中强

调，"切实加强思想道德建设"，"建立与社会主义市场经济相适应，与社会主义法律规范相协调，与中华民族传统美德相承接的社会主义思想道德体系。"中共中央国务院《关于进一步加强和改进大学生思想政治教育的意见》中强调了加强和改进大学生思想政治教育是一项重大而紧迫的战略任务。

（二）增强思想政治教育的时代性、实践性，提升政治理论的科学性、可操作性

我国思想政治教育有着极其丰富的内容，由于其时代性、实践性方面的不足，致使其丰富的内容不能充分地表现出来。我国传统思想政治教育是以认知理论为理论基础的，片面强调道德知识和道德观念的灌输，忽视思想政治教育中的一个重要环节——实践活动。缺乏实践，教育内容不能有效地内化为受教育者的道德信念；缺乏实践，道德信念又不能外化、支持和指导道德行为。所以，在结合时代特点的基础上，对中国思想政治内容的丰富内涵通过其外延的细分，一直细分到其内容能够在现实生活中指导人们的实践活动为止，这样，才可以真正体现出当代思想政治教育的时代性、实践性和丰富多样性。

爱国主义是指人们长期凝结起来的对自己祖国的一种深厚的感情和信念，其丰富的内涵可以通过它的外延细分为爱自己的父母、爱自己的家庭、爱家乡、爱自己的工作、爱祖国的文化、爱祖国的山山水水等等，在这样细分的条件下，还可以往下再细分。如就爱父母而言，如何爱父母？在这里，这个爱字还可以往下再细分，直至能指导人们在当今时代的行为。

我国思想政治教育的政治理论主要以马克思主义、毛泽东思想、邓小平理论以及中国特色理论体系作为自己的行动指南，把建设有中国特色社会主义事业全面推向21世纪。除借鉴国外有益经验，我们更要重视教育理论的实证研究，即以大量的调查研究和系列实验结果为依据、以科学理论为基础建构的各种教育理论和模式。

这样教育对象对其客观性深感可信，才能产生共鸣，达到实际的效果，并且要把在实践中的推广和应用作为研究的出发点和目标。要注重理论的科学性和可操作性，用理论指导实践，在实践中检验理论，不断促进我国思想政治教育的发展。

（三）更新教育观念，创新教育方式、方法，不断提升思想政治教育效果

我国的思想政治教育较多地实施了"单边政策"主要是通过灌输、讲解和讲述达到思想政治教育的预期目标，这种教育模式在充分发挥其不可替代的作用的同时，也存在其自身的局限性。我们必须与时俱进，在遵循思想政治教育自身规律的基础上，不断创造性地促进思想政治教育的发展。

一是要改变人们的观念，树立社会化的思想政治教育理念，由全社会共同承担思想教育任务，形成人人做思想教育工作、时时做思想教育工作、事事做思想教育工作的大气候，要让人们知道，思想政治教育不仅仅是思想政治工作者的事业，而是全体人民的事业。动员全社会成员都积极参与，使人人都成为教育者，人人都能受到教育。

二是思想政治教育应当适应新形势，针对新问题，注重吸取教育学、社会学、心理学、行为学等相关学科的最新研究成果，注重利用现代高科技手段，重视校园文化、家庭、社会环境在思想政治教育中的重要作用，对思想政治教育的方式方法进行大胆探索和创新，以增强思想政治教育的效果，达到思想政治教育的目标。

第三章　开展大学生思想政治教育与创新创业的思维模式

> 　　思想政治教育者往往心怀"丰满的理想"，却要直面思想政治教育低效的"骨感现实"。造成这一窘况的原因是多方面的，其中思想政治教育思维方式的流弊是主因之一。要化解理想与现实的矛盾，需要对思想政治教育思维方式进行转换。

第一节　情感思维模式

　　情感是一种复杂的心理感受及外在的情绪化表现，是一种敏感性、多重性的心理信号。一个人的情感状态就像一个乐队的指挥，能够把各种散音变成美好旋律的和声。同时情感状态又能产生一种巨大的循环力，影响人们的智慧和全部精神生活。情感教育便是通过丰富的客观世界及教育者创设的情境对教育对象施以心理影响，进行情感交流，调整教育者的内心世界，从而作用其思维，改变其观念，这是我们教育中十分精细的一种教育方式，教育效果是刻骨铭心的，同时也是恒久的。因此，在大学生的思想政治教育中，"情感教育"应占有重要地位。

一、对大学生进行"情感教育"的基础

（一）感情基础

　　大学生的生理发育正处于迅速走向成熟的时期，智能发展达到高峰，情绪情感日益丰富，而情绪变化主要缘于内部需要结构的变化和价值观形成过程中带来的困扰，随着教育的深化和环境的熏陶，大学生的情操迅速发展，理智感、道德感、美感升华。

（二）时间基础

在最一开始进入大学的阶段，学生处于"心理断乳期"，面临着一个全新的、更复杂的环境，原来所拥有的资源（知识、能力、经验、人际关系）等，往往不足以应对新的情境，容易出现新的焦虑、无助、茫然等负面感受。此时非常需要引导，需要情感的滋养，希望新目标的确立和理想的树立。

（三）成才需求

大学生强烈的成才、成功欲促使他们在努力寻求着成才之路，成功之道，如果此时只局限把理想化的成才目标、政治要求告知他们而不能使之内化于心，则错过了大学生人生价值观形成的最佳时机。

二、当前"情感教育"的现状

（一）"情感教育"的缺失及弱化

在高校目前的思政教育中，可以说情感教育从理论到实践两个层面都处于较薄弱状态，教育者面对大学生复杂的思想意识，深层次的理想、信念问题，往往知难而退或浅尝辄止，作表面文章，为完成任务，采取简单、生硬的形式化做法，不去做深入细致地"内化"工作。

（二）"情感教育"的阻碍

1. 环境阻碍

社会要求、高校发展方向上的偏差，对学生精神的培育和提升则比较忽视，学生的功利化倾向严重，心灵枯槁，盲目地阻碍了情感教育的实施。

2. 目标阻碍

高校的定位和对高校的评估目标注重显性、量化的指标体系，而学生的思想政治素质是精神层面的追求，精神生活是一种复杂的现象。如果学生在大学期间，没有丰富的精神生活，他便感受不到生活的喜悦和生命的美，便不会去思考怎样的人生有意义，我应该树立怎样的价值观这样的问题，他的生活始终是乏味的。

三、情感教育的特征和优势

（一）情感教育是思想政治教育接受系统中的调节系统

思想政治教育是一个系统工程，接受系统是其中一个重要环节，同样的目标和内容，为什么会出现接受率的差异，这与一些非理性因素，诸如情感、情绪、意志、直觉、灵感等是相关的，这些非理性因素构成接受过程中的调节系统。在思想内化、转变过程中，对主体影响最经常、最明显的非理性要素是情感和意志。情感作为人对客观事物是否符合主体需要而产生的指向性心灵体验，通常以肯定或否定、满意或不满意、热爱与憎恨、赞赏或厌恶等两极性的心理状态表现出来，并转化为一定的情绪，对主体的认识活动起积极或消极作用，并强化或抑制接受活动的运行，构成推动或终止主体某一接受活动的动因或动力。情感教育在实践中主要目的便是通过特殊的情感形式使接受主体对思想政治教育的内容、目标产生肯定性的情感态度，强化接受的程度和提高接受率。

（二）情感教育属于隐性教育

隐性教育是相对显性教育而存在的，其主要特点是教育者、教育内容、教育目标是不直接显露的，隐藏的，常采用"迂回"、"渗透"的教育方式，讲究以情动人、以情育人，在潜移默化中真正渗透到受教者的心灵深处，产生情感共鸣。情感教育具有隐性教育的特点，是通过教师的言行举止、通过环境、氛围、情景等方式，引发学生的情感体验，而达到教育效果。

（三）情感教育是"无技巧的教育"

武林高手追求"无招胜有招"的武学境界，一曲"琵琶行"也在"无声胜有声"中让人荡气回肠，对于教育来说，也应该追求这种美感、境界与氛围。大学生叛逆心理比较强，有意识的教育会使他们产生"抗体"，造成教育的失败，而情感教育追求的是老师和学生之间的志同道合，观念世界的统一和复杂的精神互动，要让同学们忘掉现在是在上课，是在听讲座，是在搞教育活动，不要让他们想到，老师是来对他们进行教育的，因为他们不爱听训话，他们总是以非常反感、非常警惕地并且带着批判的眼光来看待这种"教育"，一旦当老师忘记了自己教育者的身份，不仅是在传授知识、道理，而是以自己激动的心情去感染的时候，学生的这种不信任的刺人的目光也便消失了，这种浑然一体的教育境界是令人陶醉的，值得追求的。正如陶行知所说："真教育是心心相印的活动，唯独从心里发出来的，才能打到心的深处。"

四、情感教育的路径

（一）教师的言行举止示范熏陶

人类教育中最微妙的教育工具便是语言，不重视语言，不相信语言的力量，就会形成教育上的简单化。如果一个教育者不能去认真地从语言宝库中选取适合的语言，而是局限于临时偶然想起的那些话，这些话便会从学生的意识中弹回来，一点不起作用，学生不爱听老师的话，那便无法触及学生的心灵，无法在他们身上引起内在的情感反响，教育者的话便只是空谈而已。

一个教师的语言有的可以成为强大的教育手段，有的对学生来说，却是痛苦的折磨。教师对自身的严格要求，以身作则，真诚待人，关心、呵护学生的行为，都会使学生深切地感受到教育者人格的魅力，"亲其师，信其道"，在这种基础上的情感教育才是真实的，能激发起同学们积极进取的人生观、价值观，树立起美好的人生理想。

（二）寓教于情

一旦真诚的交流与沟通、彼此的尊重与悦服打开了受教者的心扉，思想的交流也便开始了，思想是人类生活的主要方面，只有高尚的思想才可能产生高贵的灵魂，如果出于功利的目的去改变人的思想，正如为了某一个人的幸福把它杀掉一样，言之不能成理，思想政治教育目标与内容尽管是符合社会需要的，但又是要经过后天教化才能达到的层面，面对大学生复杂的观念、多变的思维，强迫改变他们的思想肯定是难以成功的。

教师通过传授知识赋予学生以人生思考，充实他们的人生经历，帮他们树立起正确的政治理想、道德追求，而学生是通过学业上的成就而逐渐树立起自信、自尊，进而获得精神上的满足的，它是通往学生心灵中追求高尚的一条蹊径。虽然知识可以带来幸福，但假如把它做成药丸子灌下去，就丧失了乐趣。如果把丰富的教学内容仅仅讲成图表、数据的东西，便无法进行真正的教育和自我教育，精神活动无法进行。

如果思想政治教育和道德教育仅仅是读报纸、念文件，写千篇一律的思想汇报，无法将其融入双方的情感与智慧，同样是乏味的、毫无用处的。因此，教育、教学的过程，不能让学生变成单纯的"知识吸收者",而是能够思考、领会和感受知识的魅力,这才是知识转化为信念的必备条件。

(三)旁敲侧击,循序渐进

当学生学会了思考、辨析、判断,也即拥有了思想,他便不会盲从,他会用心去了解生活,用情去体验生活,去追求他设计的美好生活蓝图,他对生活的责任感在逐步建立。而他的思考也会逐渐从个人的小圈子里跳出来,因为他的生活经历使他感受到了人与人之间的美好,感受过崇高的力量和伟大,他会用自己的行为去创造美好,在这样的思维状态下,学生才能真正理解到理想、道德修养与成材的关系,理解到思想政治教育目标虽然是带有强制性的原则和律令,但它是符合我们国家发展需要的,也是大学生成长、成材必须遵循的原则,在这种良好的心态下,抽象性的律令便会成为有情感的内容,这是思想政治教育内化的良好时机。作为一名教育工作者,目睹他们的成长,应该因势利导,感染他们,帮助他们树立远大的理想和目标。

当这个内化的过程进一步发展与延伸,此时,学生们已经富有感情地意识到理想、道德、人生价值的伟大与必要性,但只有在真正体验到它们的伟大、充满智慧和美之后,才能真正产生作用。道德观念和政治观念对大千世界的现象、事件和人的刺激进行概括,就其本质来说,有着强大的情感根基,这种根基经过培育会化生出诸如人的行动、关切、忧虑这样一些活生生的枝干来,也产生出社会的英雄、模范、典型,为了更好地体验和理解,就必须让学生把自己摆进去,去比较、对比,然后产生、巩固、发展自我对政治理想、道德理想的情感态度与信念。因此,不断地在大学生周围树立可亲近的形象,可以帮助大学生真正在情感上理解并体验到诸如理想、道德、爱国主义、集体主义的真实性、伟大性,这种情感的感染就能产生巨大的动力。

(四)创设情感教育情景

大学生活的自然环境和人文环境对大学生的道德修养、政治理想、思想行为的建立与养成有着重要关系,也是情感教育不容忽视的有效载体。能否利用学生们丰富多样的生活环境和自然环境,利用高校丰富的教育资源,有意识地创设情感教育的情景,把这些因素转化为教育的同盟军,使学生认识周围世界的过程成为道德成长的过程。这是最细腻的教育艺术的领域，是教师素养的本质。情感环境是培养情感的手段，它的实质在于，人用心灵来感觉别人内心的极其细腻的活动，并通过自己的精神活动来回答别人。

校园环境与校园文化是进行情感教育的有效载体。环境用无声的语言诉说着人与自然的美，校园中的山水树木，都可以成为生命的自然，给学生以陶冶，以奋进。但人的心灵是很微妙的，周围的事物和现象可能震撼心灵，也可能无动于衷，对美好东西的漠不关心是心灵冷漠的表现，需要教育者用心去唤醒，教会学生用热情的眼光和心情去观察世界与自然，用心去感受，用双手去劳动，才能产生真正的情感体验。

校园文化以其丰富多彩和特有的品格成为广大同学的精神乐园，同学们可以尽情地表现自我，享受精神的激奋，体验着成功的喜悦，感悟成长的挫折，也可以在人与人的相处中，体验到集体的伟大，产生出集体的凝聚力和爱校、爱国的情怀，更能在其中体验到助人和被助的高尚情感，在这种被大家呵护、优化的情感环境中，大家享受着精神的愉悦，体会到生命情感的美好，才会产生出积极向上的心态和崇高的理想。

教育者的素养对情感教育的实施有决定作用。美国著名教育心理学家吉诺特博士曾说过这样一段话："在经历了若干年的教师工作之后，我得到一个令人惶恐的结论：教育的成功与失败，我是决定性的因素。我个人采用的方法和每天的情绪，是造成学习气氛和情境的主因。身为老师，我具有极大的力量，能够让孩子们活得愉快或悲惨，我可以是制造痛苦的工具，可能是启发灵感的媒介，我能让人丢脸，也能教人开心，能伤人，也可以救人。"言辞之间，情真意切，真挚感人，此种境界，令人景仰。

第二节　动作思维模式

动作思维（action thinking）亦称直观动作思维。其基本特点是思维与动作不可分，离开了动作就不能思维。动作思维一般是在人类或个体发展的早期所具有的一种思维形式。动作思维的任务或课题是与当前直接感知到的对象相联系，解决问题的思维方式不是依据表象与概念，而是依据当前的感知觉与实际操作。

一、动作思维的主要发展趋势

动作思维、形象思维和抽象思维（逻辑思维）发展的总趋势是：由动作思维发展到形象思维，再依次发展到抽象逻辑思维。

在3-6岁，思维是依靠感知和动作来完成的。孩子只有在听、看、玩的过程中，才能进行思维。比如说，孩子常常边玩边想，但一旦动作停止，思维活动也就随之停止。比如，事先他并不知道自己要搭建什么东西，只能完成后才能把需要的东西想象成某一种东西告诉你。

6岁后，孩子的思维就可以依靠头脑中的表象和具体事物的联想展开，他已经能摆脱具体行动，运用已经知道的、见过的、听过的知识来思考问题。虽然这时动作思维仍占很大部分，但是形象思维也占了很大比例。

7岁以上的孩子，已经不停留在对事物的简单表面的评价，现在已经开始对事物比较复杂、深刻的评价。早期他看电视时，可以说出好人、坏人，这时已经能知道好在哪里，坏在哪里，还会用各种理由来说明他的看法。另外，孩子的思维已经从事物的外表向内部、从局部到全面进行判断和推理，并且逐步正确加深。

6到11岁是培养孩子抽象逻辑思维能力的关键时期。在这一时期要培养孩子正确的思维程序和科学的思维方法。另外，家长还要培养孩子良好的思维习惯，要让孩子学会独立思考，不要给孩子现成的答案。

孩子的思维能力是逐步发展起来的，抽象逻辑思维能力是在动作思维和形象思维的基础上发展起来的，因此，孩子早期思维能力的培养训练非常重要。如果早期训练不足，后期还需科学的强化弥补，所以，心理学家认为对那些早期运动不足的孩子要训练他们的知觉—动作综合能力，从而促进其心理发展。

二、"正能量"对大学生思想政治教育的积极影响

"正能量"本是物理学的专有名词，意思是指以真空能量为零，能量大于真空的物质为正，能量低于真空的物质为负，在网络中引申为泛指一切给予人向上、给予人希望和追求，使人行动的动力和感情。而动作思维模式传递的"正能量"包含了积极的价值观念、思想方法和生活样式等内容，其中的核心价值原则就是鼓励人们用积极的心态去面对生活。

在大学生思想政治教育过程中，"正能量"的思维观念不仅有益于增强思想政治教育的时代特色、内容丰厚感与感染力，也对提升思想政治教育工作的有效性有益。"正能量"是一种丰富的思想政治教育资源，在大学生思想政治教育工作中传递"正能量"，对提高大学生的思想道德素质和培养人文素质具有积极的影响。

（一）在传统文化传承中传递"正能量"

传承五千年的华夏民族精神，爱国精神是其核心内涵，不论是"夙夜在公"，还是"天下兴亡，匹夫有责"，这些文化思想都体现了中国传统文化中所推崇的一种积极的人生态度。在大学生思想政治教育中，注重以爱国主义为核心的民族精神教育，不仅有利于增强大学生的民族自信心和自豪感，还可以激发他们的爱国情感和民族责任感。

中国自古以来被称作"礼仪之邦"，传统文化中蕴含的传统美德对大学生来讲，也是一种有助于成长的"正能量"。"自强不息"的拼搏精神，"仁者爱人"的内涵修养，"以和为贵"的价值观念等，加强这些传统美德的传承和弘扬，不仅能够帮助大学生完善个人人格和思想道德品质，还能够有效提高大学生的思想道德素质，促进大学生健康全面发展。

（二）在理想信念教育中传递"正能量"

在思想政治教育中，理想信念教育一直工作的重中之重，树立积极向上的主流价值观念有利于大学生树立崇高的人生理想和坚定的人生信念，进而实现个人价值与社会价值的统一。

从"修身齐家治国平天下"到"俯首甘为孺子牛"，再到"八荣八耻"、"和谐社会"，这些优秀的文化思想都是大学生理想信念教育中积极的"正能量"，在大学生思想政治教育中，这样的"正能量"无疑是大学生的理想信念教育和培养健全人格的鲜活素材和人文积淀，可以帮助他们树立崇高的人生理想和坚定的人生信念。

（三）在大学生思想政治教育中传递"正能量"

在大学生思想政治教育中传递"正能量"动作，是创新思想政治教育工作的主动尝试，在这个过程中，可以从两方面进行，将"正能量"作为丰富的教育资源加以运用，加强"正能量"的传递和影响，以达到思想政治教育的目的。

1. 丰富"正能量"的思想政治教育内容

一方面，弘扬和传承优秀的民族传统文化。中华传统文化博大精深，其中优秀的文化思想是中华民族生命力、凝聚力和创造力的不竭源泉，将这些资源丰富在"正能量"之中作为大学生思想政治教育的重要素材，具有重大意义和作用。如从培养爱国主义情结的角度增强大学生的民族自尊心、自信心与自豪感，并在其中培养大学生的勤劳勇敢和艰苦奋斗的优秀品质，增强他们的社会责任感；以传统文化中的诚信好礼的观点加强大学生诚信教育，培养他们真诚做人、认真做事的习惯；还有从崇尚节俭精神方面来加强大学生价值观教育；以古代先贤"慎言力行"的务实品格为榜样，培养大学生实践创新的时代精神等等，将这些内涵丰富的传统文化思想应用在大学生思想政治教育中来传递"正能量"具有重大的作用。

另一方面，以培养复合型创新人才为目标。21 世纪是人才的世纪，具有两个（或两个以上）专业（或学科）的基本知识和基本能力的复合型人才在社会经济发展中起着至关重要的作用，因此，在大学生思想政治教育中传递"正能量"就应该将培养复合型创新人才作为思想政治教育的目标。

为达成这个目标既需要在大学生中间积极进行科学发展观教育，帮助他们协调好人与人之间、人与自然之间的各种关系，充分调动并发挥他们的潜能为社会主义建设发光发热；又需要对大学生进行创新意识教育，培养他们的创新思维和创造力，并促使创新思维尽快形成生产力，为建设创新型国家做贡献。当然，大学生的思想道德和法律基础教育也必不可少，作为新时代的复合型人才，德才兼备才能适应当代科学技术的发展趋势。

2. 构建"正能量"的思想政治教育机制

构建"正能量"的思想政治教育机制可以从以下三个方面入手：

第一，要完善运行机制。大学生思想政治教育过程中，在加强领导重视和直接管理负责的基础上，要建立相应的组织机构，培养一支高素质的专业队伍，促进领导有力、机构健全、管理完善的良好教育局面的形成。此外，建立科学合理的评估机制能够提升在大学生思想政治教育中传递"正能量"工作的实际效果。

第二，要建立互动机制。现代教育越来越变为教育者与被教育者双向平等交流和情感互动的实践，大学生思想政治教育工作的开展也要把握这个特点，这就要求思想政治教育工作者选择特定的教育内容，与教育对象进行课堂上、网络中、心理上及实习中交流互动，建立全方位多角度的互动机制，在这个过程中，积极探索并开展传递"正能量"的工作，最大限度地发挥大学生主观能动性，提高思想政治教育的针对性和实效性。

第三，要拓展教育载体。在大学生思想政治过程中传递"正能量"必须通过动作模式相应的有效途径，一方面要深化并丰富传统的课堂载体，积极发挥课堂教学的优势，引导学生主动学习"正能量"的文化知识；另一方面，要积极拓展传递"正能量"的活动载体和网络载体，作为当代大学生中最有影响的学习交流平台，校园文化活动和社会实践活动以及网络交流渠道，能够真正的深入他们中间，对大学生的思想观念、价值观念、行为模式等方面产生着显著的影响，将这些载体利用好，就能够在大学生思想政治过程中更有效的传递"正能量"。

第三节　意象思维模式

意象思维方式亦称为象征，是用某种具体的形象的东西来说明某种抽象的观念或原则，是一种由具体到抽象的飞跃。主流影视蕴涵着丰富的思想艺术内涵，具有形象、直观、生动、可信、感染力强的特点，为大学生思想政治教育、可信、感染力强的特点，为大学生思想政治教育提供了有利条件。特别是影视的网络化传播，彻底打破了传统影视传播的时空限制，为影视的观看和传播开辟了更广阔的空间。大学生在宿舍就可以快捷、方便地观看大量的影视作品。因此，主流影视对大学生思想政治教育作用空前增大，高校充分利用影视资源加强对大学生的思想政治教育，具有重要的现实意义。

一、主流影视作品对大学生思想政治教育的作用

（一）主流影视作品是对大学生进行理想信念教育的有效途径

优秀的影视作品是大学生了解历史，增强对人民的感情，正确认识社会发展规律，认识国家的前途命运，认识自己的社会责任，确立在中国共产党领导下走中国特色社会主义道路、实现中华民族伟大复兴的共同理想和坚定信念的一个有效途径。

如《长征》再现了我党为追求伟大的理想和目标，在第五次反"围剿"失利后，英勇的红军，经过了两年的时间，以无比坚强的毅力走过了十一个省，经过了汉、苗、壮、彝、回、藏等约二亿人口以上的不同民族地区，徒步的精神追求，完成实现自身理想人格的转换。电影《革命家庭》中的周莲，为了实现伟大的理想，到上海地下党机关工作，在地下党机关被破坏后，她与儿子立群被捕，敌人以立群的生命为条件，要挟周莲，她始终坚信共产党人的信念，决不屈服，儿子为革命事业献出了年轻的生命。表现了共产党人为追求理想，个人服从党和人民的需要，不惜牺牲个人一切的英雄气概。

优秀影视作品《孔繁森》《任常霞》等，引导大学生选择正确的人生走向。《美丽的大脚》把丰富的社会信息传递给当代大学生，使大学生的责任感得到增强，他们看到了祖国另一片亟待他们去建设的地方，责任感、使命感油然而生。这些影视作品对大学生确立正确的理想信念发挥着积极的作用。

（二）主流影视作品是对大学生进行爱国主义生动教材

爱国主义教育是思想政治教育的重点。主流影视蕴含着丰富的爱国主义教育资源，是大学生了解历史、认识国情；弘扬民族文化优良传统、激发爱国主义情感和志向的一个重要途径，为对大学生进行爱国主义教育提供了有利的条件。

革命历史题材影视对历史进行再现，催人奋进、发人深省、给人启迪。如《林则徐》《甲午风云》《西安事变》等，真实地描绘了历史事件。这些作品可以帮助学生形象地了解中国的历史，使他们更清楚地认识帝国主义的侵略本质以及中国共产党在中国革命中的巨大作用。《地道战》《地雷战》《平原游击队》《铁道游击队》《亮剑》等这些抗日题材影视，在弘扬民族精神，增强大学生的民族意识，激发大学生的爱国情感，鼓起大学生战胜困难的勇气，强化大学生的爱把握好意象概念并落实到日常的训练中才有可能走上国两学习的阳关大道并创作出不朽的作品。爱国行为等发挥着积极的作用。

《激情燃烧的岁月》表现了一个军人的一生，有着激情燃烧的岁月，对国家、对党衷心炽热的无私奉献的一生，洋溢着石光荣对解放军事业的热爱，和作为一个军人时刻应该有的报国精神。《火烧圆明园》引导学生思考当时的旧中国屡遭列强欺凌的原因，使学生懂得落后就要挨打的道理，明确我国当前发展经济、改革开放、全面建设小康社会的迫切性，从而进一步教育学生不忘国耻，激发学生为兴我中华，发奋学习的热情这类影视作品能够激发学生的爱国情怀，是对大学生进行爱国主义教育的生动教材

（三）主流影视作品是对大学生进行道德规范教育的有利载体

主流影视作品通过不同的表现手段，表明正确的是非观念和高尚的道德观念，追求真善美，鞭挞假恶丑。大学生在接受影视教育的同时，在潜移默化中明辨是非，优秀的影视作品在选材和内容上健康向上、催人奋进，有利于陶冶大学生的情操，培养他们的高尚品格。如《钢铁是怎样炼成的》，以坚韧和毅力的弥足珍贵，给予了大学生强大的精神动力，对大学生产生了积极影响：体现儒家文化、传统道德家庭伦理观念的影视作品，教育大学生孝敬父母、热爱国家、朋友之间应该以诚信为本、做人要厚道、对家庭要有责任感等。这些都是我们中华民族的优良传统，对塑造当代大学生高尚的道德品质有着促进作用。

优秀的影视作品对当代大学生继承和发扬中华民族艰苦奋斗、勤俭节约的优良传统，有着积极的教育作用。电视连续剧《中国造》真实地展现了当代大学生创业的发展历程，贴近并触及目前当代大学生就业日趋严峻的社会现实，生动地反映了当代大学生自主创业，以及他们在创业发展过程中，不断地实现社会价值和自我价值的理想追求。

《生死抉择》《横空出世》等优秀电影，这些颂扬反腐倡廉、艰苦奋斗、振奋国人精神和创意新颖的作品，歌颂了艰苦奋斗、勤俭节约的优良传统美德，弘扬了吃苦在前、节俭当先、无私奉献的高风亮节，教育引导学生继承和发扬中华民族艰苦奋斗、勤俭节约的优良传统。

激励学生树立爱岗敬业、遵纪守法的职业理想。如电影《留住青山》反映了上个世纪五十年代优秀人民教师李振华积极响应党的号召，从南京自愿到山东沂蒙山区支教，扎根山区教育半个多世纪的感人故事。电影《今天我休息》中的民警马天民总是把老百姓的安危冷暖挂在心上，用自己的行动在人民群众心目中树立了人民警察可亲可敬的形象，建立起警民一家、鱼水情深的和谐关系。这些影视作品反映高尚的职业道德情操、强烈的责任意识和无私奉献精神，有利于塑造大学生爱岗敬业、遵纪守法职业道德。

二、高校进行影视作品育人的途径和方法

(一) 建设网络影视校园版，用优秀影视作品占领影视网络化传播阵地

校园网是一个功能潜力强大的平台，要发挥其优势，内容是根本。当代大学生正处在世界观、人生观、价值观形成与确立的关键时期，还具有一定的不成熟性和可塑性。因此，高校要有计划、有目的地用优秀影视作品去占领学校的影视传播阵地，开设网络影视校园版，利用网络传播的相关技术，将树立坚定理想信念，激发爱国主义精神，塑造高尚道德情操的优秀影视作品，通过网络影视校园版的传播，对大学生进行正面教育引导，陶冶大学生情操，引导其健康发展。

(二) 创办影视欣赏大讲堂

组织从事影视创作的专家教授开设影视欣赏课，对影视文化具有的艺术魅力和蕴含的思想艺术价值进行深入挖掘剖析，引导大学生塑造完美人格。把影视欣赏课制作成影视节目，搬上校园网，让影视欣赏课在网上传播，学生随时可以浏览观看。同时开展"影视与道德"、"影视与审美"、"影视与政治"等影视论坛，突出参与性和交，学生可以观看，可以参与讨论，还可以提出学生关注的热点问题，让影视作专家教授及时认真地解答，帮助学生从影视作品中吸纳有利信息，正确地认识自我，认识历史、社会和自然，促使他们对传统思想道德的重新审视和认可，形成正确的思想道德理念。

(三) 加强影视公益广告作用的发挥，培养学生的社会责任感

在网络影视校园版每个节目播放前播出公益广告，或在影视节目播放中插播公益广告。影视公益广告由于主题鲜明、导向明确、关注社会、以情感人、通俗易懂、感染力强的特点，而在现代传媒广告中突显其价值，在构建和谐社会的今天，影视公益广告正以其独特的个性和影响力，在大学生思想品质形成的过程中发挥着不可替代的作用。

影视公益广告打破了过去的简单说教，在有限的时间和简短的篇幅里传播公益理念，阐述深刻的道理，大学生非常容易接受和理解。公益广告的视角、创意等往往能够吸引大学生的眼球，表现形式简洁新颖，制作精美，往往把抽象的观念化为令人难以忘怀的形象，既迎合了大众口味，又含蓄、耐人寻味，从而使人难以忘怀。影视公益广告通过批评、提

醒、规劝等方式传播有益于社会进步的思想、行为方式和道德准则，净化社会风气，促进社会文明与进步。

（四）通过校园网络开展影视评论，促进学生甄别力得到提升

传统的影视评论是以纸媒体为承载体的，报纸和专业期刊是影视评论的集中营，然而这是有限的阵地，读者看到影视评论的周期也是相当长的。网络的到来，使影视评论具有了网络的共时性和互动性。有了网络这个评论的平台，使影视评论成了大家手指、键盘间流露出来的心声。网络传播的优越性，得到了许多专家眷顾，成为他们发表评论的理想之地。高校要充分利用这一优势，将影视专家学者的理论性、深层次研究思索的影视评论，及时搬到校园网上，供大学生浏览阅读。

学校还可以通过网络举办影视评论大赛，让学生积极参与评论，使学生对影视作品的感受、思想和认识在网上得以交流。帮助学生提高对影视作品的欣赏能力和甄别能力，积极地吸纳有利信息，自觉抵制消极信息，引导学生树立正确的世界观、人生观、价值观。

第四章　思想政治教育中创业者的素质教育

日益激烈的综合国力竞争在使我们面临严峻挑战的同时，也带给我们不可多得的历史机遇，加速经济发展，增强综合国力已成为人们的普遍愿望。国力增强靠经济腾飞，经济腾飞的关键是科技进步，而科技进步就必须依靠教育、依靠人才。任何一个国家，任何一个民族要想在以高科技发展为主要特征的 21 世纪的竞争中掌握主动权，关键取决于人才素质的培养。而实施素质教育，对于我国高等教育克服缺陷、强化功能，保证在 21 世纪的国际竞争中处于战略主动地位，具有重大的现实意义和深远的历史意义。

第一节　大学生创造性思维与创新精神培养

恩格斯曾经指出："一个民族若想站在世界的高峰，就一刻也离不开思维。"而一个人创造力的大小，不仅与人的心理品格有关，而且与创造性思维有直接联系。大学生就业创业需要有创造性思维，培养其创新精神。

一、创造性思维

（一）创造性思维的内涵和特征

1. 创造性思维的内涵

创造性思维，亦称创新思维，是指在创新活动中，将以往的知识和经验独立地分析，综合组织起来，形成新的概念和联系，从而制造出新的物质或精神产物的思维。简单说，创造性思维是运用新颖、独特的方式和方法解决问题的一种积极主动的思维活动。创新思维不同于习惯思维，而是更高级、更活跃、更精细的创造思维，它的产物不是一般性的产物，而是前所未有的新知识、新产品、新技术、新工艺和新理论。

2. 创造性思维的特点

（1）独创性

这是创造性思维的基本特点。创造性思维活动是新颖的、独特的思维过程，它打破传统和习惯，不按部就班，解放思想，向陈规旧俗挑战，对常规事物怀疑，否定原有的框框，锐意改革，勇于创新。在创造性思维过程中，人的思维积极活跃，能从与众不同的新角度提出问题，探索开拓别人没认识或者没完全认识的新领域，以独到的见解分析问题，用新的途径、方法解决问题，善于提出新的假说，善于想象出新的形象，思维过程中能独辟蹊径，标新立异，革新首创。

（2）综合性

创造性思维能把大量的观察材料、事实和概念综合在一起，进行概括、整理，形成科学的概念和体系。创造性思维能对占有的材料加以深入分析，把握其个性特点，再从中归纳出事物规律。

（3）多向性

创造性思维不受传统的单一的思想观念限制，思路开阔，从全方位提出问题，能提出较多的设想和答案，选择面宽广。思路若受阻，遇有难题，能灵活变换某种因素，从新角度去思考，调整思路，善于巧妙地转变思维方向，产生适合时宜的新办法。

（4）跨越性

创造性思维的思维进程带有很大的跨越性，省略了思维步骤，思维跨度较大，具有明显的跳跃性和直觉性。

（5）联动性

创造性思维具有由此及彼的联动性，是创造性思维所具有的重要的思维能力。联动有三个方向：一是看到一种现象，就向纵深思考，探究其产生原因；二是逆向，发现一种现象，则想到它的反面；三是横向，能联想到与其相似或相关的事物。总之，创造性思维的联动性表现为由浅入深，由小及大，触类旁通，举一反三，从而获得新的认知、新的发现。

（二）创造性思维的主要表现形式

创造性思维的根本特点就在于，它是运用新颖独特的方式方法解决问题的一种积极主动的思维活动。创造过程中，人们既要运用逻辑思维，也要运用非逻辑思维；既有形象思维，又有抽象思维。逻辑思维与非逻辑思维、形象思维与抽象思维在创造中的起着不同的作用，在不同性质、不同类别的创造中，各种思维形式的作用大小也不一样。一般来说，创造性思维中非逻辑思维要比逻辑思维起到更重要的作用，而常规思维中逻辑思维要比非逻辑思维起到更大的作用。

1. 理论思维

理论一般可理解为原理的体系，是系统化了的理性认识。理论思维是指使理性认识系统化的思维形式。恩格斯曾认为："一个民族想要站在科学的最高峰，就一刻也不能没有理论思维。"因为理论思维具有科学性、真理性。凡是理论思维混乱，或不符合客观规律，其结果不是收效甚微，就是失败。理论思维在实践中应用较多，如系统工程就是运用系统理论思维，来处理三个系统内和各个有关问题的一种管理方法。

钱学森认为：系统工程是组织管理的规划、研究、设计、创造、试验和使用的科学方法，是一种对所有系统都是有普遍意义的科学方法。又如有人提出的"相似论"，也是科学理论思维的范畴；有人见鸟有翅膀能飞，就根据鸟的翅膀，鸟体几何结构与空气动力和飞行功能等相似原理发明了飞机。还有许多地方也要常常运用到理论思维，如对一些自然规律和社会规律的归纳和总结，对一些问题的认识和分析。所以说，理论思维是一种基本的思维形式。

2. 倾向思维

倾向思维是一种基本思维形式，也就是人们在思维过程中往往是从一定的目的、倾向而进行的思维。在创造思维过程中，这种思维形式也常常被运用，一般是指创造者通过接触到某一事物，从一定倾向出发，即在思考某一问题时，或有意或无意、或正常或偶然中突然开了窍，找到了创造成功之路。

人们在认识事物时，不完全是直线性的，有时是曲折的，甚至要反复多次，才能对事物有所理解。不论何种情况，都会有"触发""媒介"的机会，会在偶然和无意中激发新的创造思路，正所谓"多思出智慧"。这种思维，也有人称之为灵感思维。

在创造实践中，由于倾向思维的作用而取得成功的例子有很多。这种激发往往寓于创造和创造活动之中，如俄国肖像画家米海依洛夫在创作一个盛怒面容的人时，说什么也画不好，后来看到涂有蜡油油渍的旧画，忽然从油脂污迹的奇形怪状中得到启发，使那幅怒容画获得了成功。这都说明倾向可以开发人们的创造能力。

3. 直观思维

直观思维一般是指在实践中，外界事物在人们大脑中产生的感觉，它具有生动性、具体性、直接性的特点，是开发人们创造性思维的基础。直观思维决定于观察力、想象力和记忆力。在创造活动中，人们往往靠知识的积累程度，知识在人们头脑里储存的越多，创造力的基础也越强。如画家必须对自然界的颜色、标记、布局、人物、建筑先产生直观思维，才可能进行创造。毛泽东在《人的正确思想是从哪里来的》中，深刻地阐明了认识来源于实践，在实践中产生直观思维的道理。池田菊苗发现"味精"也是从饭桌上的黄瓜汤的直观中想到的；等等。许多创造发明都是通过直观思维后创造的。

4. 联想思维

客观事物都有一定的相互联系，具有各种不同联系的事物往往会反映在人们的头脑里，形成各种不同的联想。联想思维就是指由某一事物联想到另一事物而产生认识的心理过程。在一般的思维过程中，联想思维也常常被运用到，如由某物想到远方的亲人或由某事想到另外的事情，这都是经常性的。

5. 形象思维

形象思维就是依据生活中的各种现象加以选择、分析、综合，然后进行艺术塑造的思维方式，在形象思维的过程中始终不脱离具体形象，并包含着创造者的强烈情感。形象思维是文学、艺术创作过程中所运用的主要的思维活动和思维方式。高尔基说过：文学创作"主要是用形象来思维，是'艺术的'思维"。鲁迅先生所创造的许多栩栩如生的艺术典型，如阿Q、祥林嫂、华老栓等，都是根据现实生活中的各种人物和事件进行选择、分析，综合概括，给予艺术加工而创造出来的。

6. 联结和反联结思维

事物的相关联结和分离，同事物内部矛盾双方或事物之间有相互依赖、相互制约、相互转化的关系。这种思维形式在创造活动中也很广泛，经过联结，可使一物品成为具有多种功能的新物品。如把电子表与圆珠笔相联结，成为带有电子表的圆珠笔；把手电筒与笔相联结，可以制成带光源的光笔；还有既能计时，又能做秒表、带有计算器和报时器的多功能表；带橡皮头的铅笔，是橡皮和铅笔的联结；连衣裙是衬衫与裙子的联结；双体客轮则是由两个船体的联结。

反联结思维则是一种与联结相反的分解思维，它使二个以上相结合的物质分解，从而产生新的物质和新的用途。例如，常用雨伞柄太长，不易携带，于是就把柄分解成可以收缩的二节或三节，这就是折叠式雨伞。

还有一种反向思维，就是向某一物质的反方向去展开思维。如由浮在水面的兵舰发展为沉入水底的潜水艇等。

7. 逻辑思维

逻辑思维是用科学的抽象概念揭示事物的本质，表达认识现实的结果，它是人们在认识过程中，借助概念、判断、推理，反映现实的过程。

逻辑思维是具有严密的科学性的思维形式，它必须完全符合客观规律。这种思维能力的强弱，与知识广泛性密切相关，它直接涉及创造成果的成功率以及时间的长短。从18世纪法国的莱布尼茨提出数理逻辑后，经过许多人的研究，到英国罗素同怀特海合著《数学原理》时，数学逻辑就走上了蓬勃发展的道路。

任何创造都不是科学家的主观臆断，而是通过观察分析、判断、推理，进行符合客观规律的逻辑思维的结果。在我们的日常生活、工作中，逻辑思维被广泛地应用着；在日益广泛的创造活动中更是有意识地、主动地使用逻辑思维这种形式培养创造能力；在研究预测，开发未来的过程中，逻辑思维能力将占有极重要的地位。应当指出，应用逻辑会预测未来。研究和开发人的创造能力，这是一个非常重要的环节。

8. 发散性思维和集中性思维

最早是由伍德沃斯于1918年提出发散性思维的概念，以后斯皮尔曼作为一种"流畅性"因素而使用过，吉尔福特在"智力结构的三维模式"中更明确地把发散性思维和集中性思维作为智力操作明确地提了出来。20世纪50年代以后，通过对发散性思维的研究，提出了发散性思维的流畅度（指发散的量）、变通度（指发散的灵活性）和独创度（指发散的新奇成分）三个维度，而这些特性是创造性思维的重要内容。心理学者们编制了发散性思维测验来测试创造性思维，而用智力测验来测试集中性思维。这样，逐渐地就把创造性思维和发散性思维画上了等号，造成了把集中性思维排斥于创造性思维之外的倾向。

在现实生活中，是存在只用发散性思维的创造性思维，主要是指那种具有多种答案的问题。在大多数情况下，特别是一个新解答的问题要得到创造性的解决，必须也发散之后，进行集中，才能逐步导致正确的结论。因此，我们认为，发散性思维的确是创造性思维的最重要成分，但在创造性思维活动中，发散性思维和集中性思维的相互关系却是一种辩证关系，相辅相成。

第一，只有集中，才能发散。在很多情况下，问题的情境不是很明确的，往往只是一堆没有头绪的乱麻，解决问题必须进行集中性思维，综合已知的各种信息；导出发散点，因此，集中性思维是发散性思维的基础。并且，这一步的集中就是具体创造思维的最低序列。

第二，只有发散了，才能集中。为了寻求独创性的设想，任自己的思想自由发散，但是，发散的结果并不是都有意义、有价值，往往有相当多的是谬误的，可见大量的发散，还要通过集中性思维，最后导出正确的结论。

第三，发散度高，集中性好，创造水平才会高。西方研究证明，大多数创造性发现需要集中和发散两种思维。即一个问题的解决，往往是这个人的思维沿着一些不同的道路发散，另一方面必须应用一个人的知识和逻辑规律，以严密的可能性并集中得到相应的解决，运用集中性思维，综合发散结果，敏锐地抓住其中最佳线索，使发散结果去伪存真，去粗取精，升华发展，最后导致问题的正确创新的答案。

由此可以得出结论，创造性思维的特殊形式包括发散性思维和集中性思维。

发散性思维也叫做扩散性思维，就是指沿着各种不同的方面去思考、重组眼前的信息和记忆中的信息，产生新的信息。这是创造活动中既重要又必须发生的第一步思维。人们在开始思考一个新工作或一项革新时，可以提出许多设想，创造者的想象力越强，知识面越广，设想就越多，创造活动的成功因素也就越多。发散性思维的发散度高，发散质量好，就更有利于创造。发散度高和发散质量好的标准在于变通度大和独创性多。

集中性思维就是利用已有信息，达到某一正确结论。集中性思维如果是以一个工作、一项革新为对象的话，一般是在发散思维提出的许多方案的基础上进行集中，最终采纳其中的一个方案。

作为一项创造，一般都在经过发散和集中思维的过程，这样才构成一个完整的认识过程，首先经过发散思维的多种形式，再经过讨论、试验、实践，然后达到思维集中和产生创造性成果。

总的来说，以上介绍的八种思维方式，在一般人的思维过程中，也常常被运用，同样，它们作为基本的思维形式，也是创造性思维过程中经常出现的思维形式。作为基本的思维形式，它们是存在于各种思维过程中的。

二、创新精神的培养

（一）创新精神的概念

精神指的是人的意识、思维活动和自觉的心理状态，意志、性格等。创新精神特指人的创新意识和创新性格，其中，又包括创新愿望和创新动机。

在构成创造力的因素中，创造性是一个充分条件，而排在这个充分条件第一位的则是创新精神。创新精神是创造发明的内动力，是主导，是前提。它是指挥一个人行动的能源。所以，想要创新的人，首先要培养自己的创新精神。

有人对800名男性进行了几十年的追踪调查发现，成就最大的人并不是智力最好的人，而是创新精神最强的人。由此也可以看出，创新精神是创造者与普通人的最大区别。

一个真正的创新者一定具备以下特征：（1）虚心好学，坚持不懈；（2）善于发现问题、分析问题和解决问题；（3）敢想、敢干、敢于实践；（4）百折不挠；（5）以造福人类为终极目标，而不是为了追求财富。

（二）创新意识

在创新意识中最重要的是要有创新的愿望，然后就是要有正确的创新动机。一个人的愿望形成是需要外部环境的，比如，小孩子从小就受到家长的鼓励和引导，从而热爱创新；一名工作人员受到单位的倡导和激励制度的影响，从而热爱创新等。

创新意识是创造发明或改革创新的愿望或动机。创新，需要一定的条件。条件有内部的，即创新主体本身具有的各种因素和主观条件，也有外部的，即影响创新主体发挥创造性的各种客观条件和环境因素。在众多的内外条件中，强烈的创新意识或创新欲望，可以说居于首位，是进行创新的首要条件。

创新意识的形成需要两个重要的前提：一是要有创新的信心；二是要认识创新的必要性，对创新有一种社会责任感和紧迫感。缺乏创新的信心，究其原因，主要是对"创新"缺乏正确的了解，把它看得过于神秘，过于高深莫测了。

在创造力的概念中，还有一点很重要，那就是创造力这种能力带有方向性。换句话说，它是矢量。这就意味着在一个群体中，很有可能出现这样的情况：每一个个体的创造力都很高，但由于方向的混乱，因此最终表现的群体创造力可能为零。造成这种现象的原因就是环境。一个人的创造力能否源源不断地释放出来，与环境有很大关系。环境是否鼓励创新，有没有相应的激励制度等，都影响创造力的发挥——通过影响创新精神、创新动机等而影响创新能力。所以，这就是为什么很多企业都通过制订好的创新激励制度来持久地鼓励员工的创新行为的原因。国家也是一样，通过各种科技进步奖项、鼓励科技创新企业、提倡自主创新、实施一系列措施来鼓励民众的创新活动，从而提升国家的整体创新能力。

（三）创新性格

创新性格中最重要的是两大性格特征：一是自信，二是不怕失败，百折不挠。

心理学调查研究发现：世界上 95% 的人都有自卑感，由于自卑感造成的人才埋没远远高于因社会环境造成的埋没。这种自我埋没极大地遏制了人们创造才能的发挥。

自卑的主要表现如下：我天生就不是那块料；我从小就笨，不如别人聪明；我肚子里的"墨水"太少，搞不了创新；我是女生，怎么也比不过男生；我的情况特殊，没有别人的条件好等。自卑成了我们最大的敌人！因此，一个创新者首先要自信，要相信自己能行！

创新面前没有权威，没有强者，只要我们敢于去创新，我们自己就是创新的强者。科学告诉我们，每个人的创新潜力是一样的，只是释放的程度不同而已。另外，创新本身就是做前人没有做过的事情，因此，极有可能遇到失败。而成功的人和失败者的区别在于：他们遇到的失败是相同的，但他们对待失败的态度截然不同。失败者让失败变成了真正意义的坏事，而成功者让失败变成了前进的新动力。其实，只要我们不放弃，是没有什么真正的失败的。

（四）创新精神的培养

1. 对所学习或研究的事物要有好奇心

牛顿少年时期就有很强的好奇心，他常常在夜晚仰望天上的星星和月亮。星星和月亮为什么挂在天上？星星和月亮都在天空运转着，它们为什么不相撞呢？这些疑问激发着他的探索欲望。后来，经过专心研究，他终于发现了万有引力定律。能提出问题，说明在思考问题。在学习过程中，自己如果提不出问题，那才是最大的问题。好奇心是包含着强烈的求知欲和追根究底的探索精神，要想茫茫学海获取成功，就必须有强烈的好奇心。正像爱因斯坦说的那样："我没有特别的天赋，只有强烈的好奇心。"

2. 对学习研究的事物要追求创新的欲望

如果没有强烈的追求创新的欲望，那么不管如何谦虚和好学，最终都是模仿或抄袭，只能在前人划定的圈子里周旋。要创新，我们就要坚持不懈地努力，勇敢面对困难，要有克服困难的决心，不要怕失败。如著名学者周海中教授在探究梅森素数分布时就遇到不少困难，有过多次失败，但他并不气馁。由于追求创新的欲望和坚持不懈的努力，他终于找到了这一难题的突破口。1992年他给出了梅森素数分布的精确表达式。目前这项重要成果被国际上命名为"周氏猜测"。

3. 对所学习或研究的事物要有怀疑态度

不要认为被人验证过的都是真理。许多科学家对旧知识的扬弃，对谬误的否定，都是自怀疑开始的。例如伽利略对亚里士多德"物体依本身的轻重而下落有快有慢"结论的怀疑，发现了自由落体规律。怀疑是发自内在的创造潜能，它激发人们去钻研、去探索。事物在不断地变化，有些知识这时候适用，将来不一定适用；而现有的知识不一定没有缺陷和疏漏。老师不是万能的，任何老师所传授的专业知识不能说全部都是绝对准确的。对待我们所学习或研究的事物我们应做到：不要迷信任何权威，应大胆地怀疑。这是我们创新的出发点。

4. 对学习研究的事物要有求异的观念

不要"人云亦云"。创新不是简单的模仿，要有创新精神和创新成果，必须要有求异的观念。求异实质上就是换个角度思考，从多个角度思考，并把思考的结果进行比较。求异者往往要比常人看问题更深刻、更全面。

5. 对学习研究的事物要做到永不自满

一个有很多创造性思想的人如果就此停止，害怕去想另一种可能比这种思想更好的思想，或已习惯了一种成功的思想而不能产生新思想，结果会使这个人变得自满，停止了创造。

6. 对所学习或研究的事物要有冒险精神

创造实质上是一种冒险，因为否定人们习惯了的旧思想可能会遭受公众的反对。冒险不是那些危及生命和肢体安全的冒险，而是一种合理性冒险。大多数人都不会成为伟人，但我们至少要最大程度地挖掘自己的创造潜能。

第二节　大学生创新思维方法与训练

一、创新思维过程

创新思维是一个复杂的思维现象，对于创新思维的活动过程与活动阶段，很难做出精确的分析与研究。大多数情况下，习惯性将创新思维过程分为既相互区别又相互联系的四个阶段。

（一）准备阶段

作为创新思维活动的起点，准备阶段的主要任务是收集和整理资料，储存必要的知识和经验，准备必要的技术、设备及其他有关条件。在进行任何领域的创造之前，都必须先对前人在这个领域内所积累的知识和经验有比较完全的了解，对必要的基础和专业知识进行深入地学习。如爱迪生在发明电灯之前，收集、整理了4万多页的相关资料。

（二）酝酿阶段

酝酿阶段主要是对准备阶段所获得的各种资料、知识进行消化和吸收，从而明确问题的关键所在，在此基础上提出解决问题的各种假设与方案。在这一阶段，有些问题虽然经过反复思考、酝酿，但可能仍未获得完满解决，常常出现思维中断或进行不下去的现象。但这些未解决的问题仍会不时地出现在人们头脑中，甚至转化为潜意识，这为顿悟阶段打下基础。在这一阶段不少创造者都表现出痴迷和狂热的状态。

（三）顿悟阶段

有人将这一阶段称为"狭义的创造阶段"或"真正的创造阶段"。在经过酝酿阶段的充分酝酿和长时间的思考之后，思维常常会进入豁然开朗的境地，出现心理学上称为"顿悟"或"灵感"的状态。灵感或顿悟的出现会极大地促进问题的解决。当然，我们必须认识到的是灵感是在上一阶段的长期思考的基础上产生的，没有之前痴迷的思考过程，灵感是绝不会从天而降的。

（四）验证阶段

验证阶段也被叫做表现阶段，通俗地说就是把前面几个阶段所提出的假设、方案用理论推导或者实验操作的方式来对其正确性、合理性和可行性进行验证，进而付诸于实践的过程。检验的结果可能是做部分地修改或补充，也有可能需要将原来的假设方案全部否定，也就是说创造性思维常常不是一次就能获得圆满成功的。

二、创新思维障碍的破除

创新思维的产生不可能是一帆风顺的，我们要培养和开发创新思维，就必须根据存在的问题，有的放矢地采取各种方法和措施，努力破除和扫清抑制创新思维产生的各种主观障碍，为创新思维的产生创造良好的环境和条件。

（一）思维定式

思维定式就是按照已有的思考和解决问题的思维规律，以及不断积累的思维活动经验教训，在长期不断反复使用过程中形成相对比较稳定、定型化的思维方式、路线、模式和程序。

1. 思维定式的积极影响

思维定式对于问题解决具有极其重要的意义。在问题解决活动中，思维定式的作用是：根据面临的问题联想起已经解决的类似的问题，将新问题的特征与旧问题的特征进行比较，抓住新旧问题的共同特征，将已有的知识和经验与当前问题情境建立联系，利用处理过类似的旧问题的知识和经验处理新问题，或把新问题转化成一个已解决的熟悉的问题，从而为新问题的解决做好积极的心理准备。

具体地说，在问题解决中，思维定式主要包括以下三方面内容：

第一，定向解决问题总要有一个明确的方向和清晰的目标，否则，解题将会陷入盲目性。定向是成功解题的前提。

第二，定向方法是实现目标的手段，广义的方法泛指一切用来解决问题的工具，也包括解题所用的知识。不同类型的问题总有相应的、常规的或特殊的解决方法。定向方法能使我们对症下药，它是解题思维的核心。

第三，定向解决问题是一个有目的、有计划的活动，必须有步骤地进行，并遵守规范化的要求。思维定式是一种按常规处理问题的思维方式，它可以省去许多摸索、试探的步骤，缩短思考时间，提高效率。在日常生活中，思维定式可以帮助人们解决每天碰到的90%以上的问题。但是思维定式不利于创新思考，不利于创造。

2. 思维定式的消极影响

思维定式对问题解决既有积极的一面，也有消极的一面，它容易使我们产生思想上的惰性，养成一种呆板、机械、千篇一律的解题习惯。当新旧问题形似质异时，思维定式往往会使解题者步入误区。大量事例表明，思维定式确实对问题解决具有较大的负面影响。当一个问题的条件发生质的变化时，思维定式会使解题者墨守成规，难以涌出新思维，做出新决策，造成知识和经验的负迁移。

唯物辩证观认为，不同的事物之间既有相似性，又有差异性。思维定式所强调的是事物间的相似性和不变性。在问题解决中，它是一种"以不变应万变"的思维策略。所以，当新问题相对于旧问题，是其相似性的主导作用时，由旧问题的求解所形成的思维定式往往有助于新问题的解决。而当新问题相对于旧问题，是其差异性起主导作用时，由旧问题的求解所形成的思维定式则往往有碍于新问题的解决。

从思维过程的大脑皮层活动情况看，思维定式是一种习惯性的神经联系，即前次的思维活动对后次的思维活动有指引性的影响。所以，当两次思维活动属于同类性质时，前次思维活动会对后次思维活动起正确的引导作用；当两次思维活动属于异类性质时，前次思维活动会对后次思维活动起错误的引导作用。

（二）创新思维障碍的主要类型

1. 从众型创新思维障碍

从众也就是指一切服从众人，按众人的意志说话、办事的心理和行为现象。通俗地说，就是"随大流"。它是思维定式中最常见、最典型的表现之一。思维从众倾向比较强烈的人，在认识事物、判断是非的时候，往往是附和多数，人云亦云，缺乏自己的独立思考和主见。从众定式对个人来说，使人有一种归属感和安全感，能够消除孤单和恐惧心理，也是一种比较保险的处世态度。具有从众思维定式的人不仅没有主见，在一定情况下甚至会随着众人犯错误，当然更不可能有什么创新了。

因此，要想获得正确的思维方式并具有创新精神，就不要人云亦云，而应该有自己独立的见解。在某些情况下，大家都认为是正确的，其实并不一定是正确的。这就是毛泽东同志讲的，真理往往掌握在少数人的手中。洛克菲勒说过："如果你要成功，你应该朝新的道路前进，不要跟随被踩烂了的成功之路。"

2. 权威型创新思维障碍

在思维领域，很多人习惯于引证权威的观点，不假思索地以权威的是非为是非。记得我们在小学作文中，为了证明自己的观点是正确的，往往会引述某些名人名言，如"伟大的发明家爱因斯坦曾经说过""伟大的物理学家牛顿曾经说过"……甚至某句话明明是自己想出来的，但是为了提高可信度，我们就会在前面加上"某个伟大的数学家曾经说过"等。这些都源于对权威的某种崇拜。可以说，有人类群居的地方就有权威，在任何时代、任何社会都会存在权威现象。人们对权威普遍存在崇拜之情，这是可以理解的，然而这种尊崇常常演变为神化和迷信。一旦发现与权威相违背的观点或理论，便想当然地认为其必错无疑，甚至大张抵伐。这就是创新思维的另一重大障碍，即权威型障碍。

巴尔扎克认为："打开一切科学的钥匙都毫无疑义的是问号，我们大部分的伟大发现应该都归功于'如何'，而生活的智慧大概就在于逢事都要问个为什么。"质疑观念的核心特征是它的疑问性——"为什么"或"是什么"，这是求索问题的切入点，也表达了一种探索、求知、解疑的心理欲望，是一把发现问题、提出问题的钥匙。

质疑不是只停留在口头上，而是要能够在质疑的基础上提出问题、提出假设，并对自己的假设进行验证。也就是说对权威的质疑不是信口开河，而是需要理论和实践的论证，最终验证自己的怀疑是正确的。假设是以事实和科学知识为根据的，它是人类认识接近客观真理的方式和途径，也是人类洞察世界的能力和智慧的高度表现。

3. 书本型创新思维障碍

很多人会有这种习惯或者说是毛病，就是总以为书上的内容都是对的，无须考证、毋庸置疑的，因此，读书时不怀疑、不辨别，而是全盘接受，书本上怎样说，自己也就怎样说、怎样做，最终被书本所主宰，成了书本的"奴隶"。这种读书的态度是错误的、有害的。书是人类知识和实践经验的总结，是人类进步的阶梯，书当然还是应该读的，但是一定要采取怀疑和批判的态度去读，否则，就无法判断正确与错误。如在现代化学史上，价键理论、杂化轨道理论充分否定了有氟的含氧酸存在，否定了化合物中所有元素的氧化数不为零，谁能相信 1971 年美国两位科学家成功地制取了次氟酸，宣告此前的理论假说的不完整性及错误性。由此可以看出，科学本身总是在新的发现基础上不断纠正自己以往的错误而发展的，世界上从来就没有一成不变的事物。因此，当理论与事实发生矛盾的时候，人们只能修改理论使之与事实相适应，而不应该本末倒置地要求事实去符合理论，这才是唯一正确的选择。

4. 经验型创新思维障碍

一般来说，经验是我们处理日常问题的好帮手。只要有某一方面的经验，处理问题时就能得心应手。特别是一些技术管理方面的工作，非要丰富的经验不可。但是我们也要看到，经验是具有稳定性的东西，也有其负面效应。这种负效应的表现就是，可能导致人们对经验的过分依赖，形成固定的思维模式。这样一来，就会削弱人们头脑的想象力，制约人们的创新意识。这就是说，经验具有很大的狭隘性，在某种情况下，甚至可能成为束缚人们思维的枷锁。

过分相信和依赖自己现有的优势从而意外跌倒的，这种情况在现实中并不少见。从方法论上说，这是被过去成功的经验和方法所束缚，忽视了原有优势在认识和实践上存在的局限性，陷入了盲目性的误区，因而在面对新情况时就出现了不适应。

5. 自我中心型创新思维障碍

所谓"自我中心型"，其实就是"自以为是"。在日常的思维活动中，人们自觉或不自觉地按照自己的观念、站在自己的立场、用自己的目光去思考别人乃至整个世界，由此产生了自我中心型思维定式。

在这种思维定式的束缚下，个人的思考以自己为中心，听不进别人的意见和建议，总认为自己的思考没有任何问题，是完全正确的，甚至认为就是真理。岂知，所谓"真理"都是相对的，具有一定的时空性，在这一场合正确的观点，换个场合也许就是错误的；现在没有问题的知识，随着时间的推移就不一定没有问题了。

每个人都会犯错误，即使是傻瓜也会为自己的错误辩护。但能承认自己的错误，多听取别人的意见和建议，对我们的进一步思维也许起到了抛砖引玉的作用。

6. 习惯型创新思维障碍

习惯在《现代汉语词典》中是如此被定义的："习惯就是人们在长时期里逐渐养成的，一时不容易改变的行为。"习惯是一种循规蹈矩的形式。从清晨起床到晚上睡觉，人们99%的动作是习惯性动作。习惯使我们不饥而食，不困而眠，不思而行，不禁而止。习惯之所以成为创新思维的障碍，是因为人们对习惯的事物失去了敏感性，反应变得迟钝，甚至熟视无睹，发现不了问题，当然也谈不上解决这些问题。习惯之所以成为创新思维的障碍，还因为惯性非常容易成为惰性，而惰性历来是创新的大敌，它压制不符合习惯的思想，阻止对习性的改变。

一个人在一生中，常规学习、常规工作、常规生活使我们每个人都形成了一套惯用的套路、惯用的格式、惯用的模型。一遇问题，我们便会不假思索地将它引入自己的套路、格式、模式之中，从中寻求答案。久而久之，这种套路、格式、模式就成为一种习惯和定式。但正是因为它的这种特性，有时它们也会转化成无形的包袱或绊脚石，使我们自我设限、故步自封，从而制约和扼杀了人身的思考潜能。创造性思维追求出新，绝不与他人雷同，更不能落入定型的套路、格式、模式之中。

7. 自卑型创新思维障碍

开发创造性、进行创新思维中的一大障碍就是自卑感。自卑者怕失败，怕犯错误，怕自己表现得愚蠢，遭到别人的嘲讽，从而不敢尝试，不敢冒险，堵塞了创造性思维产生的源泉。缺乏自信心最会妨碍创造性思维的产生。过分地自我批判是妨碍创造性思维的又一个心理障碍。这种人往往过于责备自己，对自己的成就和行为过分挑剔。认真、精益求精固然是好事，但凡事都有一个尺度，不能把尺度片面地夸大或绝对化。畏惧思想，是创造

当代大学生思想政治教育与创新创业

性思维最大的障碍，因为有了畏惧思想，就会谨小慎微，患得患失，怕失败、怕犯错误、怕困难。畏惧会磨灭人的想象力和创造精神，使人在许多有可能获得成功的机会中，丢失了这种机会。

8. 偏见型创新思维障碍

固执和偏见是创造性思维的克星。当某种观念为人们所普遍接受后，会在人们的心脑中相对固定下来，成为一种固定的观念。人们常说的传统观念就是固定观念的一种重要表现形式。固定观念对于人们学习知识、阐述问题、利用知识从事常规性工作可以说是必不可少的。然而对于发展、拓宽创新思维而言就会成为一种阻碍。它用已有的知识、观念在人们和新事物、新现象之间形成了某种屏障，总是觉得熟悉的事物比较有安全感，易对新事物有所猜忌、犹豫，使人们的思维无法实现突破。在固有观念的影响下，人们往往会利用已有的经验过早地作出判断，而把新构想的幼芽扼杀在摇篮里。

三、创新思维训练

（一）排除创新思维障碍训练

1. 针对从众型创新思维障碍类型的训练

（1）在美国通用汽车公司的一次董事会议上，有位董事提出了一项决策方案，当时得到大多数董事的附和。有人说，这项决策能够大幅度提高利润；有人说，它还有助于我们打败竞争对手；还有人说，应该组织力量，尽快付诸实施。但是，会议主持人则保持了冷静的头脑，他说："我不赞同刚才那种团体思考方式，它把我们的头脑封闭在一个狭小的空间里，这会导致十分危险的结果。我建议把这项方案搁置一个月后再来表决，请各位董事各自独立地想一想。"一个月后，重新讨论那项方案，结果它被否决了。请问：为什么一个月前大家都赞成这项决策方案？主持人让搁置一下的做法有什么好处？

（2）动动脑筋，想出一种与众不同的观念，这个观念只要与人们的日常习惯相冲突就可以，不追求高明和实用。然后把自己的新观念告诉朋友和家人，听听大家的反响。在这个过程中，体会社会的从众势力有多强大，也能锻炼一个人"反潮流"的胆量。面对大家的指责、嘲讽和反对，你应心平气和地辩解，尽力说服他们，让多数人承认新观念中有可取之处。当然，你还可以发明或改进一种物品，只要与传统观念中的物品不同就行，同样要大力宣传、辩护，仔细观察不同人的不同反应。例如，提出"寒冷的冬天穿着短袖和短裤出门"的想法，把眼镜的镜片设计成一大一小，并戴着这样的眼镜出去试试。通过大量练习，就可以体会到众人的评论和嘲笑没什么了不起，从而逐渐削弱思维中的从众定势。

2. 针对权威型创新思维障碍的训练

（1）以权威人物的某种论断进行突破权威型障碍的训练。找出某位权威人物的某种论断，一是要求这种论断尽管是正确的，但和人们的常识或直觉相违背；二是要求这段论断的传播范围比较窄，一般人不太了解。如爱因斯坦相对论中的"尺缩现象"，即物体运动时长度不变只是低速世界的特殊现象，长度随速度而变才是宇宙的一般规律。然后，你把这一权威论断告诉周围的人，但不要打着权威旗号，比如可以说成自己或朋友的新发现，听别人的反应和评价。你还可以把同一论断告诉另外一些人，首先声明是某权威的观点，把大家的反应和评价进行比较，看从中能悟出什么道理。

（2）没有永久的权威，任何权威都只是一时的。随着时间的发展，旧权威不断地被新权威所替代，清楚这一点，会大大削弱对权威的敬畏心态。请在自己头脑中回忆一两个10年或20年前自己敬畏的权威，了解一下如今他们还是权威吗。

（3）一位电影明星能推荐一种感冒药，一位体操健将就肯定能制造出高质量的运动鞋吗？这都是"别的领域的权威"。面对各种权威，请自问自答：推广人是哪个领域的权威，他对这一行有研究吗？他是这一行的权威吗？他那些振振之词对这个领域有价值吗？

（4）即使是一位真正的权威，而且是在他的权威领域发表意见，也要看看是否与权威的自身利益有关。一位科学家提出一种新的理论，那么他自己对该理论的评价就会至少部分失去权威性。一次科研课题或产品鉴定会，假如权威受到优厚的款待，鉴定结果是否有足够的权威性就值得怀疑。在进行训练时，看到某权威在卖力地推荐某产品或某观念，首先想一想，他与权威的利益有没有关系？

3. 针对书本型创新思维障碍类型的训练

（1）"正分合"读书法。当阅读一本理论类的书时，认真用不同的方法和眼光读三遍，就会有一种全新的感觉。第一遍是"正读"，首先假定书中的说法完全正确，你十分赞同作者的观点。你一边读，一边为书中的看法补充新的证据、材料和论证方法。第二遍是"反读"，你假定书中所有的观点都是错误的，你读此书的目的，就是找出错误而一一驳倒它们。也许一开始很困难，这一方面是过去读书的习惯使然；另一方面是因为还没真正把握书中所讲的内容。任何理论上的阐述，都不可能天衣无缝。第三遍是"合读"，即把"正读"与"反读"的结果综合起来，在此基础上对书中所讨论的内容，提出自己的新看法。到这一步，应该说达到了读书的最高境界——既能读"进去"又能读"出来"。

（2）找出书本和现实之间的差距。想一想，怎样从现实中找到具体事例反驳下列知识性论断：男人比女人有力气；开卷有益；众人拾柴火焰高；冬天比春天冷；瑞雪兆丰年；用计算机写作既方便又迅速。

（3）设想多种答案。书本上提供的答案往往是"唯一的""标准"答案，它会束缚头脑，降低创新意识。如果我们面对一个问题，尽可能多地给出越新奇越好的多种答案，创意思维水平就可以提高。例如："大雁为什么向南飞？"答案：向北飞要飞过北极会饿死；向北飞路太远；去会见去年结识的女朋友海鸥；锻炼小天鹅的翅膀，免得沦落为"抱大的一代"；消耗身上的脂肪以治疗肥胖症……

可以就以下问题设想多种答案：面条是怎样做成的？天空为什么是蓝的？浪花为什么是白的？熟人见面为什么要打招呼？花朵为什么颜色不同？

4. 针对经验型创新思维障碍类型的训练

（1）仿盲人训练。经验大部分是通过感觉得来的，而感觉中由视觉获得的信息占全部信息的85%以上。过分发展的视觉反而妨碍了其他感官功能的发挥，有必要体会一下盲人的感觉，来充分发挥其他感觉的功能，从而获得意想不到的丰富的外界信息。训练方法是：用布或者完全不透光的眼镜使自己看不到外界，先在室内走动，再去室外熟悉处走走，最后在朋友的引领下到陌生的地方走一圈，这种地方最好是景观、人员等比较集中的地方，完全依靠你的听觉、触觉、方向感和平衡感去了解外界。如此训练几次，肯定会有丰富的收获。

（2）"逆经验反应"训练。大量日常经验使每个人对外界刺激形成一套固定反应模式，打破它对增强创新意识大有帮助。坚持这一训练原则，内容可自定。例如：下雨时不打伞走出去；收到信不拆，扔在桌上不管它；电话铃响着，不去接。

5. 针对自我中心型创新思维障碍类型的训练

（1）尝试法。如果条件允许的话，可以尝试一下别人给你的建议，看效果如何，和自己的做个对比。

（2）冷静法。当别人对你的某种观点提出质疑时，不妨让自己冷静一段时间。过一段时间，你再考虑这个问题，并思考别人给你的建议，也许你会改变自己的想法。

6. 针对习惯型创新思维障碍类型的训练

任何事情换种思考方式，都可能会有完全不一样的结果。固定的思维模式是人生的大敌，当我们被某个思维定式主导时，往往很难看清楚一些事物的本质。生活中不是缺少奇迹，而是缺少发现。世界上许多奇迹的诞生就是以不同思维方式思考的结果，我们唯有具有挣脱思维枷锁的勇气和智慧，属于自己的奇迹才有可能出其不意地降临。美国著名的贝尔实验室里树立的贝尔雕像的下方写着贝尔留给后人的警句："有时，需要离开常走的大道，潜入森林，你就肯定会发现前所未有的东西。"

7. 针对自卑型创新思维障碍类型的训练

要破除自卑感或胆怯心理，必须从以下方面着手：

第一，树立自信心。没有自信，就是对自己各方面能力不信任，对自己能否进行丰富的想象和创造性活动持否定或模棱两可的态度，最终不敢前进，没有独创性成果。例如德国物理学家普朗克，曾首次做出了"能量子假说"这个革命性论点，但此后却对此长时间怀疑，对自己也缺乏信心，而未能完成这一物理学上的革命性发现。因此，成功是与自信相联系的，与勇气、胆魄密不可分。

第二，切勿过分地自我批判。过分地自我批判，主要是不能客观、公正地估计自己。比如，或是认为自己没有创造力，或是认为自己没受过某种专业训练等。实际上，在创造过程中，一定的自责虽然必要，但过分看重自己的不足则会因失之客观而造成归因上的误差，甚至导致自信心的丧失。

第三，克服畏惧思想。畏惧会磨灭人的想象力和创造精神，使人在许多有可能获得成功的机会中，丢失了这种机会。创造者是不应怕失败的，失败是成功之母。

8. 针对偏见型创新思维障碍类型的训练

第一，要破除固执和偏见，必须挑战主导观念。而挑战主导观念的关键在于找出主导观念，一旦找出主导观念，解题的新思路会水到渠成。向"毋庸置疑"挑战，首先要训练找主导观念。针对你要解决的问题，先整理出占据头脑的主导观念。主导观念的特征是：当一个问题发生时，思考者不由自主首先想到甚至是不假思索就跳出来的解题方法。这种方法往往常人都能找到。

第二，要避开主导观念。当我们找出主导观念后，要有意识地避开或远离主导观念，尽量从侧面或其他方向寻找思路和方法，这样找到的设想肯定是新颖、独特的。

（二）创新思维训练

创新思维训练，就是采用一定的方案，对思维能力、思维方法、思维知识和思维态度等进行系统训练，从而使人的创新思维水平得到提高的过程。

创新思维是能够训练的。第一，思维的生理基础是大脑，大脑的特点决定了人的聪明程度。大脑神经元的数目可达 1000 多亿，而实际使用的却不到 10%，余下的神经元都未被开发利用。研究发现，生理上的变化可引起思维的变化。人类的思维能力随着社会的发展不断提高，这正是长期学习和训练的结果。环境和教育，可以使思维的发展加速或延缓。第二，创新思维训练具有悠久的传统。思维训练从古时就有了，只是从 20 世纪以来，通过大量的研究和实践探索，才使人们认到了思维训练对提高民族素质的重要作用。

创新思维是创新的基本条件，在许多需要创新的领域，诸如科学研究、科学决策、产品设计、广告策划中，情感、意象、形象、直觉、灵感以及经验、联想、想象、猜测、灵感等创意素质直接制约着创新的水平。因此，创新思维的培养和训练至关重要。

1. 发散思维训练

发散思维是指一种不依常规、寻求变异、从多方面寻求答案的思维方式。宽广的知识面能够使人们见多识广，思路宽且灵活。因此，人们要注意培养广泛的兴趣；要尽可能地从各个方面去吸取信息和知识：重视各种环境下的实践。

发散思维训练的核心是发散点训练。可以从用途、功能、结构、形态、组合、方法、因果、关系等8个方面向外延扩散。

（1）用途发散

所谓用途发散就是以某物品作为发散点，设想出它的多种用途。如在 5 分钟内尽可能多地说出订书钉的各种用途：订书、订报纸、订杂志、订装纸盒、订壁画、做牙签、做成掏耳勺、在皮带上钉出一定的图案、做装饰、可作为项链的一次性用锁、弯曲做成五线谱的音符、做成圆珠笔的尖头、做成发夹、做造型各异的饰品、做成别针、用在广告中人物化……

用途发散训练的题目形式是"在一定时间内说出某物品的各种用途"。

用途发散有两种思维方式：一是根据物品的特征进行发散，想出可能的用途。例如，订书钉是铁制的，铁可以导电，于是我们就可以想到订书钉可以用来做导线、做启动日光灯等。二是进行强制性的思维发散，即随便想出一个事物，把该事物和作为发散点的事物强制地联系在一起，寻找作为发散点物品的新用途。例如，忽然间想到扣子，那么可以把订书钉卷成圆形，做扣子用；当然也可以做成订书钉形状的扣了第二种方式对于发现某种材料的新用途能起到巨大的作用，有时还会取得辉煌的成果。特别是一种新材料发明以后，可以应用物品用途发散的第二种方式寻找适用的领域，一定会得到用其他方法得不到的新奇构思。

（2）功能发散

功能发散是从一件事物的功能出发，构想出获得该功能的各种可能性。如对"怎样才能达到照明的目的"这一问题，有人做出如下构想：点油灯、开电灯、点蜡烛、划火柴、烧纸片、用手电筒、点火把、燃篝火、用镜子反射太阳光等。从发散思维的角度出发，没有废物或废料，只要能合理地借助功能发散（有时加上视角转换），一定能变废为宝。

（3）结构发散

结构发散是以某事物的结构为扩散点，设想出利用该结构的各种可能性的思维活动。如尽可能多地说出含圆形结构的东西：太阳、水滴、酒杯、西瓜、瓶盖、镜子、头、螺丝钉等。经常进行这种思考，可以增加人们头脑中的形象储备，锻炼想象力。

（4）形态发散

形态发散是以事物的形态（如颜色、形状、音响、味道、明暗等）为发散点，设想出利用某种形态的多种可能性。如你能设想出利用红色可做什么或办什么事吗？这是一种形态发散思考，如利用红颜色可做信号灯、红墨水、红围巾、红灯笼、红粉笔、红喜报等。

（5）组合发散

组合发散是指以某一事物为发散点，尽可能多地设想出与另一事物联结成具有新价值的新事物的可能性。组合发散是一种强制性思维的发散方法，也就是你想到什么就与发散点的事物组合在一起。

组合思维是一种非常重要的创意思维方法，组合思考不仅数量要多，更重要的是组合要新奇而合理。经常进行组合发散思考，将会提高人们的创意能力。如尽可能多地说出手电筒可以同哪些东西结合在一起。如果想到了钥匙、手表、钟、鞋子、笔、衣服、书，那么与手电筒一组合就有了带手电筒的钥匙、带手电筒的手表、带手电筒的钟、带手电筒的鞋子、带手电筒的笔、带手电筒的衣服、带手电筒的书等。从中可以发现一些很好的创意，如带手电筒的钥匙，我们知道，在生活中尤其是晚上开门的时候，如果楼道灯不亮，是很难找到锁眼的，有了带手电筒的钥匙就可以不用为此烦恼。

（6）方法发散

方法发散是以人们解决问题或制造物品的某种方法为扩散点，设想出利用该种方法的各种可能性。如说出用"吹"的方法可能做的事或解决的问题：吹气球、吹口哨、吹笛子……这是一种方法发散思考。方法发散，是人们创新创意能力的一项重要素质。平时，人们要多掌握一些前人解决问题过程中积累下来的成功方法和技术，并能把这些方法辐射出去，用到新领域、新事物上，从而大大地提高我们的创新创意能力。

（7）因果发散

因果发散是以某事物发展结果起因为扩散点，设想出该事物出现的原因或该事物可能产生的结果。如发现地上有一摊水，推测造成地上有水的各种可能的原因；猜测这摊水会造成什么样的后果。这就是因果发散。

具体而言，因果发散包括原因发散和后果发散。原因发散是以某事物发展的结果为发散点，推测造成此结果的各种可能的原因。如尽可能多地说出玻璃杯破碎的各种可能原因。答案如下：落地摔碎、被汽车碾碎、开水冲进杯子时炸碎、杯子结冰胀碎、被火烧裂碎、被子弹击碎等。后果发散是以某事物的起因为扩散点，推测可能发生的各种结果。人们在进行科学研究时，经常会碰到认识事物因果关系的问题。因此，进行因果发散思考训练，有助于培养我们的科研素质，去发现事物、认识事物的内在规律。

（8）关系发散

关系发散是从某一对象出发，尽可能多地设想它与其他对象之间的关系。如每个人都可以从自我出发，想出自己与其他社会成员之间的关系，除了日常的一些基本关系之外，每个人还可能是听者（相对于演讲者）、观者（相对于哑剧表演者）、读者（相对于图书管理员和书商）、选民（在选举活动中）……确定事物之间可能的关系发散有以下两种方式：第一种是从某一事物出发，尽可能设想出与其他事物的各种关系。

2. 收敛思维训练

收敛思维是和发散思维相对的思维方式，它是一种从面到点的内聚式思维形态。收敛思维能力强的人一般具有较强的洞察力，看问题比较深刻，善于推理分析，严谨周密。

收敛思维的训练方法有以下几种。

（1）聚合显同法

聚合显同法就是把所有感知到的对象按照一定的标准"聚合"起来，显示它们的共性和本质。如明朝时期，江苏北部曾经出现了可怕的蝗灾，飞蝗一到，整片整片的庄稼被吃掉，人们颗粒无收……徐光启看到人民的疾苦，想到国家的危亡，毅然决定去研究治蝗之他搜集了自战国以来两千多年有关蝗灾情况的资料。在这浩如烟海的材料中，他发现蝗灾发生的时间人多在夏季炎热时期，以六月为最多。另外他从史料中发现，蝗灾大多发生在"幽涿以南、长淮以北、青兖以西、梁宋以东诸郡之地（相当于现在的河北南部，山东西部，河南东部，安徽、江苏两省北部）"为什么多集中于这些地区呢？经过研究，他发现蝗灾与这些地区湖沼分布较多有关。他把自己的研究成果向百姓宣传，并且向皇帝呈递了《除蝗疏》。徐光启在写《除蝗疏》整个思维过程中，运用的思考方法就是"聚合显同法"。

（2）层层剥笋法（分析综合法）

人们在思考问题时，最初认识的仅仅是问题的表层（表面），因此，也是很肤浅的东西，然后，层层分析，向问题的核心进一步地逼近，抛弃那些非本质的、繁杂的特征，以便揭示出隐藏在事物表面现象下的深层本质。

（3）目标确定法

一般来说，平时我们碰到的大量问题比较明确，很容易找到问题的关键，只要采用适当的方法，问题便能迎刃而解。但有时，一个问题并不是非常明确，很容易产生似是而非的答案，把人引入歧途。

这个方法要求首先要正确地确定搜寻的目标，进行认真的观察并作出判断．找出其中关键的现象，围绕目标进行收敛思维。目标的确定越具体越有效，不要确定那些各方面条件尚不具备的目标，这就要求人们要对主客观条件有一个全面、正确、清醒的估计和认识。目标可以分为近期的、远期的、大的、小的。开始运用时，可以先选小的、近期的，熟练后再逐渐扩大。

（4）聚焦法

聚焦法指的是人们常说的沉思、再思、三思，在思考问题时，要有意识、有目的地将思维过程停顿下来，并将前后思维领域浓缩和聚拢起来，以便帮助我们更有效地审视和判断某一事件、某一问题、某一片段信息。由于聚焦法带有强制性指令色彩，其一，可通过反复训练，培养人们的定向、定点思维的习惯，形成思维的纵向深度和强大穿透力，犹如用放大镜把太阳光持续地聚焦在某一点上，就可以形成高热。其二，由于经常对某一片段信息、某一件事、某问题进行有意识的聚焦思维，自然会积淀起对这些信息、事件、问题的强大透视力、溶解力，以便最后顺利解决问题。

3．逆向思维训练

逆向思维是让思维向对立面的方向发展，从相反方向对问题进行深入的探索。人们总是习惯于顺着事物发展的正方向去思考问题，并寻找解决问题的办法。其实，对于某些问题，尤其是一些特殊问题，从结论往前推（也就是倒过来思考），从求解回到已知条件，或许会使问题简单化。具体来说，逆向思维可以从以下几个方面进行训练。

（1）作用颠倒

一个事物可以起到各种各样的作用。一个事物对另一个事物来说，既可以起正作用，也可以起反作用。就事物对人的利害关系来说，既有有利作用，也有不利作用。人们通过采取一定的措施能够改变事物所起的作用，其中也包括能够通过使事物某方面的性质、特点发生改变，起到同原有作用正好相反的作用。比如使事物对人不利的作用变为对人有利的作用。基于此，如果我们对事物的某种作用进行逆向思维，就有可能想出更好利用该事物或与该事物相关的新设想、新主意来。

（2）方式颠倒

事物都有自己"起作用的方式"，它也是事物的一种基本属性。如果方式发生变化，事物的性质、特点和作用也会随之变化。我们如果从某种需要出发，采取一定的措施，使某一事物起作用的方式有所颠倒，那就可能会引起事物的性质、特点或功能相应地产生符合人们需要的某种改变。基于事物同其起作用的方式之间的这种客观存在的关系，就可以进行创新思考，也可以就事物起作用的方式倒过来想。

（3）位置颠倒

两个（以及多个）事物之间在空间上总是保持着一定的位置关系。或两两相对，或一前一后，或一上一下，或一左一右……从甲所处的位置看乙与甲的关系，从乙所处的位置看甲，以及看甲与乙的关系，得出的认识往往不同。在创新思考过程中，将事物之间的位置关系倒过来思考，也有可能产生新的看法和设想。

（4）过程颠倒

事物起作用的过程具有确定的、显著的方向性。过程颠倒作为一种逆向思维的创新思考方法是指：事物起作用的过程一旦方向有所颠倒，人们对它的认识和态度便会有所改变。所以，如果有意识地就事物起作用的过程从相反的方向思考，便有可能从中引发新的设想。

（5）结果颠倒

结果颠倒作为一种逆向思维的创新思考方法指的是：对具有因果关系的事物之间，从作为结果的事物乙出发，倒回去思考作为原因的事物甲，以及思考事物乙发生、发展的过程，往往能获得新的认识和设想。

（6）观点颠倒

理论观点是人主观意识的产物，但归根到底，观点都是客观事物及其规律在人们头脑中的反映。既然我们可以对客观事物进行逆向思维，那么对思想观点自然也可以，也就是将一种观点从相反的方向思考，以便从中获得新的认识，形成新的见解。这就是所谓的"观点颠倒"。人们对许多理论观点通过逆向思维而有所创新。

4. 联想思维训练

联想思维指的是人脑记忆表象系统中，由于某种诱因导致不同表象之间发生联系的一种没有固定思维方向的自由思维活动。一般是看到一种事物或事件的表象或动作而联想到其他事物或事件的表象或动作的心理过程。

联想是开发创新创意能力的翅膀，通过联想，可以发现无生命物体的象征意义，可以寻到抽象概念的具体体现，从而使信息具有更强的刺激性和冲击性，可以使人的认识大大超越时间、空间等具体条件的限制，极大地丰富人们的精神世界，成为推动人类社会进步的精神动力。平时积累知识越多、经验越丰富的人，其联想力就越强，联想的范围也就越广。丰富的知识储备使人容易从一种事物联想到另一种事物，容易在相似、递进、对比和相关的事物间展开联想，但这种联想常常摆脱不了逻辑和理性的束缚。在现有知识和经验的基础上训练活跃的联想能力，会产生许多意想不到的创意设想。

联想思维的训练方法有以下几种。

（1）强迫冲突法

强迫冲突法就是将两个截然相反的概念联系在一起，想象可能产生的各种奇怪的内涵。例如，破碎的铁片、无情的爱、可怜的富人、冰冷的火焰……两个词的冲突性越大，越会有好的创意被激发出来。

（2）直接类推法

有意识地让自己突发奇想，把自己想象成所要解决问题的因素，这个因素可以是人、动物、植物，然后运用知识的迁移来展开联想。如可以把自己想象成一个电子表，当电子表运行的时候是什么样的感觉？当没有电的时候，是什么样的感觉？这种非逻辑的类推强调移情介入，要求个人暂时失去部分自我，而且"失去自我后产生的观念与正常情况差异越大，联想的非逻辑性就越强，从而越富有创意性"。因为自己的原认知能力获得了发展，对自己的思维过程可以调控，故这种离奇性一般不会导致偏激。

（3）先确定对象，将两组对象组合在一起，说明它们之间的关系

看看你的四周，你所看到的每一件事物都是和其他事物有关联的，即使你一下子还看不出来，但如果仔细研究一下你会发现，无论把哪两个东西放在一起，都可以在它们之间找到一些更深层或潜在的联系。如可以把 CD 和名片这两件事物联系起来看看，尝试寻找两种事物间的相似之处，再从这些联系当中想出什么新的创意。首先思考 CD 和名片的特征，它们有以下的共同点：都是长方形的、都有许多颜色、都写了字、都反映了持有者的名字

甚至个性、都经过精心设计。接着进一步找出它们相互之间的联系和差异。对于CD盒而言，它易碎、可以打开、比名片大些、里面装有歌手及曲目内容的小册子、有条形码、有艺人的照片等；而CD本身则具有圆形、需要音响播放、有光泽、内含录制的歌曲、中间有个孔等特点^而名片则拥有以下特征：比CD片轻薄、更易保存、可以折叠、表明详细的个人联系方式、可以便宜批量制作用以分发。通过对这些相同与差异之处的了解，我们可以想出名片和CD以及CD盒应该如何改进。如可以把自己的照片或其他人的照片印到名片上，用塑料制作名片，把名片做成一个迷你CD,让名片可以说话或唱歌，制作一本个人和公司的小册子，名片上加入条形码方便扫描；CD能否变成可抛弃式的，尺寸再小些，CD盒的材质可以更有弹性、变得更薄些。

事物之间都是可以相互联系的，只要投入足够的想法，一定可以在任意两个事物之间建立起联结，获得新的创意。

5. 灵感思维训练

灵感思维的出现往往带有神秘感，具有不可确知性，但它是可以开发的，可以通过勤奋思考获得的。灵感思维的训练方法主要有以下方面。

（1）久思而至

思维主体在长期思考数日不就的情况下，暂将课题搁置，转而进行与该研究无关的活动。恰好是在这个"不思索"的过程中，无意中找到答案或线索，完成久思未决的研究项目。柏辽兹写作《五月五日》这部作品时，结尾怎么也想不好，不得不搁置起来。后来有一次，他在莱茵河里乘船，不慎失足掉进水里，当别人把他拉上来的时候，他忽然有了灵感，找到了这部作品绝妙的结尾。

（2）巧遇新迹

由灵感而得到的创新成果与预想目标不一致，属意外所得。许多研究者把这种意外所得看作"天赐良机"，也有的称之为"正打歪着"或"歪打正着"。

（3）梦中惊成

梦是以被动的想象和意念表现出来的思维主体对客体现实的特殊反映，是大脑皮层整体抑制状态中，少数神经细胞兴奋进行随机活动而形成的戏剧性结果。并不是所有人的梦都具有创造性的内容。梦中惊成，同样只留给那些"有准备的科学头脑"。

（4）见微知著

从别人不觉得稀奇的平常小事上，敏锐地发现新生事物的苗头，并且深究下去，直到做出一定创新为止。见微知著必须独具慧眼，也就是用眼睛看的同时，配合敏捷的思维。

（5）急中生智

利用此种方法的例子，在社会活动中数不胜数。即情急之下做出了一些行为，结果证明，这种行为是正确的。英国名作家毛姆20多岁写成一部小说，作品出版后无人问津。心急如焚的他想出一条绝招，在国内各大报纸登出征婚启事："本人是位年轻而又有教养的百万富翁，愿娶一位和毛姆小说中的主角完全一样的女性为妻。"许多人看了启事后，争先恐后地去书店抢购毛姆的那部小说。不到3天，伦敦各家书店的毛姆新作全被购完。

（6）自由遐想

科学上的自由遐想是研究者自觉放弃僵化的、保守的思维习惯，围绕科研主题，依照一定的随机程序对自身内存的大量信息进行自由组合与任意拼接。经过数次乃至数月、数年的意境驰骋和逻辑推理，完成一项或一系列课题的研究。

（7）原型启示

在触发因素与研究对象的构造或外形几乎完全一致的情况下，已经有充分准备的研究者一旦接触到这些事物，就能产生联想，直接从客观原型推导出新发明的设计构造。1982年，只有初中文化的重庆姑娘何永智，在街边开了家只有3张桌子的火锅店。她时刻琢磨着顾客的需要，从一位顾客怕辣受到启示，对传统火锅加以改造，发明了"鸳鸯火锅"。这一简单的创意，竟引发了一场火锅业的革命，使这种口味单一的地方名吃，摇身变成了世人共享的佳肴，风靡全国。

（8）触类旁通

人们偶然从其他领域的既有事实中受到启发，进行类比、联想、辩证升华而获得成功。他山之石，可以攻玉。触类旁通往往需要思维主体具有更深刻的洞察能力，能把表面上看起来完全不相干的两件事情沟通起来，进行内在功能或机制上的类比分析。如篮球运动的创始人詹姆斯·奈史密斯长期思考如何发明一种全新的室内运动项目。开始，他老觉得思路打不开。有一次，一群人向一个看门人要几个装东西的盒子，看门人拿出几只装鱼的竹篮让他们作为代用品。奈史密斯看见这些竹篮，一下子触发了灵感：是不是可以把竹篮做成将球投入其中的"球篮"呢？后来，他终于设计出了"篮球"这一新的运动项目。

（9）另辟蹊径

主体在科学研究过程中，课题内容与兴奋中心都没有发生变化，但寻解定式却由于研究者灵机一动而转移到与原来解题思路相异的方向。1953年，美国前总统卡特刚接管父亲的花生业务，他看到原野到处贮放的花生堆。当时传统的处理方式是将花生暴晒后运往榨油厂，但若遇到雨天花生就会霉烂。卡特心中一动，想出了改变传统暴晒为室内烘干的点子，设计制造出大型烘干机，创造出良好的经济效益。

（10）豁然开朗

这种顿悟的诱因来自外界的思想点化。主要是通过语言表达的一些明示或隐喻获得。豁然开朗这种方法中的思想点化，一般来说要有这样几个条件：一是"有求"，二是"存心"，三是"善点"，四是"巧破"。

6．想象思维训练

钱学森曾说过，人的创造性思维过程绝不是单纯的抽象思维，总要有点形象思维，甚至要有灵感思维。因此，离开抽象思维或形象思维，就没有创造性思维。想象思维的专项训练如下。

（1）制作想象

给出一些材料，通过自己设计、制作出有意义的东西；或者根据具体要求，自己选材、设计和制作。

（2）图形想象

①图形意义想象，即给出一个图形，尽可能想象出图形形象所表示的东西和意义。

②图形组合想象，即给出几个图形，要求利用这些图形尽可能做出不同的组合，并说出组合出来的图形表示的事物和意义。

（3）假想性推测

"假想性推测"是假设一件一般情况下不可能发生的事情，当这个不可能事件发生后，对产生的后果进行自由想象。一般的思考模式是"假设／如果……将会……"这是兼具"关系发散"和"因果发散"中由因及果的训练因素。例如，假如人类长生不老，世界将会怎么样？人类的生育欲望降低；环境恶化；人类变异；人类可能会为所欲为，因为不再害怕死亡……

7. 组合思维训练

（1）主体附加法

主体附加法是指以某一特定的对象为主体，通过置换或插入其他技术或增加新的附件而使发明或创新诞生的方法。例如电扇加定时器、电冰箱加温度显示器、彩色电视机上附加遥控器、带橡皮头的铅笔、含微量元素的食品等。

（2）焦点法

焦点法是以一预定事物为中心、为焦点，依次与罗列的各元素一一构成联想点，寻求新产品、新技术、新思想的推广应用和对某一问题的解决途径。例如玻璃纤维和塑料结合，可以制成耐高温、高强度的玻璃钢。

（3）二元坐标法

二元坐标法就是借用平面直角坐标系在两条数轴上标点（元素），按序轮番地进行两两组合，然后选出有意义的组合物的创新方法。

（4）信息交合法

根据课题的实际需要采用二元坐标法，母本轴、父本轴或以中心点按独立要素分别拉线，标出信息点进行组合，产生大量新观念（想法）、新方案、新技术，创造出更多新产品的方法。

信息交合法实施步骤：把物体的总体信息分解成若干要素，然后把这种物体与人类各种实践活动相关的用途要素分解，把两种信息要素用坐标法连成信息标 x 轴与 y 轴，两轴垂直相交，构成"信息反应场"，每个轴上的各点的信息依次与另一轴上的信息交合从而产生新的信息。

（5）形态分析法

形态分析法就是通过对研究对象相关形态要素的分列和重新组合，全面寻求各种解决问题方案的方法。具体步骤如下。

一是确定创新对象。准确表述所要解决的课题，包括该课题所要达到的目的及属于何类原理、技术系统等。

二是进行基本因素分析。确定创新对象的主要组成部分（基本因素），编制形态特征表。

三是进行形态分析。要揭示每一形态特征的可能变量（技术手段），应充分发挥横向思维能力，尽可能列出无论是本专业领域的还是其他专业领域的所有具有这种功能特征的各种技术手段（方法）。在形式上，为便于分析和进行下一步的组合，往往采取列矩阵表的形式，一般表格为二维的，每个因素的每个具体形态用符号 i、j 表示，其中 i 代表因素，j 代表具体形态。对较复杂的课题，也可用多维空间模式的形态矩阵。

四是进行形态组合。根据对发明对象的总体功能要求，分别把各因素的各形态一一加以排列组合，以获得所有可能的组合设想。

五是评价选择最合理的具体方案：选出少数较好的设想后，通过进一步具体化，最后选出最佳方案。

第三节　大学生创业精神培养与创业能力分析

一、大学生创业精神培养

哈佛大学商学院对创业精神给出定义："创业精神就是一个人不以当前有限的资源为基础而追求商机的精神。"从这个角度上来理解，创业精神是一种突破资源限制，通过创新来把握机会、创造价值的行为，而不是简单地体现在创造新企业上。因此，可以将创业精神概括为："没有资源创造资源，没有条件创造条件，用有限资源去创造更大资源。"

（一）创业精神的主要内容

创业精神是创业者的本质。创业者是参与企业的组织和管理的具有创业精神的人。创业精神主要包括冒险精神、诚信守法、创新精神、实干精神以及社会责任感。

1. 冒险精神

创业者是风险承担者。法国经济学家罗伯特·坎狄龙最早提出这一观点。他认为创业者在经济的运行中发挥着重要的作用，他们实际上是在管理风险。工人向工厂出卖劳动，企业主把产品拿到市场上去卖。市场上的产品价格是浮动的，而工人领取固定的工资，企业主替工人承担了产品价格浮动的风险。当产品价格跌落时，企业主有可能蒙受损失。而企业的盈利，正是企业主承担风险所获得的回报。

2. 诚信守法

诚信守法是创业者应具备的基本精神素质。诚信是市场经济的基本信条，只有诚信守法，注重声誉的企业，才能在激烈的市场竞争中获得最大的利益。

3. 创新精神

创业精神的本质就是创新，创新是企业持续发展的根本。创新概念最早是由著名经济学家约瑟夫·熊彼特提出来的，他认为创新是"创业者对生产要素的重新组合"，也就是"建立一种新的生产函数"。具体而言，创新精神主要指创造新的生产经营手段和方法，新的资源配置方式，以及新的符合消费者需求的产品和劳务。在这种创新概念下，创新首先能使企业开辟一个更广阔的生存发展空间，不断地领先，不断地发展，使企业在发展中不断对旧的扬弃，以非常规的方式配置企业的有效资源，推动企业的运行，从而获得巨大的成功。事实上，任何企业，不论其效益如何显著，或在行业中如何成绩斐然，都需要不断创新、变革，这样才能使企业在市场竞争中立于不败之地。具有锐意进取、推出新产品或改进生产方式等创新精神的人，才是真正意义上的创业者。

创新是竞争制胜的第一要素。"没有饱和的市场，只有饱和的思想"。敢想、敢干、敢于抓住机会，这是创业成功的第一资本。想到别人想不到的商机，就容易取得"抢滩"的胜利，掘到第一桶金。一个企业可以暂时没有核心技术、核心人才，可以没有雄厚的资本，但必须具备勇往直前、披荆斩棘的探索精神，见人所未见、做人所不做的创造精神。

4. 实干精神

创业者要具有决断力、信心、说服力以及坚定不移的品质。既然创业者行为是冒险性的、充满不确定性，它的最终结果必然是无法准确估算的，所以时时需要主观判断。而一旦作出某种判断，创业者就必须像信仰上帝的存在那样相信自己的判断。否则一遇挫折就打退堂鼓，最终什么事也做不成。光创业者自己有信心还不够，他还必须有能力说服别人相信他的判断，这样才能引来投资或他人的支持。

5. 社会责任感

一般来看，企业社会责任就是企业要创造利润，企业在对股东利益负责的同时，还要承担对员工、对消费者、对社区和环境的社会责任，包括遵守商业道德、保障生产安全和职业健康、保护劳动者的合法权益、保护环境、支持慈善事业、捐助社会公益事业和保护弱势群体等。

(二) 创业精神的影响因素

创业精神是在每个人身上都具备的一种成功的潜在品质，只是有些人的这种潜能没有被发现或没有被激发。影响创业精神的因素很多，主要表现为以下几个方面。

1. 文化环境

创业者是生活在现实文化环境中的学习者。作为学习者，其生活所在区域的文化价值观是其学习的重要内容之一，因此在一个商业文化氛围浓厚的地方，潜在的创业者更容易具有创业精神。独特的区域文化传统孕育了创业者的创业精神，如浙商、徽商、闽商等。

2. 产业环境

不同的产业环境会对创业精神产生影响。对于垄断行业来讲，企业缺少竞争，就容易抑制创业精神的产生。而在一个完全竞争的市场结构中，由于企业间的优胜劣汰，竞争激烈，往往能够激发创业精神。

3. 生存环境

资源匮乏的地方，人们为了改善生存状况而寻求发展机会，整合外界资源，更需要激发和形成创业精神。如我国历史上晋商的形成，最初就是源于生存环境的艰难，导致"走西口"寻求生存与发展。

(三) 创业精神的作用

创业精神可以够激发人们创业的欲望，是一种内在的动力机制。它在很大程度上决定着一个人是否敢于投身创业实践活动，支配着人们对创业实践的态度和行为，并影响着态度和行为的方向及强度。

创业精神能够渗透到三个层面上产生作用：一是个人成就的取得，即个人如何创建自己的企业；二是组织的成长，也就是一个组织如何重新焕发创业精神，创造更高速的成长，从而具有更强的竞争力；三是国家的发展，也就是如何实施创新驱动发展战略，全面建成小康社会，使国家更富强，人民更幸福，社会更和谐。

（四）大学生创业精神的培养

良好的精神品质是创业成功的前提和条件，一个人对于创业的理解和追求是在后天的生活实践中陶冶训练出来的，只要通过正确的途径，创建良好的培养环境氛围，对于大学生创业精神的培养就会起到很好的促进作用。

1. 进行创业思想教育课程

通过理想教育端正创业目标，有目标才有动力，有理想才有追求，可以说创业目标就是人生目标的浓缩，也是人生理想的现实体现。应通过广泛深入地开展创业教育，使大学生树立创业理想，增强大学生的创业意识，使他们愿意创业、乐于创业。学校可以通过创业思想教育帮助大学生端正创业态度，树立正确的人生观、价值观；可以通过创业理论教育使学生明确创业的目的和意义，从而将创业理想化为自己自觉的行动，积极主动地投身于创业实践；可以通过创业典型教育激发大学生的创业欲望，让他们创业有动力，学习有典型，追赶有目标。

2. 做好有利于创业的环境建设

学校要广泛利用广播、电视、校刊、校报、板报等宣传工具，大力宣传创业的重要意义，宣传创业的经验，宣传成功创业的典型，树立勇于创业的榜样，弘扬创业精神，在校园形成讲创业、想创业、崇尚创业，以创业为荣的校园舆论氛围，引导形成鼓励创新、开拓进取、宽容失败、团结合作、乐于奉献的校园创业文化氛围。

3. 为大学生创业树立创业榜样

榜样的力量是无穷的，他人的创业行为和成就是一笔宝贵的财富，古往今来，创业成功者具有一些共同的精神品质：自信，心态积极，喜欢独立思考，具有寻根究底的好奇心和探索精神，敢于创新，敢于竞争和冒风险，热情，专注，意志坚定，不怕挫折，情绪稳定等。

一是借鉴历史上的创业榜样，编选他们创业成功的案例，通过他们明确创业目标，激发创业热情，树立创业志向。

二是要学习现实生活中的创业榜样，各行各业的创业典型是大学生学习的活教材，通过"请进来、走出去"的方式，让大学生们耳濡目染，受到熏陶。

三是教师应成为创业的榜样，教师具有创业的成功经历，不但对学生起到示范作用，而且还可以迁移到教学之中，这会给大学生创业者以莫大的启示和感染。

4. 提供创业实践锻炼的机会

良好创业精神品质的形成重在实践训练，积极的实践能带来及时的反馈和成就感，也能带来节节成功的喜悦：切切实实地投入创业实践中去，定能磨炼出坚强的创业心理品质。

一是学校要构建创业实践基地为学生提供创业实践的便利，如创业见习基地、创业实习基地和创业园等，实现产、学、研一体化。

二是社会要为大学生提供更多的创业岗位供学生选择，如勤工俭学岗位、社区服务岗位等，使其经受创业实践熔炉的考验。

三是大学生自己课余主动参与创业实践，从小商品推销到饭店洗盘子，从为人打工到自己开店，熟悉各种职业特点和自己的能力特点，积累创业经验，增长创业才干，减少将来创业的盲目性。

只有经受创业实践的锻炼，创业目标才会更加明晰，创业信念才会更加强烈，才会形成良好的创业习惯和人格。

5. 创业心理指导

心理指导是在专门人员的指导下，参与者自己练习、实践、锻炼的方法，实质上来看，也是一种特殊的教育过程。

第一，应开设心理课程，如《心理与情商教育》《心理训练》《大学生创业心理品质的陶冶》等，传授心理知识，将心理知识内化为大学生的心理品质。

第二，开展心理咨询活动，帮助入学生分析创业过程中出现的心理问题，进行咨询指导。

第三，进行自我修养指导。如何挖掘和开发自己的心理潜能？如何培养自己的创业心理品质？最关键的还是要通过自我修养才能达到。古人曾强调要"吾日二省吾身"，就是要对照标准，经常看看自己的心理品质是否符合要求，就是要有一面镜子，时时端正自己，这样持之以恒地坚持下去，终会形成良好的创业心理品质。

二、大学生创业能力培养

素质是人们为达到某一目标，实现某一目的所必须具备的最基本、最一般的区别性特征和品质。创业素质，即是创业者所具有的独特品质。对于成功的创业者应具备的品质，可谓仁者见仁，智者见智。总体来看，成功创业者所具有的创业素质及特征可以从以下几个方面来概括分析。

（一）创业能力主要构成

1. 创业能力的心理品质方面

个体生存和发展需要有一个健康的体魄为基础，同时，良好的心理品质更是实践创业活动的重要保障。对于创业者而言，其心理品质是在创业实践活动中对创业者心理和行为起调节作用的个性意识特征，是先天和后天相结合的产物。它包括个体在认知、情感和意志过程中表现出来的动机、态度、性格及意志品质。

（1）强烈、积极的创业动机

创业动机也叫做创业内驱力，是直接推动人们实施一定创业目标的内部动力，是激励人们创业行动的主观因素和推动人们产生创业行为的直接原因。其表现形式有创业愿望、创业信念、创业理想等。心理学研究表明，动机是行为背后的原因，动机强弱与行为效果呈正相关关系，即良好的动机会产生积极的效果，不良的动机会产生消极的影响。创业动机，作为一股强烈而积极的心理动力，使创业者进入了一种十分关注，十分投入的动机状态之中，这对创业活动的深入具有十分积极的作用。但是，在实际社会生活中，由于动机和行为还受到多种因素的影响，动机和效果间也会出现不一致的情况。从创业的角度来看，影响创业动机的因素通常来自两个方面：一是内在条件，即需要；二是外在条件，即刺激。外在刺激是通过个体内在需要而起作用的。一定的创业动机是一定时期社会的政治、经济、文化和个体生活环境的综合反映，是内部需要和外部条件共同作用的结果。

当今，我国社会生产力的迅猛发展，以经济建设为中心的指导思想和基本国策，社会主义市场经济的广阔空间为创业构建了极其良好的外部环境，也激发了广大有志青年的创业行为动机。同时，也有一些大学生无所追求、安于现状、骄傲自满、停滞不前，对外部环境视而不见。没有创业需要，因而也不会产生创业行为动机。对于当代大学生来说，创业要从实际出发、志存高远，在脚踏实地的前提下，不断激发实现自身价值的成长动力，不断培养开拓创新的成长激情，树立积极远大的创业目标，通过努力奋斗实现创业理想。

（2）果敢、执着的创业意志

意志是有意识地确立目标，调节和支配行动，并通过克服困难和挫折，实现预定目的的心理过程。受意志支配的行动称为意志行动。人的行动具有多样性，有的行动是习惯性的，不受意识支配，如习惯性眨眼、有节奏地颤动自己的腿等，有些行动虽有意识，但在一般情况下可以自然完成，无须克服困难，如喝水、散步等。而意志行动是受意志力支配，具有一定目的，需要通过克服困难和挫折的行动过程。创业的路途并非一帆风顺，往往需要面对很多困难和挑战。成功的创业者往往是坚定执着的强者。他们努力地工作，被强烈的责任感驱动，有果断的决策、有坚定的毅力。面对竞争、风险，他们能够保持独立理性、不随波逐流。

他们不惧挫折、勇担风险。许多成功的创业者都会经历或多或少的创业风险，会面临困难，经历挫折，甚至陷入严重的困境和失败。在面对逆境和失败时，每个创业者会有不同的反应，弱者在逆境来临时会一蹶不振，放弃当前的一切，沉浸在自己的不幸之中，为自己遗憾，把责任推给他人，甚至充满恐惧，丧失信心。强者面对逆境，则毫不气馁，能冷静判断 当前所处的形势，理性分析当前的不足，重新制定目标，做出有效的行动计划并果断践行。

他们善于协作、乐于竞争。成功创业者懂得竞争与合作。他们积极建立创业团队、拓展合作空间，勇于接受挑战、乐于竞争。作为团队的领导，在创业过程中发生问题时，他们不推卸责任，不把责任转嫁他人，即使是团队其他成员的原因，也主动承担自己在管理方面的责任，从而能够赢得团队成员对其的尊敬与信赖，以及对其团队的归属感和责任感。竞争在创业中无处不在，从经济学的角度来说，所谓竞争是经济主体在市场上为实现自身的经济利益和既定目标而不断进行的角逐过程。创业者进入创业市场并与竞争对手的角逐是必然的，但众多创业成功事例表明，创业者的成功往往是在与竞争对手进行竞争的情况下，激发出强烈的斗志，奋力拼搏而获得的。对于当代大学生创业，需要的是百折不挠的勇气和迎接挑战的信心，积极协作、参与竞争，勇敢地去搏击、去挑战，直至走出逆境。

（3）自律、开放的创业情感

情感是人们对客观事物态度的体验。成功的创业者懂得怎么运用积极的情感体验来克服创业中的困难挫折、适应环境，从而创业成功。通常人们说，成就一项事业需要经得住诱惑、耐得了寂寞。可以说创业尤其如此。自律是创业者须具备的最基本的品质之一，它包括对自我情绪和情感的有效控制，对社会道德、法律等社会规则的自觉遵守。具有强大的自律性，才能甘于平淡枯燥的创业过程，才能将激情豪迈的创业梦想通过踏实艰苦的奋斗和付出，转化成最终的事业。成功的创业者具有积极开放的心态，他们能够在创业的过程中包容异己、正视缺陷，在他人的质疑中发现成长的空间，能够从失败中总结成功的经验，发现成功的希望。

2．创业能力的知识技能方面

创业是一项需要大量投入的艰辛而复杂的过程，必要的创业知识和技能为成功创业提供了智力支持和实践准备。

（1）创业知识结构方面

创业基础知识是指在创业实践活动过程中个体应具有的知识系统及其构成，是个体创业素质的基础要素。创业知识范围十分广泛，可以将创业的基本知识结构从产品、组织、市场、融资、企业管理等相对具体的角度进行归纳。①产品相关的知识，创业者必须学习技术知识、生产知识及与服务相关的知识。②市场相关的知识，包括销售、促销、一般市场知识等。③融资相关的知识，包括资金资助、内部金融管理、纳税计划等。④组织相关的知识，包括人力资本知识、社会资本知识、公司结构与系统知识、管理知识等。⑤创办企业相关的知识，包括识别机会、评估机会、开办新企业及其法律框架；为新企业筹措资金，获得企业的关键资源、新企业的营销；新企业的管理与稳定、创造与创新等知识。⑥新企业扩张与成长相关的知识，为成长中的企业注入资金，企业联合、成长管理、推销策略，发展预算控制系统与信息控制系统，人力资源管理，组织文化，组织中的角色，组织结构与员工安排，吸收与采购，运作管理与技术管理，企业的国际化层面，供给连锁管理，企业模式与规范，纳税问题等。

也可以把创业的基本知识结构从经济学、社会学、管理学及行业专业知识等相对宏观的角度进行概括。总的来说，成功的创业者不但应具有某个行业必要的专业知识，还需要掌握现代自然科学、人文社会科学、社会管理科学等方面的基本常识，并且具有不盲目崇拜、不唯书唯上，实事求是、与时俱进、敢于质疑、敢于挑战传统的科学精神。

（2）技术能力结构方面

创业者除了需要具备创业基本知识外，还应当要具有一定的创业技能：创业技能是创业者所具有的创业素质的能力表现。国际劳工组织对创业技能作了如下界定："创业和自我谋职技能……包括培养工作中的创业态度，培养创造性和革新能力，把握机遇与创造机遇的能力，对承担风险进行计算，懂得一些公司的经营理念，比如生产力、成本以及自我谋职的技能等。"

一般可以将技术能力分为：硬件能力和软件能力两大类。硬件能力主要包括人力、财力和物力，软件能力主要是指个人能力。这里主要是指个人的创业技能。主要包括以下方面：

第一，创新能力。创新能力是改变旧事物、创造新事物的能力，包括发现问题、分析问题、解决问题以及在解决问题过程中进一步发现新问题从而不断推动新事物发展变化的能力。创新能力是创业技能结构中最为重要的部分，创新能力的强弱是衡量创业素质高低的重要指标，也是学校培养学生创业素质的重要内容。

第二，沟通能力。沟通能力又称人际沟通能力。创业者要能够通过有效的沟通凝聚企业力量，促进企业团队协作，实现企业价值，同时还要懂得妥善处理与客户、公众、政府部门之间的关系，为创业企业的和谐发展打下坚实的基础。

第三，理财能力。理财能力是指能够合理地运用和调配已有资金的能力，这是对一个创业者的才干与智慧的考验。

第四，资源整合能力。资源整合能力包括合理管理产品质量，有效管理人员分配，稳步推进企业整合，妥善管理并使用顾客资源等。

创业过程既是一个勇于创新、迎接挑战的过程，也是一个追求新知、不断学习的过程，创业知识、技能结构的完善和丰富需要创业者在创业实践中善于学习思考，善于总结提炼，并通过创业实践过程不断提高知识和技能水平。当代大学生面临经济全球化的发展趋势，企业竞争和以往相比更加激烈，其创业实践中更要有意识并积极主动地积累创业经验和创业理论，了解并掌握经营管理、法律、工商、税收、保险等知识以及其他社会综合知识，锻炼和培养自身在企业经营、行业竞争等过程中的实践能力。

（二）大学生创业能力的培养路径

1. 以项目和社团为载体，增强大学生的创新意识和创业精神

要教育和引导大学生增强创新意识和创业精神，凭借知识、智慧和胆识去开创能发挥个人所长的事业。鼓励学生创造性地投身于各种社会实践活动和社会公益活动中，通过开展创业教育讲座，以及各种竞赛、活动等方式，形成以专业为依托，以项目和社团为组织形式的"创业教育"实践群体来激发大学生的创新意识和创业精神。以社团为载体充分发挥大学生的主体作用，组织开展创业沙龙、创业技能技巧大赛等活动。发挥学生自我服务、自我教育功能的形式，培养学生的创业能力。

2. 加强创业教育师资队伍建设，培养大学生创新创业品质

创业品质有着丰富的内涵，包括敢于竞争、敢于冒险的精神；脚踏实地、勤奋求实的务实态度；锲而不舍、坚定执着的顽强意志；不畏艰难、艰苦创业的心理准备；良好的心态自控能力、团队精神与协作意识等多方面的品质。

3. 构建创业教育课程体系，培养大学生创业能力

一是建立渗透创业教育内容的教育课程。高校必须改革传统的教学模式，增设创业教育课程，将其列为必选科目，采取多种形式的教学方式，丰富学生的创业学识，让他们了解和熟悉有关创办及管理小企业的知识和技能。

二是开设根据创业教育的具体目标专门设计的教育活动课程。在课外开展创业计划大赛、创业交流，开设创业教育课讲座等丰富多彩的形式实施创业教育课程，包括"网络教学""实地考察""企业家论坛""创业计划（设计）"等环节，以拓宽学生学习的范围和视野，使课程更具启发性和实践性。定期举办对话交流论坛，请创业成功人士直接与学生进行面对面的对话，解答其在课堂学习中和实际创业中的疑难问题。

三是创设环境类课程。创业环境建设分为硬环境和软环境两方面，硬环境如校园创业园区、小企业孵化器等。在校园内设立"创业园区"，学生可以提出项目申请，方案获通过后的学生根据自己的能力开办一些校内公司或在校内经商等。软环境如职业指导等，院系应成立由创业经验丰富的教师、企业管理人员和风险投资专家组成的创业指导小组，为学生在创业过程中提供适当的建议，从而避免学生盲目创业。

4. 构建合理的知识结构，提高大学生创业能力

一是大学课堂、图书馆与社团。创业者通过课堂学习能拥有一门过硬的专业知识，在创业过程中将受益无穷；图书馆通常能找到创业指导方面的报刊和图书，广泛阅读能增加对创业市场的认识；社团活动能锻炼各种综合能力，这是创业者积累经验必不可少的实践过程。

二是媒体资讯。其一，纸质媒体，人才类、经济类媒体是首要选择。例如，比较出名的《21 世纪人才报》《21 世纪经济报道》《IT 经理人世界》等。其二，网络媒体，管理类、人才类、专业创业类网站是必要选择。

三是与商界人士广泛交流。不定期地邀请校内专家学者为学生开设更多的人文科学、自然科学讲座，邀请社会各界知名人士、校外专家学者来校举办讲座和报告，开阔学生的视野，完善学生的知识结构。

5. 加强创业实践活动环节，培养大学生创业能力

一是组织学生参加科研和各种专业竞赛活动。大学生通过参加各种专业竞赛和科研活动，如"挑战杯"中国大学生课外科技作品竞赛和创业计划大赛，对于增强创新意识，锻炼和提高观察力、思维力、想象力和动手操作能力都是十分有益的。

二是以校内外创业基地为载体，组织学生参加创业实践。创业教育的落脚点在社会实践。学校要建立多种形式的校内外创业基地，以此为载体组织学生参加创业实践。一方面通过实习环节开展创业实践。另一方面，创业基地与社会建立广泛的外部联系网络，包括各种孵化器和科技园、风险投资机构、创业培训机构、创业资质评定机构、小企业开发中心、创业者校友联合会、创业者协会等，形成了一个高校、社区、企业良性互动式发展的创业教育生态系统，有效地开发和整理。

第五章　大学生创新能力构建的理论分析

在知识经济全球化发展的大背景之下，国家之间的竞争日益激烈，而一个国家乃至一个民族的创新创业能力在很大程度上决定其能否在激烈的竞争中脱颖而出。因此，大学生创新创业能力培养的任务就显得尤为重要。

第一节　大学生创新能力的形成

一、生理基础

（一）物质基础：大脑

人类创新能力的形成需要遵循遗传规律。遗传素质是形成人类创新能力的生理基础和舍要的物质前提。它潜在决定着个体创新能力未来发展的类型、速度和水平。我们承认它，但不把它当做唯一，即"承认天赋，不唯天赋"。创新是人脑的一种机能和属性，与生俱来。

大脑是人的创新能力形成的物质基础，是人的创新能力发展的物质载体。离开了这个物质基础，人的创新能力的形成和发展就成了无源之水、无本之木。

人的大脑分为左右两个半球，左脑被称为思维脑，右脑被称为创造脑。

左脑处理语言信息，是进行抽象逻辑思维、分析思维的中枢。它主管人们的说话、阅读、书写、计算、排列、分类、回忆和时间感觉，具有连续性、有序性、分析性的功能，因此，左脑又被叫做思维脑。右脑是处理表象信息，进行督促检查具体形象思维、发展思维、直觉思维的中枢。它主管人们的视知觉、复杂知觉、模型再认、形象记忆、认识空间关系、识别几何图形、理解隐喻、发现隐蔽关系等，具有不联系性、弥散性、整体性等机能，因此，右脑又被称为创造脑。

虽然大脑的左右脑有分工，但这种区分只是相对来说的。事实上左右脑的使用是相互补充、协同工作的，它们在一些具体功能上有着主次之分，两半球既各司其职，又互相密切配合，协调统一，共同完成对信息的加工处理，片面地强调左脑和右脑的二分模型，失之简化、不全，难免有偏颇之嫌。

在创新活动的准备和验证阶段，左脑处于积极活动状态并起主导作用。人们主要运用各种逻辑方法，寻找问题症结，并检验假设，形成概念等。在创新的酝酿阶段，右脑开始发挥主导作用。新思想、新观念的产生往往不遵循固定的逻辑规律，而常常是突发性的、偶然的出现，这正是右脑的特长，右脑的想象、直觉和灵感等非逻辑功能在这一时期发挥着重要作用。

关于左右脑思维，英国思维科学家德·波诺做了一个找水的比喻，在干旱的地方找水，一种是找一个地方不停地向下挖，挖很深的井，即垂直思维（左脑）；一种是东挖挖、西挖挖，看看什么地方有可能挖到水即横向思维（右脑），左右脑协同运用效果才会更好。

开发大脑需要全脑开发。从大脑的结构角度看，是指不仅要开发左脑功能而且要开发右脑功能，使左右脑得到协调和均衡的发展。左右脑之间交流在几何问题解决中起着关键作用。交流区即胼胝体，发挥着信息共享、沟通与合作的重要作用。通才者容易取胜，即有比较广阔的知识结构的人容易取得成功。T形知识结构的人指不仅要有知识的深度，而且要有知识的广度。通才是全面发展的人才，是全脑发展的人才。任何创新活动都是左右脑密切配合、协问活动的结果。

一些研究还表明，神经系统中神经元的构造和功能也对创新能力的高低有着重要影响。创新能力高的人与普通人在中枢神经上有一定的区别。创新能力高的人的神经元数量不一定比普通人多，但是可以组合成丰富的、被称为图式的功能模式。创新能力高的人在神经活动中表现出如下特征：突触活动快，能提高信息加工的速度；神经元化学成分丰富，能形成更复杂的思维模式；前额皮层功能运用充分，使计划、顿悟和直觉思维得到加强；脑电波活动的 cT 波段能更快地输入和更持久地保持信息；脑节律的一致性和共时性有助于专心和深入研究。

大脑功能如何、处于何状态取决于是否经常地使用，是否经常进行创造性的思考，是否经常地接受信息的刺激。大脑越用越灵，少用就迟钝，不用就退化。我们需要创新，创新需要认识与重视大脑开发。

（二）生理基础：智力

智力是人认识客观事物并运用知识解决实际问题的能力。根据吉尔福特的研究，智力与创新能力的关系是比较复杂的，智商与创新能力的相关散点图呈三角形：（1）智力与创造力的关系不是简单的相关（2）低智力的人很少有高创造力；（3）高智力的人可能有低的创造力，也可能有高的创造力。智力是创造力的必要而非充分条件，智力是培养创造力的前提。因此我们不能认为培养学生的智力就等于培养学生的创造力，但又应以培养智力作为培养创新能力的基础。

智力具有很强的潜在性，它主要受各种感知器官和脑功能所制约，必须在注意力、观察力、记忆力、思维力、想象力等智力因素共同作用下，组成一定的智力结构，才能发挥作用。智力在创新能力形成过程中起着决定性的至关重要的作用。

从"智"的造字会意结构看，其上是一"知"字，下边是一"日"字，说明学得的知识经过日积月累就产生了"智"。这个"日"很重要，天天学知识，日日有增益；天天去积累，日日长智慧。人的智力、智商、智能就是这样在日积月累逐步获得知识经验过程中而成长的。这正如荀子所说："积土成山，风雨兴焉……积善成德而神明（睿智）自得，圣心备焉。"（《劝学》）

从感知角度来说，智力就是聪明、有智慧、有能力；从记忆角度看，智力就是博闻强记的记忆能力；从思维的角度看，智力就是理解能力、推理能力、判断能力的综合。实际上，智力就是人们用以认识客观事物并运用知识技能去解决实际问题的能力。其特征表现为，反映客观事物的程度比较深刻、正确与完全，应用知识解决实际问题的速度和质量往往既快又好，常常通过观察、记忆、思考、想象、判断等形式表现出来。智力是通过注意力、观察力、记忆力、思维力、想象力等智力因素共同组建的智力结构发挥作用的，所以，智力的获得与发展，必须通过实践活动或对智力因素与非智力因素的专门训练来进行。当然，我们并不否认遗传因素的差异在一定程度上决定个体创新能力未来发展的类型、速度和水平。

智力是人的脑功能、生理机制与心理机制的共同体现。智力的发生与表现是在认识过程（知）、情感过程（情）、意志过程（意）的共同作用下进行的，所以智力只能来源于人的学习心理过程。

知识不等于创新，创新也不等于知识，但创新必须要有知识积累作为基础。因此，我们的教育应想方设法开一些与右脑有关的课程。知识蕴藏着丰富的智力因素。这大量的智力因素，让我们站在巨人的肩上，看得更远。这大量的智力因素，正是我们培养学生创新思维、创新能力的智力源泉，也是启迪我们进行创新思维和创新活动的根据。

我们之所以在学习中反对"死记硬背"，就是要突出知识的智力因素。培养学生灵活运用所学知识去分析综合、探索联想，创造性地解决社会发展的实际问题，进行创新探索。

二、心理基础

人的心理过程（包括感觉、知觉、注意、记忆、思维、想象和言语等过程）、人格或个性（包括需要与动机、能力、气质、性格和自我意识等）都对创新能力的形成起到不同程度的作用。这里，主要说明以下几种形成创新能力的心理。

（一）需求

大多数的创新冲动产生于人的需求。需求是创新诞生的场所，而不是天才的头脑，需求是维持创造性行为的"精神能源"。需要是创新之母。看到需要就为创新提供了线索、目标。著名心理学家马斯洛在他的"需要层次理论"里把人的需要由低到高分为 7 个层次，形成了一个按层次组织起来的系统。在这个系统中，从低到高的需要次序是生理需要、安全需要、归属和爱的需要、尊重需要、认知需要、审美需要、自我实现的需要。一般而言，每一层次的需要都能激发出创新动机，良好的需要动力是推动创新的重要因素，是任何有志于创新的人所必须具备的心理素质。

历史发展的轨迹表明，创新的驱动力还来自于社会的需求。对于社会而言，创新作为一种"社会供给"始终处于"短缺"状态，因而社会才给予创新活动以特别的支持与鼓励。但是创新本身又往往具有"离经叛道"的特征，历史上几乎所有的创新活动都经历过艰难曲折的过程，而且也不是所有的创新活动都能善始善终。因此，要使创新行为可持续发展，必须首先激发创新的冲动，并保护这种冲动，同时将此置于科学理性的计划、战略性思维决策等的目标体系下。

（二）兴趣

兴趣是吸引人们认识某种事物或爱好某种活动的动力，它也能对人们的创新活动起激发和推动的作用。强烈而高尚的兴趣，往往会使人在研究和探索中达到一种乐而忘返、如痴如醉乃至废寝忘食的状态，即使十分疲倦和劳苦，也总是兴致勃勃、心情愉快，尽管困难重重也不会灰心丧气，而能够千方百计、百折不挠地去克服它。兴趣是在生活、实践的过程中逐步形成和发展起来的，是受社会历史条件制约的，是可以培养和改变的。

（三）动机

动机，在心理学上一般被叫做涉及行为的发端、方向、强度和持续性。来自自身的动机主要来源于兴趣、需要、理想、世界观等，有助于创造性活动。动机为名词，在作为动词时则多称作"激励"，主要是指激发人的动机的心理过程。创新活动的过程实际上也是一个不断自我激励的过程。金钱、实物等物质刺激和荣誉、地位、获得知识、成就感等精神刺激都会产生创新的动机。但应该指出的是，单纯地追求金钱和物质的动机是不足取的、狭隘的。

（四）情感

情感是创新活动的原动力。情感和情绪密不可分。人类世界一切有效的变革没有积极的、富于个性的情感参与就不会获得真正意义上的成功。创新过程并不仅仅是纯粹的智力活动过程，它还需要以创新情感为动力，"思愈灵者情易深"，基于"情来、兴来、神来"，又归结于深化情来。创新思维遵循"始之于情、发之于灵、终之于神"的正向循环。积极而健康的激情能够使人产生创造性冲动，并激励人们去克服艰险、攻克难关。在强烈的情感驱动下，创新者借助脑力和体力极度兴奋、极高效率的状态，使对某一问题的探索和解决产生急剧的、质的变化，完成突破性的飞跃。

（五）想象

创新的机遇只有借助幻想和想象的力量，才会和思维碰撞爆发出灵感的火花；人类的任何智慧，只有经过想象动力的推波助澜．才会与行为整合转变为创造性的思想。所以，人不能没有幻想和想象的能力。思维借助想象形成目标，想象推动创造向前拓展，积极的幻想和想象力是思想的翅膀。

想象力是引导学生创造性思维的源泉，人类思维中无与伦比的想象力是使科学不断进入未知领域的原始动力。列宁曾说：如果一个人完全没有幻想的能力，如果他不能间或跑到前面去，用自己的想象力来给刚刚开始在他手里形成的作品勾画出完美的图景——我就真是不能设想，有什么刺激力量会驱使人们在艺术、科学和实际生活方面从事广泛而艰苦的工作，并把它坚持到底。可见，幻想和想象，给政治家增添了彻底砸烂旧世界的勇气和力量，给科学、思维带来智慧的闪光，并赋予艺术作品以生命的活力。

（六）意志

意志体现在人为了达到一定的创新目标，自觉地运用智力和体力进行活动，自觉地同困难作斗争，以及自觉地节制自己的行为。一个心理健全的人，他的一切有目的的活动和行为都是意志活动。在创新活动中，由于奋斗的目标和方向性异常强烈、鲜明，这时候，存在着巨大的障碍和困难需要去克服，人的精神处于高度紧张状态，在这种情况下，意志就起着非常重要的作用。没有它，艰巨的创造性活动往往难以维持和进行下去。

总的来说，创新并不仅仅是纯粹的智力活动，创新能力的形成还需要以需求、兴趣、情感等心理因素为源泉，如很强的好奇心、浓厚的兴趣、良好的情绪、远大的理想、坚强的信念、诚挚的热情以及强烈的创新激情等。

三、动力基础

创新活动总是由一定的客观因素和主观因素所引起的，推动和维持创新过程的这些因素就是激发创新的动力来源。其实，积极良性的心理因素都能够成为创新能力形成的动力，但除此之外，还有一些可以成为创新能力形成的动力机理。

（一）目标动力

目标是引领人们在创新之路上的一面旗帜，任何创新活动都是有一定目标的行动，人们确定的创新目标，会给人以无穷的力量。目标有长远目标和近期目标之分。长远目标往往是一个人终生追求的东西，表现为雄心大志、远大理想等，它们往往给人以"上九天揽月"的远大理想和气魄，可以成为一个人经久不衰的动机和动力，推动其不断地创新和探索。近期目标则是人们在短期内所探究的课题和要解决的问题。它能激发起人们为之奋斗的热情，推动人们向前冲刺。所以说，适度的目标对于创新活动能够产生强大的推动力量，会使创新者在创新的大道上昂首阔步、快马加鞭。

（二）竞争动力

作家弗里德曼认为：创新是在竞争中胜出的不二法宝。竞争对于创新具有强烈的刺激作用，因此，许多创新都是在竞争中产生的。竞争对抗能刺激人的思维高效率运转，促使人的注意力集中、精神焕发、情绪饱满，产生激情和进取心，并能增强人的智力效能，这些都是极为有利于开展创新活动的。没有竞争动力，往往会使人不求上进、缺乏活力和创造性。

在体育比赛中竞争动力表现得最为明显，它使竞赛双方处于"临战状态"，每一项新纪录都是一个创造，从而极大地调动了创新的活力，有力地推动了体育的发展。我国工业企业过去一度出于经济体制上的弊端，缺乏竞争动力，从而影响了产品的创新。经济体制改革以来，竞争动力推动了新技术和新工艺的发明、推广和使用，于是新产品层出不穷。由此可以看出，竞争动力的确是创新活动的"加油站"和"推进器"。

（三）方法动力

方法动力是指掌握了一套创造方法，取得了初步的成功后，就更想创造。创造方法是一个感知事物的基本途径，它为创新思维和创新能力培养提供了动力。目前，世界上的创造方法已有300多种，那些通过创新方法训练的人，会大大提升创新能力。美国通用电气公司长期坚持"创造力工程"的培训，他们所得出结论："那些通过创造力工程训练的员工，发明创造和获得专利的速度，平均几乎要比未经训练的人高出三倍。"合肥市星期日创造发明学校的一项测试表明，受过创造性思维教育的学生在产生有效的创见和设想方面，与没有受过这种教育的学生相比平均提高94%，另外，在自信心、主动性以及创新能力方面都有可喜的变化。

四、环境基础

创新环境与大学生的创新能力的形成有很大关系，良好的创新环境，包括大学生成长的家庭生活环境、学校教育管理环境、社会影响环境等。

（一）家庭生活环境

家庭是一个人成长的摇篮。大学生生活、成长的家庭氛围、家长的态度，对他们的创新能力的培养具有"顺水推舟"或"逆水翻舟"两种截然不同的效果。在创新型国家的建设中，家庭要承担起对创新人才的教育责任，并要与学校教育紧密配合起来，共同为培养符合国家建设和发展需要的具有创新能力的人才而努力，并发挥其应有的作用。

创新能力不仅表现为思维独创性、灵活性、流畅性、精密性品质的发展，更表现为创造性个性中好奇心、想象力、挑战性、冒险性品质的发展，特别是常常会有将大胆的设想付诸行动的实际行为。这种行为更容易在家庭环境中得到有效的培养或发展。

1. 良好的家庭氛围为创新能力的形成提供重要支撑

良好的家庭教育对人的一生发展具有不可磨灭的影响。家庭民主氛围较浓，家长比较自信，不大关心自己的行为是否与自己的家长身份、在家庭中的权威角色相符合，较少权威主义，鼓励子女独立自主，父母与子女交往比较融洽的家庭有助于提高其创造性。相反地，封建家长制的家庭，父母对孩子采用简单粗暴的方式进行教育，子女对家长唯命是从，唯唯诺诺，不利于其创造性的发展。

家庭最容易也是最可能实现民主、和宽松的心理环境和氛围的，它有助于一个人形成自信、有责任感、自主、独立的人格特质。而这种独立、自主的人格特质，有利于创新愿望的产生和创新活动的进行。民主、和谐、宽松的心理环境和氛围主要包括情感氛围、民主氛围、秩序氛围和文化氛围等。具体地说，良好的情感氛围使家庭成员感受到亲情的温暖和家庭的温馨，使人的心理和品德得到健康良好的发展。民主的氛围让人的精神放松，人格受到尊重，能够很融洽地交流与沟通，容易形成乐观、开朗、活泼的性格，以及广泛的兴趣。良好的秩序氛围能培养人独立自理的生活习惯，认真有序的学习习惯和能自制、负责任的行为习惯。良好的家庭文化氛围能启迪人的智慧，扩大文化视野，提高审美情趣，促进认知能力的发展。可见，良好的家庭环境氛围是保证人身心健康成长的基本条件，也是孕育创造心理活动产生的必要条件。

2. 家长的文化素质和教育方式可以促进人的创新能力形成

调查显示：一般父母文化素质越高，越可能为子女提供良好的家庭教育环境，越能为培养子女创新能力和创造力提供有利的条件。家长是孩子的启蒙老师和人生导师，因此，要承担培养其创新能力的责任。

第一，家长要尊重子女好奇心和兴趣的发展，并对其予以爱护、鼓励、支持。好奇是人的天性，是智慧的幼芽，而一旦好奇心被激发变成一种兴趣，特别是认知兴趣，就会引发人的求知欲，并引发主动性思考，这种积极思考就会使创造性思维能力得到发展。家庭对青少年创新能力的培养，就是要从保护好奇心、想象力、尊重兴趣这种基础工作做起，然而青少年的这些行为表现常常被家长忽视或遭到否定。

第二，家长要重视子女创新品格的培养。家长要学会欣赏自己孩子的优点和长处，要善对他们的大胆质疑，要教育他们逢事多问一个"为什么""怎么样"，学着自己拿主意、自己做决定，不依附，不盲从，逐步养成自主、进取、勇敢和独立的人格。家长要针对孩子的能力、性格、志趣等具体情况，给孩子的发展以帮助和引导。

第三，家长要支持、鼓励孩子参加科技创新活动。无论是孩子对课堂科技活动内容的兴趣延伸，还是孩子别出心裁的奇异想法，只要孩子想尝试或探索一些科技小制作或小发明，家长都要对孩子的这些行为予以支持，甚至帮助孩子把这些想法付诸实现。只有鼓励创新，才可能会调动人创新的积极性，创新型人才才会涌现。

总的来说，家庭是孕育创新能力发展的有效场所，人的成才与家庭所进行的积极教育是分不开的。大学生创新能力的形成，家庭教育作为一个需要被放大的因素，应该越来越引起人们的重视。

（二）学校教育管理环境

学校教育管理环境的建设与改善是影响学生创新能力发展的重要因素。从教育本身来看，其就是一个创新的过程，教师必须具有创新意识，改变以知识传授为中心的教学思路，以培养学生的创新意识和实践能力为目标，从教学思想到教学方式上，大胆突破，确立创新性教学原则。

1. 树立正确的创新教育理念

提到创新教育，人们往往想到的是脱离教材的活动，如小制作、小发明等，或者是借助问题，让学生任意去想、去说，说得离奇，便是创新。其实不然，每一个合乎情理的新发现、别出心裁的观察角度等都是创新。一个人对于某一问题的解决是否有创新性，不在于这一问题及其解决是否有人提过，而关键在于这一问题及其解决对于这个人来说是否新颖。学生也可以创新，也必须有创新的能力。教师完全能够通过挖掘教材，高效地驾驭教材，把与时代发展相适应的新知识、新问题引入课堂，与教材内容有机结合，引导学生再去主动探究，让学生掌握更多的方法，了解更多的知识，培养学生的创新能力。

2. 尊重和发展个性化教育

个性是在一定的社会环境和教育模式下形成的相对稳定的个人品格，是一个人区别于他人的独特之处。良好的个性意识和个性能力对个人创造力的发展有着强烈的影响，是人成功的关键。在教育目标上承认差异性，重视学生的个性发展，根据学生的不同情况和特点进行因材施教是现代教育的重要任务。

个性化教育主要包括两方面内容：一是强调以人作为教育的出发点和归宿，要着重于学生人格的塑造和综合素质的提高，通过教育推动学生素质结构的优化过程，在素质教育中发展学生个性。二是强调人的自我实现及个性优势的发展，这意味着促进学生创造潜能的开发。创造性与个性密切相联，只有充分发展个性，才能培养创造能力。

在个性化教育中必须处理好以下四个关系：

第一，发展个性和加强"双基"的关系。只有在掌握基础知识和基本技能的基础上才能形成丰富的多样化的个性。

第二，培养个性与发展创造能力的关系。个性化教育必须实行知识、技能教育与培养创造力三位一体的教育，把重视创造能力的培养作为核心特征。要把培养个性与发展创造力结合起来，充分发挥学生的个性，这样才能更好地培养学生的创造能力。同样，充分重视创造力的培养，也会促进学生的个性发展。

第三，发展个性与培养集体精神的关系。在发展个性的同时，必须注重培养集体精神、团队精神，学会合作；以及全心全意为人民服务的精神，尊重社会规范和法律法规的精神，对他人他物异质性、多样性的宽容之心。

第四，强调个性化与面向国际化的关系。培养学生从国际角度出发，既能保持我国传统文化的个性，又能深刻理解多元文化的优越个性的能力。既有立足本国文化的个性，又有放眼世界的胸怀。发展学生的个性，其实质就是尊重学生与生俱来的潜能，尊重学生的个人兴趣爱好及自主发展的愿望。新时代的高等教育必须为学生解放思想、明确方向、开发潜能、发展个性提供强大的精神动力，依据专业培养方向的不同，在实施个性化教育时，有的放矢地帮助学生树立正确的世界观、人生观、价值观、专业观和人才观，从心灵深处、从根本上解决有利于创新的个性心理品质培养问题，培育优良的思想道德品质。

3. 建立和谐友爱的师生关系

教师在建立师生关系中起主导作用。和谐的师生关系要民主平等、宽松融洽。教师必须改变以自我为中心的观念，必须克服那些课堂上老师是主角，少数学生是配角，大多数学生是观众、听众的旧的教学模式。树立正确的学生观，遵循民主教学的原则，尊重学生的人格和个性，积极创造宽松、和谐、民主、平等的课堂气氛，消除学生的紧张感和顾虑；不断鼓励学生产生新的想法，大胆质疑，在质疑中求疑，在求疑中发展思维；以课堂为核心，对待学生要民主，创造一个让学生得到最优发展的学校环境，弘扬人的主体性，激活学生自主教育、自主发展、自主评价的内在动力，促进学生自觉、主动、积极参与学习和实践活动，并持续发展。

教师营造学生创新能力养成的环境的具体策略：

第一，要给学生一个自己的空间。教师应以训练学生创新能力为目的，保留学生自己的空间，包括独立人格的空间、独立思维的空间和独立活动的空间。

第二，要给学生一个选择的机会。它包括认识过程的选择机会和参与过程的选择机会。

第三，要给学生一个展现的机会。它包括展现特长的机会、展现能力的机会以及展现创造性成果的机会。只有不断优化组织文化环境，才能培养学生的创新人格品质。

第四，要给学生一个合作的机会。教师要积极创设宽松氛围、竞争合作的班风，让学生在班集体中多向交流，取长补短，团结协作，特别是要设计集体讨论、查缺互补、分组操作等内容，锻炼学生的合作能力和集体创新能力，并将责任确定到每个学生，最大限度地调动学生潜能。

第五，要给学生一个质疑的机会。教师要鼓励学生发现问题，运用有深度的语言，创设情境，激励学生打破自己的思维定式，从独特的角度提出疑问，鼓励学生进行批判性质疑，并且勇于实践、验证，寻求解决的途径。

4. 拓展丰富的第二课堂活动

课堂教学是创新教育的主要阵地，课外活动是高职生开展创新教育、培养创新能力的重要场所。学校要积极拓展第二课堂活动空间，整合课内外教育环节，让学生在研究性学习的实践中启发创新意识，培养动手能力，发展综合素质，在不同的实践活动中，个性得到充分张扬。如学校增设鼓励学生创新的"第二课堂学分"，各专业开设讨论课、研究性课、创业训练课等特色课程。每年开展学术节、科技节，定期举办各种技能与创新设计大赛，组织学生参加校内外各种知识技能比赛，成立学生科技兴趣小组和有关协会，结合学院教改课题，让学生参与并开展项目教学活动，为学生提供更多的科研训练空间和机会平台，以发展学生个性，培养创新能力。

5. 鼓励学生大胆探索

学校和教师要充分利用榜样激励、前景激励、参与激励、表现激励、竞争激励、成功激励等几种教育激励方式。同时，教师要提倡和鼓励学生"标新立异""无中生有""异想天开"和"纵横驰骋"，从而培养学生勇于探索、敢于创造的独创精神。

（三）社会影响环境

人们的价值取向必定会受到社会价值体系的影响，社会环境对个体成就的认可，往往左右个体的发展趋向。

第一，从社会支持系统看，无威胁的气氛能够鼓励构想新答案。社会大环境为个体营造良好、宽松的创造、革新氛围，培养个体个性的多元化发展，拓展个体思维的多极化开发，推动个体认知的多维化建构，才有助于个体的创造性培养，形成共同的支持.系统。

第二，从人文评价系统看，社会的人文思想、价值评价会不同程度地影响个体的价值取向。中国的传统文化倡导墨守成规，循规蹈矩，讲究三纲五常。三纲：君为臣纲，父为子纲，夫为妻纲；五常：仁、义、礼、智、信五条永恒不变的道德信条。上下等级森严、尊卑有序，不许违反祖宗法规，要安于现状。在这种社会心理氛围中生活久了，就会滋生惰性，因循守旧，影响人的首创精神的形成。许多时候，现有社会的某种现实主义的人文观念把人们从远离世事、天马行空、超脱虚幻、无拘无束的精神世界中拉回到现实中来，用传统的模式去思考、认识和解决问题，从而失去了个体原本的创新天性。因此对待创新人才，需要从价值导向、文化观念和行为评价上，给予他们更开阔的探索空间、认知空间、思维空间、创造空间，实现他们"海阔凭鱼跃，天高任鸟飞"的梦想，让他们真正成为知识型社会跨世纪的挑战者。

第三，从个体自身潜质看，心理学研究表明，知识随个人的成长而逐步丰富，潜质却随年龄的增长而减退。社会环境应最大限度地激发个体潜在求索创新的创造性、独立性、驱动性。人才的类型千差万别，个体间所具潜质也迥然不同，调动个体潜质有利于依据其自身特质，进行个性化培养，加速创新人才的塑造。

第四，从道德品质培养看，一个人创新能力的培养，既需要有良好的观察力、感知力、记忆力、思维能力、想象力和操作力等智力因素，同时也需要有远大的理想信念、优良的道德品质等非智力因素。而对非智力因素，则往往易被人们忽视，实际上后者对人的后期成就具有十分重要的意义。一个品质优良、道德高尚的人创造的必将是造福于人类，推动社会进步的新事物。所以在培养创新人才时，整个社会一定要注意对他们良好品质的培养，让他们去感受历史上各个时代涌现出的科学精英，淡然面对个人的名利与得失。社会要有正确识别科学与伪科学，不制造歪理邪说的氛围，如此，人们才能用自己的创新能力和智慧去创造出更多的社会精品，成为对国家、对社会有用的创新型人才。

总之，创造有利于创新能力形成的家庭、学校、社会的教育环境，才能培育有利于创新人才生长的沃土。

三、实践基础

（一）创新之根在于实践

实践是人创新能力形成的唯一途径。实践也是检验创新能力水平和创新活动成果的标准。创新能力只有在创新实践中才能得到施展发挥，实践是创新能力变成现实的唯一平台。

人改造实践的活动也就是创新活动。只有通过社会实践才能把人的创新意识变成现实，而创新能力也必须通过实践才能形成，实践是创新能力形成的唯一途径。实践还是检验人的创新成果的唯一标准，认识离不开实践，实践是启化之源。马克思、恩格斯没有经过大量的社会调查研究和革命实践活动，就不会有《资本论》，就不可能产生马克思主义。一定的创新能力只有在实践中才能逐步培养与形成。比如游泳，仅靠学习游泳的理论与方法而不反复下水锻炼，永远学不会游泳的本领，永远不可能打破世界游泳纪录。不同领域的创新成果都与不同形式的实践活动密切相关。朱熹有句名言："问渠哪得清如许，为有源头活水来。"没有实践，没有实践能力，就没有创新，就没有创新能力。注重实践是许多创新型人才所具备的优良品质。

（二）实践动机推动创新实践

实践动机是指由实践目标或实践对象所引导、激发和维持的个体活动的内在心理过程或者内部动力。适度的动机可以提高完成工作任务的效率。实践动机是人类实践活动的前提，对于个体的实践活动具有激活、指向、维持和调整的功能。实践动机能够推动个体参加创新实践活动，促使个体将认识转化为实践；能使个体的实践活动指向一定的对象或目标；有助于个体维持其进行的实践活动。实践动机主要由实践兴趣、实践的成就动机和实践压力构成。

实践兴趣是个体从事实践活动的心理倾向。一旦形成实践兴趣，个体就会对实践活动产生积极的情绪体验。参与实践的兴趣，可以使个体的好奇心得到满足。任何健康的生活、生产和社会性实践兴趣对个体实践能力的成长都有重要意义。

实践的成就动机是个体希望从事对其有重要意义的、有一定困难的、具有挑战性的实践活动，在活动中能取得完满的优异结果和成绩，并能超过他人的动机。个体如果有实践成就动机，那么他在实践中就会有很高的目标，愿意接受挑战，即使对实践对象本身没有特别的兴趣，也会尽力做得很出色。提升个体的实践成就动机，可使个体获得成功感。对于教育者来说，要善于帮助个体发现其成功要素，并与他们共同分享成功的喜悦。

实践压力指客观环境对个体施加的参与实践的要求，它迫使个体从事实践活动。实践压力具有一定的外在性和情境性的特征，它不是个体内在的心理需要，但却可以转化成个体内在的实践动机。在实践动机的三个方面中，实践兴趣和实践的成就动机占主导地位，实践压力也可以激起个体的实践活动，但是它唯有转化成实践兴趣或者实践的成就动机时，才具有维持个体主动参与实践的功能。适度的实践压力，使个体开始能在一定的要求下实际参与相应的实践活动。处于过度被保护状态，缺乏必要的生活和社会实践经验的人是难以产生自觉参与实践的强烈愿望的。

因此，实践动机是个体从事创新活动的原动力之一，它促使个体把对任务目标的认识从外部诱因转化成内部需要。实践动机发起并推动个体的创新实践活动。没有相应的实践动机，个体根本不可能从事创新实践活动。由于实践能力是个体在实践过程中产生和发展起来的，所以缺乏实践动机的个体其实践水平注定是有限的。因此，应当把培养实践动机作为培养个体创新实践能力不可缺少和必须首先启动的重要内容。

（三）创新实践促进社会进步与发展

鲜明的实践性是创新的一个重要标志。只有勇于实践，从实践中总结新经验，提出新观点，拓展新视野，才能开辟率先发展的创新与成功之路。人类社会历史就是一部创新史，也是一部实践史。马克思在他的著作里把人类实践活动划分为三种基本形式：物质生产实践、社会交往实践、精神生产实践。物质生产实践是人类利用生产工具来改造自然界以获取物质生活资料的活动，是人类历史上最先出现的实践，是社会存在和发展的基础，是人类社会其他一切实践活动的基础。社会交往实践是处理人与人之间关系的活动，是人与社会之间的联系得以建立深化和发展的前提，是物质交往、政治交往与精神交往三者的统一。精神生产实践是精神生产力与精神生产关系的有机统一体，它和物质生产实践不同，而是以文字的、数字的和艺术的语言符号为工具来反映社会存在的活动，是处理社会意识与社会存在相互关系的活动。根据人类实践活动的三种基本形式，相应地，人类实践活动的高级形式包括科技创新、制度创新和文化创新三个方面。在物质生产领域中，科技创新是人类对新技术设备和新技术工艺的发明与采用，是对旧技术的改造和取代；在社会交往领域，制度创新是人类对交往关系规范与制约系统的变更与突破，是新制度对旧制度的取代与扬弃；在精神生产领域，文化创新是人类在认识世界的过程中所获得的新思想、新观念与新方法，是 if 的科学真理与价值观念对旧知识的否定与超越。

1. 科技创新实践是推动社会发展的根本动力

科技创新是生产力发展的关键因素。长远来讲，实现我们的社会经济跨越式发展要靠科技创新；从当前来看，全面建设小康社会的根本动力也是来自于科技创新。当前，我国与发达国家相比还有许多不尽如人意的地方，主要表现在生产力水平还比较落后，工业化和信息化滞后，"三农"问题较多，城镇化进程缓慢，可持续发展能力不强等，这些都是制约我国全面建设小康社会面临的严峻考验。要实现全面建设小康社会的战略目标．我们必须积极推进科技创新，继续完善国家科技创新制度和体系，大力培育、支持和鼓励科技创新。如此才能解决这些阻碍社会发展进步的难题。

2. 制度创新实践是实现社会变革的直接动力

人类社会结构包括经济结构、意识结构、社会政治结构。制度是社会政治结构的基本内容。制度对于社会发展具有重要的保障作用，完善的制度会促进社会的发展，反之就会阻碍甚至破坏社会的发展。只有通过制度创新，才能解除先进生产力发展的制度性障碍，为先进生产力的发展提供制度保证。因此，我们必须不断解放思想，推进制度创新。

3. 文化创新实践是促进社会进步的精神动力

人类社会发展的历史表明，一个民族，物质上不能匮乏，精神上不能贫困，民族精神是一个民族得以生生不息和持续发展的精神动力。一个民族如果没有昂扬奋进的民族精神，没有坚韧不拔的民族品格，没有万众一心的民族团结力，就无法自立于世界民族之林。这就要求我们立足当代中国文化建设的现状，面对本土文化和其他民族文化的丰富资源，推陈出新，继往开来，批判扬弃，创新转化，既要与时俱进弘扬传统的民族精神，又要批判吸收其他民族精神，为中华民族精神不断注入新的动能．更重要的是创造出新的民族精神，提升中华民族的精神力量，实现中华民族的伟大复兴。

总的来说，正是有了实践的推动，人类社会的发展才能在总体上呈现出不断进步的历史趋势。创新实践表明：只要实践在发展着、创造着，创新就没有终结，就没有达到极限。创新能力是不断提升的，它随着创新实践的发展而发展，随着实践条件的完善而不断扩大，而且它本身也是创新实践的对象。

第二节　大学生创新能力的激发

一个成功的创新者善于有目的、系统地思考问题，通过理性或感性的分析掌握社会的期望、价值观和需要，采取行之有效且重点突出的措施，从小处着手，集中满足一项具体的要求，从而使创新能力充分释放，产生良好的创新效果。因此，如何最大限度地激发一个人的创新能力，是一个值得好好研究的问题。

一、压力激发

从心理学角度讲，压力是身体"战备状态"的反应，这是当意识到某种情形，或者某个人，或者某件事情具有潜在的威胁性和紧张状态的时候做出的反应。人的聪明才智需要在一定的压力下才能得到释放。人们常说"压力就是动力""变压力为动力"说的就是这样一个道理。

人需要激情、紧张和压力。适度的压力可以激发人的免疫力，从而延长人的寿命。对于有志创新的人来说，压力可以激发事业心、求知欲和探索精神，进而有效地调动创新能力，实现创新。压力对于一个人而言，有来自外部的压力，如来自自然界的压力，迫使人们为适应生存需要而创新，积极地改造自然环境；来自社会的压力，如社会制度、政策、法律等迫使人们为适应竞争需要而创新，落后必然被淘汰；来自工作的压力，迫使人们为责任、荣誉、地位、收入而创新，补偿则是与释放的创新能量相对应的。来自外部的压力作用往往是被动的，尽管也是一定条件下创新所需要的压力，但创新更需要的是主动的压力，即来自个人的自我压力。这种压力是受个人理智控制而产生的。

从人类的科技发展史可以看出，凡是作出重大贡献的科学家，他们的成功主要是自我加压，善于运用自己掌握的知识，巧妙地利用外部压力，确立正确的人生目标，锲而不舍地创新进取。当然，自我加压也有一个"度"，过轻不能充分释放创新能力，过重则会把人累垮，人只有在适度的压力下，才能充分挖掘和发挥自己的才能。

二、欲望激发

人类的欲望是由人的本性产生的想达到某种目的的要求。人类的欲望是多样的，生存需要、享受需要、发展需要构成一个复杂的需要结构，并随着人们生活的社会环境和社会历史条件的变化而变化。在欲望的推动下，人不断占有客观的对象，从而同自然环境和社会形成了一定的关系。通过欲望或多或少的满足，人作为主体把握着客体与环境，和客体及环境取得同一。在这个意义上来说，欲望是人改造世界也改造自己的根本动力，从而也是人类进化、社会发展与历史进步的动力。一个人形成某种欲望，对释放创新能力能够产生积极的影响，因为欲望可以集中人的精力和注意力，使人深入到所研究的问题中去，专心致志、废寝忘食、乐此不疲，不断做出一些新的、与众不同的事情。因此，要有意识地去培养和激发自己的积极欲望，有意识地使自己对某一事物或某一科学领域产生浓厚兴趣，自觉地去深入了解它、研究它、热爱它，培养起创新的强烈欲望，时时刻刻想着创新，事事处处琢磨着创新，如此，一定会使一个人的创新能力得到极大发挥。

三、突变激发

突变是一种客观存在的普遍现象，如生活中常见的急中生智、乐极生悲、药到病除等都是突变现象。人类的创新活动在于认识了这一突变的规律，主动地发现与运用突变。创新的机理是突变论，是原有极限的突破，新生事物的产生。自然界、社会和人类思维的发展，都不是一条不间断的量的渐进线，量的渐进过程发展到一定程度就要中断，即引起质变、飞跃。事物通过渐进过程的中断，才能实现由旧质到新质、由一事物到另一事物的转化。

创新的顿悟阶段也就是一种突变的反映。经过长期酝酿后，因为某种机缘或是受到意外的刺激，我们的思想豁然开朗，灵感就会突然产生，甚至是富有戏剧性的。

四、刺激激发

刺激在创新活动中具有特殊意义。获得知识、成就感等精神刺激都会产生创新动力。刺激的作用还常常在逆境中得以发挥。历史上往往有这样的情况，打击、压制、屈辱、苦难，凡此种种逆境，不仅不能扼杀一个人才，反而使其取得令人震惊的成就。一个人应具有愈是遭受挫折愈是奋起抗争的精神状态和坚韧不拔的意志。也正是这种自强不息的精神，增强了中华民族的凝聚力和向心力，培育了中华民族的自立精神和在民族压迫面前的不屈精神。一个人在逆境当中，只要正确对待，坚定信念，把困难作为开发智慧的钥匙，作为锻炼意志、增强能力的机会，就会在厄运中创造奇迹，在逆境中发现真理。

五、超越激发

美国心理学家马斯洛的"高峰体验理论"也具有指导意义。该理论指出，人在进入自我实现和自我超越状态时可能感受到一种快乐至极的体验。他曾列举能产生高峰体验的情景和时刻有爱情、审美感受（古典音乐的欣赏）、创造激情和灵感、领悟真理、顺产和母爱、与大自然的交融（在森林中、海滩下、丛山中）、体育比赛和翩翩起舞等。高峰体验是一种自我奖赏，尽管它产生时的刺激因素各不相同，主观体验却彼此相似，这种时刻到来时，能产生强大的冲击波，使人摆脱一切怀疑、恐惧、压抑、紧张和怯懦。所以超越自我实际就是对人们创新能力的激发。

任何创新都是对前人或他人的否定与超越，要想实现超越，就需要有批判意识和批判精神。实践证明，创新是以批判为前提的，如果没有辩证的批判性思维，就永远不会有创造力的形成和发展。因此，要不迷信、不盲从，敢于怀疑，善于否定，不要局限于固有的评判模式中，更不要"唯书""唯上"，要敢于发表自己的见解，养成独立思考的习惯，在批判中继承，在批判中吸收。

第三节　大学生创新品格的塑造

大学生要想成为有造诣的创新人才，必须注重发展自己的非智力因素，培养与创新素质匹配的良好的个性品质。

一、科学的世界观

历史表明，凡有成就的科学家，大都自觉或不自觉地具备科学的世界观和方法论。恩格斯曾深刻地指出："如果有了对辩证思维规律的领会进而去了解那些事实的辩证性质，就可以比较容易达到这种认识。"事实证明，世界观和方法论对于科技人才事业的成功，往往起着决定性的作用。

二、满腔热忱的态度

对创新热忱的人，不论遇到什么困难，或需要付出多少的努力，始终会用不急不躁的态度去坚持不懈地奋斗。创新离不开热忱，缺少热忱，创新就显得苍白，没有活力，创新能力和其他能力就不容易发挥出来。爱迪生说过："有史以来，没有任何一件伟大的事业不是因为热忱而成功的。"热忱还是一种意识状态，能够鼓舞及激励一个人对创新执著地采取行动，并且具有感染性，使所有和他有过接触的人也受到影响。热忱是创新的主要推动力，把热忱与创新结合在一起，创新将不会感到很辛苦或单调。热忱会使你的整个身体充满活力，而且不会觉得疲倦。可以相信，发挥热忱的力量，即使是普通人也能创造奇迹。

三、集中专注的精神

任何创新都需要长期的准备。创新思想不是凭空产生，而是来自艰苦的工作、学习和实践。需要集中全部的注意力，保持思索问题的最佳状态，这是创新过程的关键。只要专注于某一项事业，就一定会做出使自己都感到吃惊的成绩来。

大多数人在做一件事时，大脑里都会想着其他的事。我们不会完全地集中于此时此刻所做的事上，我们的头脑每时每刻都在进行着交谈以及拥有各式各样的意识流。这些令人分散注意力的想法，使人无法集中精力做好工作。因此要清除头脑中分散注意力的想法，使思维完全进入当前的工作状态，把注意力高度集中于当前所做的事情上。一旦你感到集中精力有困难，不能清晰地思考时或是墨守成规、困扰不安时，或是无法排除头脑中的忧虑或担心时，或是你想从一项任务中得到解脱而进入另一项任务时，或是为专攻一件小事而做大量无用功且至今尚未完成最重要的部分时，你必须采取明智的行动：在一天中经常使大脑得到短暂的休息；把注意力集中在某个具体、令人愉快、平静的事物上。从而使自己拥有清晰的头脑，以放松和沉着的态度、饱满的精力去思考问题，创新变得更有效率，更富有成效。

四、好奇探究的心境

好奇心是一个人拥有创新能力最基础的条件。有了好奇心才会去探索，去学习，慢慢就会成功；有了好奇心才会有创造力。要保持好奇心的长盛不衰，既需要有外在的宽松的环境，也需要有内在的精神自由。爱因斯坦认为，科学的发展以及一般的创造性精神活动的发展，还需要另一种自由，就是内在的精神自由。这种精神上的自由在于思想上不受权威和社会偏见的束缚，也不受一般违背哲理的常规和传统习惯的束缚。

五、自信独立的性格

自信心是一种建立在对自身优点充分了解的基础上的自我认可的情绪体验。从心理学来看，自信之所以能导致成功，主要是自信能充分发掘和表现自身的潜能。有了自信心，才会积极主动地参与创新活动。创新是一种打破常规的智慧，需要自信作为原动力。独立性的人格特质能使人才善于独立思考，具有个人信念、判断的坚定性和行为的独立性，能积极地适应环境，在困难和挫折面前镇定沉着。独立性的思考是发展创新性的必要条件。没有独立思考就没有创造性的形成与发展。因此，我们要为人才提供相对独立思考的空间和时间。

六、精于管理的创意

创意是思想的果实，是创新的前提。但是创意一般都很脆弱，如不进行妥善而适当的管理，就会稍纵即逝或毫无价值。因此，必须做到以下几点：

一是注意随时记下创意，不要让创意平白跑掉。一想到什么，就立刻记下来，以免错失了自己的思想结晶。

二是定期复习创意，不断进行筛选。把有价值的东西保留下来，没有意义的及时扔掉，避免积重难返。

三是深入思考研究，不断完善创意。要增加创意的深度和广度，把相关的事物联系起来，从各种角度去研究。时机一成熟，就把它用到创新活动上。

四是不要轻易放过偶然的现象。在长期的生活实践中，有时会有一些偶然的发现，因为它们不在预料之中，又不属于旧思想体系，往往可以成为创新的新起点。

五是千万不要小看无意中的想法。有许许多多成功的事例，都是在无意之中走上成功之路的。

七、适当控制自我

自我控制是一种美德，它不仅不会束缚你的创新能力而且能够发挥你的创新能力。一个人除非先控制了自己，否则他将无法控制别人。一个人有了自制力才能抓住成功的机会，而真正的机会经常藏匿在看来并不重要的生活琐事之中。每个乐于创新的人都应该培养较好的自我控制能力，知道什么话不可以说，什么事不可以做；知道什么时候应该集中思想，什么时候可以放松放松。提高控制自我的能力，下面列出的七个方法可供借鉴：

第一，控制自己的时间。时间虽不断流失，但仍可以有计划地支配。一个人能够控制自己的时间，就能改变自己的一切。掌握时间，就是掌握生命。

第二，控制思想。人们可以控制自己的思想与想象性的创新。要训练控制自己的思想，一次只专心做一件事。必须记住：幻想在经过刺激之后，将会变成现实。

第三，控制接触的对象。我们无法选择共同工作或一起相处的全部对象，但是我们可以选择共度最多时间的同伴，也可以认识新朋友，找出成功的楷模，向他们学习。

第四，控制沟通的方式。沟通方式最主要的就是聆听、观察以及吸收。当我们（你和我）沟通时，我们要用信息来使对方获得一些价值，并增强彼此了解。

第五，控制承诺。若我们选择最有价值的思想、交往对象与沟通方式，并使它们成为一种契约式的承诺，定下次序与期限，我们就能按部就班、平稳地实现自己的承诺。

第六，控制目标。定下生活中的长期目标，使之成为我们的理想，并有计划地、充满信心地加以实施。

第七，控制情绪。在漫长的人生旅途中，我们必须面对各种困难和挫折，表现出较强的容忍力，努力创造一个喜悦的人生，有所播种，必然有所收获。要学会调控心态和由此带来的各种情绪，及早恢复理智状态。遇到不合己意的结果，要坦然面对，这就是人生。

八、善于把握时机

创新要从现在做起，从自己做起，从小事做起，不能只停留在创新设想上。创新设想只有付诸行动才能真正成为创新，光设想而不动手，设想再多再好也是没有用的。一百个设想不如一个实实在在的行动。对创新而言，能否把握"一瞬间"，决定你能否有所创新。机遇总是悄悄地降临到我们周围，要捉住它，就必须留意自己身边的一切，哪怕是一件极微小的事，也可能带给你创新的机会。

创新的机会多是我们身边平淡无奇的小事，有时一次对话、一次旅行、一次失手、一件偶然的事情都有可能会引起一项创新。创新活动的过程，是一个由量变到质变的过程。要想获得成功，必须靠自己的努力，从身边的小事做起，不断地去发现问题、研究问题、解决问题。

第四节　大学生创新能力的培养途径

一、增强创新意识

通俗地讲，创新意识就是根据客观需要而产生的强烈的不安于现状，执意创新要求的动力。创新思维是形成学生创新能力的前提和基础，创新能力则是创新意识外化的行为表现。有了创新意识才能启动创新思维，才能抓住创新机会，才能取得创新成果。强烈的创新意识会使创新者的思想系统中弥散浸润着的思新求变的意向与冲动。对青年学生来说，创新意识又常常表现为异想天开或独特的思维方式与行为特征。

创新意识包括创造动机、创造兴趣、创造情感和创造意志等。其中，创造动机是创造活动的动力因素，它能推动和激励人们发动和维持进行创造性活动；创造兴趣能促进创造活动的成功，是促使人们积极探求新奇事物的一种心理倾向；创造情感是引起、推进乃至完成创造的心理因素，只有具有正确的创造情感才能使创造成功；创造意志是在创造中克服困难，冲破阻碍的心理因素，具有目的性、顽强性和自制性。

创新意识是创造人才所必须具备的。创造意识的培养，实际上是关于创造、创新中的非智力因素的培养问题。

第一，有生活乐趣。创新者要充满对生活的热爱，希望享受生活的所有乐趣，并能在这些乐趣中有所感悟。在他们看来，浪费时间是最大的奢侈，而在内心深处，他们承受不起这份奢侈。如果需要改变现实，他们将更积极地做出努力。

第二，有创新的欲望。要善于观察，勤于思考。生活和工作中的许多事物、环节、规程等或许已经执行和应用了很长时间，但这并不能证明它就是正确的或将永远是正确的。因此，我们应常常反问自己：为什么这样做而不那样做等。能够克服自己主观思想上的惰性，有创新的良好愿望和想法乃至设想。一个没有创新欲望和激情的人，我们没有理由相信他会有很强的创新能力。

第三，相信世界充满无限可能性。"学者先要会疑"。既然质疑有如此重要的作用，我们应该鼓励大胆质疑，以宽容的心态对待疑问，相信世界的无限可能性。这种大胆而执著的人必须有这样一个基本的信念，世界可能完全是另外一副样子的。现代理论研究表明，人类的各种理论体系，无论是社会伦理还是科学理论，都只是人类对已经观察到的现象在主观上的一种构建，而不意味着绝对真理。认识上的每一次飞跃对于原来的思想体系来说总是不可思议的。任何理论体系只能在一定的范围内有效，而重构一种更有包容性的理论，就必须打破传统的条条框框。不管是否在理论上明确地认识到了这一点，还是无意识地仅凭直觉感悟到这一点，我们必须坚持对世界有另外一种可能性的基本信念。

第四，相信自己能做到。自信者自立，自卑者无为。陶行知在《创造宣言》一书中提出："处处是创造之地，天天是创造之时，人人是创造之人。"要增强自己在创新能力上和创新过程中的自信心。当然，这种自信心并不是凭空而来，而主要是来自三个方面：一是丰富的知识和扎实的理论功底为基础，"高楼万丈平地起"就是这个道理；二是要有足够的耐心和恒心，创新非一朝一夕、一蹴而就之事，贵在坚持，有了坚持才有收获成功的可能，没有坚持，则注定失败。三是付诸实践。创新在本质上是一种实践活动，只有把想象力付诸实践，才有可能成为现实意义上的创新者。因此，创新者要积极深入生活，大胆实践，在大量的、反复的、艰苦的实践中有所收获，直至成功。

二、开发创新思维

创新思维对于人类社会的进步以及个体的成功都具有决定性的意义。

创新思维是创造力的灵魂，是提高创新能力的前提条件。人类之所以能够成为地球的主人，就在于人类具有创新思维能力。没有创新思维，就没有人类所进行的一切创新活动。没有创新思维参与的人类劳动是重复、单调的，重复的劳动不能算是创造行为，而只能算作生产制造行为，有了创新思维的介人，才使劳动的效率和价值大大提升，人类文明才得以进步。

创新思维是人类在探索未来领域和在开展创新活动过程中，充分发挥认识的能动作用，不断以新颖方式和多维角度的思维转化来寻求获得新成果的思维活动。通俗地讲，它是人们在进行创新时头脑中发生的思维活动，是人类思维的高级阶段。创新思维是一种具有开创意义的思维活动，是创新能力的重要构成元素。创新思维的养成需要日积月累的锻炼、培养与开发。

第一，善于独立思考思考实际上由两部分组成：思和考。思就是反思、沉思、静思、慎思。考就是考究、研究、学习、研习。孔子说过："学而不思则罔，思而不学则殆。"人在很多时候，都是在学而缺乏思，要不就是在思而缺乏学。唯有保持独立的心态，培养独立思考的习惯，创新的源泉才会源源不断。

第二，发展想象时空。创新的各种机遇，只有借助想象的力量，才会和思维碰撞爆发出灵感的火花。人类的任何智慧，只有经过想象动力的推波助澜，才会与行为整合，转变为创造性的思想。缺乏想象力的人，到头来只能在原地踏步。而能在眼前清楚地描绘出未来的人，才有可能奔向成功。虽然想到的未必都能做得到，但做到的必须首先要想到。

第三，扩展思维视角培养创新思维的最好方法是扩展思维视角：一是把复杂问题转化为简单问题。二是把不能办到的事情转化为可以办到的事情。三是把直接变为间接。要尽量多地增加头脑中的思维视角，能够从上下、前后、左右等不同角度，探索纷繁复杂的事物。

第四，学会辩证思维。辩证法是一种哲学思维方式，辩证思维首先要求具有辩证性特征。辩证思维能力是创新能力的基础。辩证思维能力的培养是引导学生运用矛盾分析方法，从联系和发展的观点来认识事物的本质和规律，坚持逻辑与历史统一、理论与实践统一。培养学生的辩证思维能力，总的看要坚持从实践中来，到实践中去的原则。首先了解丰富而生动的辩证法事实，通过分析、归纳，了解任何事物都是矛盾对立统一的道理。注意纠正从单一侧面绝对看问题的思维倾向。

第五，锻炼动手能力。动手能力是培养创新思维的良好途径。有些人成年之后成为创新者、发明家，回看他们的成长经历，很多人在青少年时期就自制玩具、航模等，乐于实际动手，参与到一些有意义的活动中来。不要小看这些活动，正是在这些活动中，人的动手能力得到锻炼，还自觉地学习钻研了课本上没有的知识；同时，这些实践活动又产生反作用，激发创新思维。

第六，改革人才培养模式。建设现代职业教育体系，培养具有创新意识、创新能力的生产、服务、管理第一线需要的高素质技能型人才和高端技能型人才，满足社会发展、现代产业建设的需求，推动社会经济向前发展，是高等职业教育的重要任务。

第七，教师给予指导。培养学生的创新意识，教师的作用尤为重要。教师应该始终坚持一个信念，就是坚信每个学生都有巨大的创新潜能，每个学生的创新都是可以获得成功的。尤其对那些学习暂时有困难的或某些方面发展有障碍，能力和水平相对较低的学生，更应该关注、帮助、信任他们。在教学中启发学生感悟身边的现象，引出一些需要创新和改进的难点和问题，让学生探究并试着解决问题。老师还要以自己的言行，带动更多的大学生参与到科技创新实践中来，与大学生"并肩作战"，为学生提供尽可能多的指导和帮助。教师的指导，好似一把开启创新之门的钥匙。在创新实践中，教师的严谨、勤思、善学、求索的态度与无私奉献的精神都会对学生创新意识和创新能力的培养产生深刻的影响。

三、锤炼创新意志

意志是指人们自觉地确定目标，有意识地支配和调节自己的行动，克服种种困难以实现预定目标的心理过程。意志是人们改造客观世界和主观世界所不可缺少的心理因素，是为了达到一定目的而使个人全部潜力都能充分调动起来的内在力量。创新意志的培养需要从以下几方面下工夫：

第一，意志的自觉性。意志的自觉性是指对自己行动的目的和意义有明确的认识，并能主动地支配和调节自己的行动使之符合自己的目标。意志的自觉性还突出地表现在一个人的自制力上。自制力使人能自觉地管理自己，约束自己的行为不受外界无关事物的影响，为实现目标而努力坚持奋斗。在奋斗过程中，总会有与目标不一致的诱惑，或有消极情绪的干扰，有自制力的人能够控制自己的消极情绪，约束自己的言行，坚定不移地去实现自己的目标。

第二，意志的果断性。意志的果断性是指一个人以善于明辨为前提，不失时机地采取决定并坚决执行的品质。意志的果断性是以敏锐的洞察力和勇敢、机智的应变能力为条件的。缺乏对事物发展纵横变化的深刻认识和敏捷反应，就谈不上明辨。意志的果断性可以帮助个体敏锐地捕捉事业发展的机遇，根据社会经济与科技发展的大趋势，做出带有前瞻性的战略决策。另外，一旦发现因主客观条件的限制，经过努力仍难以实现目标时，也会当断则断，停止执行原方案而去选择新的方向。具有果断性意志的人，还表现出拿得起、放得下的气魄。他们能正确分析情况，及时做出决定，不虚耗时间和精力。

第三，意志的坚忍性。意志的坚忍性是一种不达目的誓不罢休的精神状态，它表现在人们为了实现一定的目的而去克服困难的过程与行动中。具有坚忍性的人，能够长期地、持之以恒地保持充沛的精力，不屈不挠地向着既定的目标前进。坚忍性还表现在对目标的坚持性。没有目标的始终如一，奋斗便失去意义，毅力更无从谈起；而没有百折不挠的毅力，始终如一的目标也根本无法实现。

第四，意志的抗挫折性。对整个人生而言，挫折是人无法回避的伴侣。所以，每一位立志创新者都应首先明确：你所选择的道路，就是一条充满荆棘的险路，必须以准备失败的心情去迎接胜利。

四、捕捉创新机遇

在创新中能否抓住机遇，关键在于思想的自由程度。解放思想，实事求是，审时度势，开拓进取，敢为人先，就能得到机遇的垂青。那些坐等机遇降临，迟疑观望，思想僵化保守者，必然丧失机遇。人们的自由程度越高，迎接挑战的能力越强，抓住机遇的概率、成功率就越大；反之则会与机遇无缘，或失之交臂。

第一，积极进行创新实践。守株待兔是难以捕捉到机会的。成功的创新者能够捕捉到较多的创新机遇，不仅与他们创新能力较强，善于捕捉到各种创新机会有关，而且也与他们较多参与创新实践，活动范围大，研究较深入、细致、丰富，从而能够遇到较多的创新机会有关。

第二，细致观察与积极思考。要调动多种感官仔细观察事物各方面的特征，某些事物带给我们的视觉、听觉、嗅觉、味觉、肤觉信息，都与这些事物的性质、功能、活动规律存在着一定联系，应该仔细收集，反复研究比较。要带着问题观察，在观察事物变化的基础上，就变化的原因要多问几个为什么，弄清是外因还是内因造成了事物的变化，之间有什么关系，机制如何，等等。对习以为常的现象切忌熟视无睹，必须考虑这些现象出现在特定的试验场合有什么特殊的意义。

第三，对意外事件敏锐判断。对意外事件要有敏锐的判断力，不要让机遇所提供的线索从眼前溜掉。许多线索和素材乍一看微不足道，如果没有高度的警觉性，就会视而不见。以 X 射线的发现为例，其实在伦琴发现 X 射线之前，曾有一位英国科学家和两位美国科学家接触到了 X 射线，但这些科学家都以为是实验中的失误造成的，因而与这一伟大发现失之交臂，直至 16 年后，伦琴敏锐地察觉到这一奇特现象，深入研究，才使 X 射线能够为人类所用。

第四，具有丰富的经验。渊博的知识创新活动有时源于经验的积累。获得前人的间接经验，能使我们迅速接近研究前沿，能使我们站在巨人的肩上看得更远。掌握大量的专业知识固然对探索问题很有帮助，了解广泛的知识，学习各个学科领域的方法，对创新活动的意义更大。

五、需要正确处理的几个关系

在大学生创新能力的培养过程中，需要注意处理好以下几个关系：

（一）正确处理专与博的关系

知识的专与博，从源头和根本上决定着个体创新能力的强弱高低，是创新能力的基石。专而不博．博而不专，知识结构不合理必然限制创新能力的发挥。专与博是一个重要而又极难处理的问题。一方面要求人们在某方面有精深的科学知识；另一方面又要求人们的知识面不能太窄，要做到既专且博。

（二）重视直接经验与间接经验的合理结构

一个人的知识不是直接经验就是间接经验，总是由这两方面构成的。仅有一个方面的经验，知识就不完全，就不能正确地发挥知识的功能。如果只有直接经验，缺乏间接经验，就必然要陷入经验主义。个人实践所接触的方面、遇到的问题、看到的现象十分有限，而事物的本质和规律要通过多方面的大量的现象才能找到。仅凭直接经验去观察问题、处理事情，必然不能驾驭规律，无法预见事物发展的趋势，从而陷入谬误。反之，如果只有间接经验，缺少直接经验，就必须陷入教条主义。因为，对于实际情况没有深切的了解，从本本出发，必然会导致用理论去剪裁活生生的现实。直接经验和间接经验结构不合理必定导致谬误，不管是革命还是建设、科研，都情同此理。只有合理建构直接经验与间接经验，二者互为作用．才能发挥出各自的功能。

（三）驾驭信息和选准参照系是两种必备的本领

我们的时代知识革命迅猛发展，其广度、深度是空前的。面对以知识爆炸为特点的信息时代，锻造驾驭信息的能力，是每个创新个体必须具备的基本功。

第一，收集信息的能力。如果没有较好地掌握电脑、互联网等信息工具，不善于收集信息，信息量短缺，信息少而不全，就无法促使我们实现认识的突破、飞跃。

第二，筛选信息的能力。如果我们收集了大量信息，但不善于识别，分不清有用无用、主要次要、正确错误，无法进行信息筛选，就容易为巨大的信息量所困扰、湮没。

第三，储存信息的能力。如果我们掌握了有用信息，但不善于科学系统地储存，不能随时调度到我们所急需的信息，工作就无法快速、高效地进行。

第四，驾驭信息的能力。在驾驭信息中有一个极其重要的问题，就是要选准参照系。如果没有参照系，我们会面对大量的信息无所适从，或者时而从这个角度捕捉筛选信息，时而又从另一角度去捕捉筛选信息，导致大量信息无用，浪费精力。如果参照系找得不准，就会将有用的信息遗漏，找来的只是大量无用信息。驾驭信息和选准参照系二者相互制约、相互促进。一方面，参照系对驾驭信息有着重要的作用；另一方面，信息的获得又作用于参照系的准确选择，处理好二者关系，就能有效地推进创新。

第六章　大学生创业模式的理论分析

　　大学生创业发展在美国最为活跃。1983 年美国奥斯汀得州大学举办了首届大学生创业竞赛，斯坦福大学等高校牵头，先后举办"大学生创业计划竞赛"，Yahoo、Excite、Netscape 等经典的硅谷高科技创业模式在浓厚的大学生创业氛围中成型发展。到 20 世纪 90 年代中后期，大学生高科技创业蔚然成风。2000 年后，大学生就业形势日趋严峻。在此背景下，大学生创业开始分化：创业已不是那些拥有技术、参与课题或项目优秀的学生的"专利"，只要有想法和合适的资源，即便是"边缘学生"，也可以开始创业试验。至此，大学生创业进入多元化时代。2014 年，是"大学生创业教育"概念进入中国大学校园的第十个年头，也是中国大学生创业试验走过的第一个十年。在蓬勃的实践中，关于大学生创业模式的理论树立和研究逐渐由了较为清晰的脉络。以下就识别创业机会、分析创业风险、创建商业模式、筹集创业资金、选择创业人才、赚取第一桶金这几个大方面展开分析。

第一节　识别创业机会

　　创业机会是在社会经济活动过程中形成和产生的，有利于企业经营成功的因素，它作为一种特殊的商业机会，是一种带有偶然性的，并能被经营者认识和利用的契机，具有创造超额经济利润的潜力。

一、创业机会的来源

　　寻找商业机会的过程有可能像"踏破铁鞋无觅处"一样艰难复杂，也有可能只是"得来全不费工夫"的灵机一动。管理大师彼得·德鲁克在其著作《创新与创业精神》中提出了关于创新和创业机遇的 7 个重要来源。其中有 4 项来源存在于企业内部，另外 3 项取决于企业或产业外部的变化。所以，我们将创业机会的来源总结为以下几种情况。

（1）变化。变化是商业机会的重要缘起，没有变化，就没有创业机会。这种变化主要来自于产业结构变动、消费结构升级、城市化加速、思想观念变化、政府政策的变化、人口结构的变化、居民收入水平提高、全球化趋势等诸多方面。

（2）问题。创业的根本目的是满足顾客需求，而顾客需求在没有得到满足前就会存在问题。寻找创业机会的一个重要途径，是善于去发现和体会自己和他人在需求方面的问题或生活中的难处。

（3）竞争。如果能够弥补竞争对手的缺陷和不足，这也将会成为创业机会。南山奶粉针对市场上销售的奶粉必须沸水冲泡才能溶化且容易上火的缺陷，通过技术攻关，生产出可溶于凉水、喝了不上火的奶粉，市场份额迅速上升。

（4）创造发明。创造发明提供了新产品、新服务，更好地满足顾客需求，同时也会带来创业机会。

（5）新知识、新技术的产生。新知识、新技术的应用，必将导致原有的产品和服务更新换代，这就为有眼光的创业者提供了难得的创业机会。例如，随着互联网的普及和应用，淘宝、微商等电商成为一种迅猛发展的创业方式。

（6）"低科技"的深度挖掘。随着科技的发展，高科技会带来一定的创业机会，但运输、金融、保健、饮食、流通等这些传统领域的创业机会和潜力依然十分巨大，关键在于开发。

二、创业机会的类型

正确认识创业机会的类型，对于识别、评估以及选择创业机会具有重要意义。根据不同标准可以用不同的方法划分创业机会。

（1）根据机会的来源，常见的商业机会主要有以下三类：①问题型机会，是指由现实中存在的问题而产生的一类机会（如现代环保产业、新能源产业、有机农业中的大部分创业项目）。②趋势型机会，即在变化中看到未来的发展方向，预测到将来的潜力和机会（例如互联网领域的许多创业项目）。③组合型机会，就是将现有的两项以上的技术、产品、服务等因素组合起来，以实现新的用途和价值而获得的机会（如家电、家居和娱乐类等产品）。

（2）根据机会的发展程度，创业机会可以根据两个维度分为四种类型（图6-1）：横轴以探寻到的价值（即机会的潜在市场价值）为坐标，这一维度代表着创业机会的潜在价值是否已经较为明确；纵轴以创业者的创造价值能力为坐标，这里的创造价值能力包括通常的人力资本、财务能力，以及各种必要的有形资产等，代表着创业者是否能够有效开发并利用这一创业机会。

图6-1　创业机会的四种类型

三、创业机会的识别

如何识别创业机会，是创业者首先要解决的问题。只有当创业者识别及发现创业机会，并将其付诸实践，创业活动才能够得以开展，创业成功才能够成为可能。

（一）创业机会的识别过程

创业者从纷繁的创意中选择了理想的创业机会，接下来就是组织资源着力开发这一机会，使之成为真正的企业，直至最终收获成功。在这一过程中，机会的潜在预期价值，以及创业者的自身能力，越是能得到反复权衡，创业者对创业机会的战略定位就越明确，这一过程被称为机会的识别过程（图6-2）。它可分为三个阶段：机会搜寻阶段、机会识别阶段、机会评价阶段。

（1）搜寻阶段。这一阶段创业者对整个经济系统中可能的创意展开搜索，创业者在这一阶段需要从各种途径尽可能搜寻更多的创业点子与想法，先不急于评价点子的优劣，只需把所有的想法写在纸上。

（2）识别阶段。这一过程包括两个步骤：首先是通过对整体的市场环境，以及一般的行业分析，来判断该机会是否在广泛意义上属于有利的商业机会，称为机会的标准化识别阶段；第二步是对于特定的创业者和投资者来说，需要考察这一机会是否与创业者的资源和能力相吻合，是否与投资者的兴趣点和价值期望相一致，也就是个性化的机会识别阶段。

（3）评价阶段。机会评价考察的内容主要是各项财务指标的预测分析、创业团队和资源的酝酿等，通过机会的评价，创业者最终决定是否正式组建企业和吸引投资。

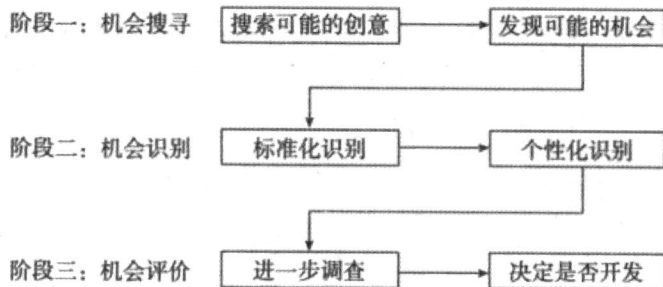

图6-2 创业机会识别过程

（二）影响创业机会识别的关键因素

（1）创业愿望。创业愿望是创业的原动力，只有有强烈的创业愿望，创业者才有可能更多、更有效地发现和识别市场机会。

（2）认知能力与创业技能。创业机会的识别在很大程度上取决于个人或者团队的认知能力。这种能力主要包括：洞察能力、信息获取能力、模仿与创新能力、技术发展趋势预测能力、建立各种关系的能力等。而且，一般情况下某个领域拥有更多知识的人，面对该领域的机会时会比其他人更警觉。

（3）先前经验。先前经验是影响创业机会识别的关键因素之一，在特定产业中的先前经验有助于创业者识别出商业机会，这被称为"走廊原理"。创业者一旦创建企业，他就开始了一段旅程，在这段旅程中，通向创业机会的"走廊"将变得清晰可见。

（4）社会关系网络。创业者的社会关系网络能带来承载创业机会的有价值信息，个人社会关系网络的深度和广度对创业机会的识别有较大影响。

（5）创造性。创业机会的识别本身就是一个不断反复的创造性思维过程。在获得更多高价值信息的基础上，创业者将会很容易看到创造性包含在许多产品、服务和业务的形成过程中。对个人而言，创造过程一般可分为准备、孵化、洞察、评价和阐述五个阶段。

（6）创业环境。创业环境是创业过程中多种因素的组合，包括宏观经济政策与制度、产业结构、人口环境、技术环境、自然环境、市场环境、创业价值观等。例如，创业型经济发展的政策倾向、人们生活方式的改变、市场竞争环境的公平性，都会对创业机会的识别产生较大程度的影响，甚至影响创业者的创业积极性。

（三）创业机会的选择

现实经济生活中，适于创业的机会并不多。创业者需要借助"机会选择漏斗"，经过层层筛选，在众多机会中选出真正适合自己的创业机会。

首先要筛选出较好的创业机会。一般而言，较好的创业机会有五个特点：一是在市场前景中，前五年的市场需求会稳步快速增长；二是创业者能够获得利用该机会所需的关键资源；三是创业者不会被锁定在"刚性的创业路径"上，而是可以中途调整创业的"技术路径"；四是创业者有可能创造新的市场需求；五是特定机会的商业风险是明朗的，且至少有部分创业者能够承受相应风险。

其次要筛选出利己的创业机会。面对较好的创业机会，特定的创业者需要回答四个问题：一是创业者能否获得自己缺少但他人控制的资源；二是遇到竞争时，自己是否有能力与之抗衡；三是是否存在该创业者可能创造的新增市场；四是该创业者是否有能力承受利用该机会的各种风险。

四、创业机会的评估

（一）Timmons 创业机会评价模型

美国著名创业管理专家 J. A. Timmons 提出的创业机会评价模型是目前国际风险投资家、创业者普遍使用的创业机会评价方法，该方法总结了 8 大类 53 项指标，通过定性或量化的方式来评价一个创业项目或创业企业的投资价值和机会。

表 6-1　Timmons 创业机会评价表

行业与市场	（1）市场容易识别，可以带来持续收入 （2）顾客可以接受产品或服务，愿意为此付费 （3）产品的附加价值高 （4）产品对市场的影响力高 （5）将要开发的产品生命长久 （6）项目所在的行业是新兴行业，竞争不完善 （7）市场规模大，销售潜力达到 1 千万～10 亿元 （8）市场成长率在 30%～50% 甚至更高 （9）现有厂商的生产能力几乎饱和 （10）在 5 年内能占据市场的领导地位，达到 20% 以上 （11）拥有低成本的供货商，具有成本优势
经济价值	（1）达到赢亏平衡点所需要的时间在 1.5～2 年以下 （2）赢亏平衡点不会逐渐提高 （3）投资回报率在 25% 以上 （4）项目对资金的要求不是很大，能够获得融资 （5）销售额的年增长率高于 15% （6）有良好的现金流量，能占到销售额的 20%～30% 以上 （7）能获得持久的毛利，毛利率要达到 40% 以上 （8）能获得持久的税后利润，税后利润率要超过 10% （9）资产集中程度低 （10）运营资金不多，需求量是逐渐增加的 （11）研究开发工作对资金的要求不高
收获条件	（1）项目带来的附加价值具有较高的战略意义 （2）存在现有的或可预料的退出方式 （3）资本市场环境有利，可以实现资本的流动
竞争优势	（1）固定成本和可变成本低 （2）对成本、价格和销售的控制较高 （3）已经获得或可以获得对专利所有权的保护 （4）竞争对手尚未觉醒，竞争较弱 （5）拥有专利或具有某种独占性 （6）拥有发展良好的网络关系，容易获得合同 （7）拥有杰出的关键人员和管理团队
管理团队	（1）创业者团队是一个优秀管理者的组合 （2）行业和技术经验达到了本行业内的最高水平 （3）管理团队的正直廉洁程度能达到最高水平 （4）管理团队知道自己缺乏哪方面的知识
致命缺陷	不存在任何致命缺陷
创业家的个人标准	（1）个人目标与创业活动相符合 （2）创业家可以做到在有限的风险下实现成功 （3）创业家能接受薪水减少等损失 （4）创业家渴望进行创业这种生活方式，而不只是为了赚大钱 （5）创业家可以承受适当的风险 （6）创业家在压力下状态依然良好
理想与现实的战略性差异	（1）理想与现实情况相吻合 （2）管理团队已经是最好的 （3）在客户服务管理方面有很好的服务理念 （4）所创办的事业顺应时代潮流 （5）所采取的技术具有突破性，不存在许多替代品或竞争对手 （6）具备灵活的适应能力，能快速地进行取舍 （7）始终在寻找新的机会 （8）定价与市场领先者几乎持平 （9）能够获得销售渠道，或已经拥有现成的网络 （10）能够允许失败

（二）标准矩阵打分法

标准打分矩阵，是指将上述 Timmons 创业机会评价体系的每个指标设定为三个打分标准，比如最好 3 分，好 2 分，一般 1 分，形成的打分矩阵表。在打分后，求出每个指标的加权评价分。这种方法简单易懂，操作性强。该方法主要用于不同创业机会的对比评价，其量化结果可直接用于机会的优劣排序。只用于一个创业机会的评价时，则可采用多人打分后进行加权平均。如果其加权平均分越高，说明该创业机会越可能成功。一般来说，高于 100 分的创业机会可进一步规划，低于 100 分的创业机会，则需要考虑淘汰。

（三）Batty 选择因素法

评价者通过对创业机会的认识和把握，按照 Timmons 创业机会评价体系的各项标准，看机会是否符合这些指标要求。如果统计符合指标数少于 30 个，说明该创业机会存在很大问题与风险；如果统计结果高于 30 个，则说明该创业机会比较有潜力，值得探索与尝试。应用该方法时需要注意一点，如果机会存在"致命缺陷"，需要一票否决。致命缺陷通常是指法律法规禁止，需要的关键技术不具备，创业者不具备匹配该创业机会的基本资源等方面的系统风险。

由于创业本身就是一件具有高度风险的活动，没有一个创业机会是完美的，也没有任何一个创业者都是在完全有把握的条件下开展创业活动，所以，在评价创业机会之后是否决定创业仍然是一个比较主观的决策。在此，给创业者以下几点建议。

（1）创业良机一定是适应市场的。

（2）一定要进入一个熟悉的行业。

（3）大部分创业机会仍然存在于传统行业中。

（4）最好选择擅长和喜欢的。

（5）先前的工作经验是重要的。

（6）竭力避免进入"腥风血雨"的"红海"，尽量寻找"蓝海"，空白与潜力市场。

第二节　分析创业风险

一般意义上的风险，指的是导致各种损失事件发生的可能性，而创业风险是指创业过程中由于创业环境的不确定性，创业机会与创业企业的复杂性，创业者、创业团队与创业投资者的能力与实力的有限性，导致创业活动偏离预期目标的可能及后果。

一、创业风险的特点

创业风险具有客观存在性、不确定性、损益双重性、相关性、可变性、可测性等特点。

（1）客观存在性。创业风险是客观存在的，这就要求我们正视并积极对待创业风险。例如，产品都有其生命周期，在每个阶段都会客观存在着风险，如果产品的结构、质量、更新换代速度等方面与市场需求脱节，产品缺乏竞争力，就会被市场淘汰，企业也可能被迫停止运营。

（2）不确定性。创业风险会随着环境的变化而产生，并随着环境的变化而消失。例如，国家政策的变化、遭受意外事故（战争爆发、台风袭击）、人为失职破坏等，虽能找到风险发生的具体原因，但发生的时间是难以预测的，这种难以预知性便造成了风险的不确定性。

（3）损益双重性在一定范围内，风险会随着创业环境的变化而产生，但也会随着时间的推移而减弱和消失，甚至演变为机会。2000年1月中美史克公司由于感冒咳嗽药处方中含有PPA（苯内胺）成分而遭遇"PPA禁令"，公司的主导产品康泰克停止销售，中美史克为此蒙受的直接经济损失高达6亿多元人民币，但经过及时的信息沟通、媒体关系管理和新产品的开发，在发生PPA事件289天后，新康泰克以"国家药监局验证通过新康泰克、新配方，不含PPA。OK! 确认无误！""新康泰克还是早一粒，晚一粒，远离感冒困扰"的广告语重返感冒药市场，并迅速获得了大额订单，中美史克公司有效控制并处理了重大危机，反而占领了更多的市场份额。这说明，对待风险不应该消极地预防，更不应该惧怕，而是要将风险当作是一种经营机会，敢于承担风险，在与风险的斗争中寻找机会。

（4）相关性。同一风险事件对不同的创业者会产生不同的风险，同一创业者由于其决策或采取的策略不同，会面临不同的风险结果。20世纪80年代，全球范围的兼并、收购热潮，让众多的大公司、跨国公司实现了多元化经营，但在随后几年里，这些扩张性公司中有很多并没有达到预期效果，有的甚至发现自己已经进入了一个完全陌生的行业，既做不好新行业的经营，又耗费资源和时间，最终以失败而告终。但也有公司成功了，企业规模得到了较大的扩张，多元化经营使得企业在市场竞争中游刃有余，有效地提升了企业的效益。决策是创业者根据状态自主选择的结果，决策是否正确，直接影响创业者面临的风险及其程度。

（5）可变性。创业风险的可变性是指当创业的内部与外部条件发生变化时，必然会引起的创业风险变化。

（6）可测性。创业风险可通过定性或定量的方法对其进行评估。例如，根据许多企业使用人才的经验分析，新招聘入职的人员会面临三个"三"流失高峰的风险，即新入职人员在三周内、三个月内、三年期内的流失率最高，企业除了在这三个时期要针对流失人员的具体情况做出相应的措施外，还要根据企业经营状况做好适当的人员储备，以保证企业的正常运营不会因人员的变动而发生变化。

风险的测量过程就是对风险的分析过程，它对风险的控制与防范、决策与管理具有举足轻重的作用。

二、创业风险的分类

不同性质和来源的风险相互作用，决定了企业所面临的总体风险。识别企业所面临的总体风险对实现企业的战略目标具有重要的战略意义，因此有必要对种类繁多的风险按一定的方法进行科学分类，以便对各种风险进行识别、测定和管理。

（1）按风险产生的原因，创业风险可分为主观创业风险和客观创业风险。

主观创业风险：在创业阶段，由于创业者的身体与心理素质等主观方面的因素导致创业失败的可能性。

客观创业风险：在创业阶段，由于客观因素导致创业失败的可能性，如市场的变动、政策的变化、竞争对手的出现、创业资金缺乏等。

（2）按创业风险的内容，创业风险可分为技术风险、市场风险等六类。

①技术风险：由于技术方面的因素及其变化的不确定性，而导致创业失败的可能性。

②市场风险：由于市场情况的不确定性，导致创业者或创业企业损失的可能性。

③政治风险：由于战争、国际关系变化或有关国家政权更迭、政策改变，而导致创业者或企业蒙受损失的风险。

④管理风险：因创业企业管理不善产生的风险。

⑤生产风险：创业企业提供的产品或服务从小批试制到大批生产的风险。

⑥经济风险：由于宏观经济环境发生大幅度波动或调整，而使创业者或创业投资者蒙受损失的风险。

（3）按创业过程，可将创业风险划分为机会的识别与评估风险、准备与撰写创业计划风险、确定并获取资源风险。

①机会的识别与评估风险：在机会的识别与评估过程中，由于各种主客观因素，如：信息获取量不足，把握不准确或推理偏误等，使创业一开始就面临方向错误的风险。另外，机会风险的存在，即由于创业而放弃了原有的职业所面临的机会成本风险，也是该阶段存在的风险之一。

②准备与撰写创业计划风险：创业计划往往是创业投资者决定是否投资的依据，因此创业计划是否合适，将对具体的创业产生影响。创业计划制订过程中各种不确定性因素与制订者自身能力的限制，也会给创业活动带来风险。

③确定并获取资源风险：由于存在资源缺口，无法获得所需的关键资源或即使可获得，但获得的成本较高，从而会给创业活动带来一定风险。

三、创业风险的管理

高风险是创业企业失败的重要因素之一，这就要求创业企业在其管理过程中必须将风险管理放在战略的高度，充分认识到创业企业风险管理的必要性与重要性。创业者通过加强风险的管理，掌握一定的风险规避的方法与途径，一方面有利于保证企业的规范化发展，另一方面也有利于加强创业企业的竞争力。完善的风险管理体系、恰当的风险管理战略、合理的风险管理组织和严密的风险管理流程，都有助于提高创业企业经营管理水平和综合实力，进而使其在外部环境高度不确定和市场竞争异常激烈的情况下获得有利的竞争地位。

创业风险管理的程序包括风险识别、风险评估、风险应对三个阶段。

（一）风险识别

风险识别是创业者对可能发生的创业风险进行风险预测的过程。创业者要深入调查研究创业过程中可能产生的风险并分析原因。运用风险分析流程图、建立风险因素清单和风险档案等方法进行风险识别。

（二）风险评估

风险评估是创业者系统全面地对创业过程中可能发生的风险大小，可能造成的损失程度，风险发生的时间，风险事故发生的概率进行分析评价，并对造成的损失做出估算。风险评价可采用定性与定量相结合的方法，客观评价风险后果，做好风险预警工作。

（三）风险应对

风险应对是创业者选择最佳的风险管理技术，能够及时有效地进行风险防范和控制，以实现用最小的投入获得最大的安全保障。风险应对策略有接受、避免、保护、减少、研究、储备和转移几种方式。可以采用回避风险、预防风险、自留风险和转移风险四种方法。

（1）回避风险，是指主动避开损失发生的可能性。虽然回避风险能从根本上消除隐患，但这种方法具有很大的局限性，因为并不是所有的风险都可以回避或应该进行回避。一般情况下，只有在风险发生的频率或造成的损失很高时，才采用回避风险的方法。

（2）预防风险，是指采取预防措施，以减小损失发生的可能性及损失程度。预防风险涉及成本与潜在损失比较的问题，若潜在损失远大于采取预防措施所支出的成本，就应采用预防风险手段。预防风险通常在损失的频率高且损失的幅度低时采用。

（3）自留风险，是指自己非理性或理性地主动承担风险。"非理性"自留风险是指对损失发生存在侥幸心理，或对潜在的损失程度估计不足从而暴露于风险中；"理性"自留风险是指经正确分析，认为潜在损失在承受范围之内，而且自己承担全部或部分风险比购买保险要经济合算。创业自留风险适用于发生概率小，且损失程度低的风险。

（4）转移风险，是指为避免承担风险损失，有意识地将创业面临的风险全部或部分转移给另一方承担，通过转移风险而得到安全保障。这是应用范围最广、最有效的风险管理手段。比如保险转移、合同转移等方式。

不同风险的应对策略如图6-3所示。

	高频率	低频率
高程度	回避风险、预防风险、转移风险	风险避免、预防风险
低程度	回避风险、风险预防	风险自留

图6-3　风险应对策略矩阵

四、大学生创业风险防范

（一）创业前期的风险防范

（1）谨慎选择项目，避免盲目跟风。选择既有市场需求又符合自己的创业项目，这是大学生创业者必须好好扼量的。一般来说，大学生创业者既要客观地分析自身的创业条件，更要冷静地分析创业环境，立足于技术项目，尽量选择技术含量高、自主知识产权明确的项目，并在技术创新的基础上做好产品市场化工作。在选择过程中切忌盲目跟风。

（2）合理组建团队，避开熟人搭伙。在风险投资商看来，再出色的创业计划也具有可复制性，而团队的整体实力是难以复制的，因此他们在投资时，往往更看重有合作能力的创业团队，而非那些异想天开的单干者。团队对于创业是否成功至关重要，志同道合的搭档会是你事业成功的无价之宝。因此，组建创业团队时要考虑专业互补、能力互补、性格互补，要使组建的团队有战斗力，避免熟人搭伙。

（3）注重实践磨炼，回避准备不足。经验不足，缺乏从职业角度整合资源、实施管理的能力，将大大影响大学生创业的成功率。要成功创业，最好先经历过实践的磨炼，先利用业余时间创立一些投资少、见效快、风险小的实体，培养自立自强的创业能力、适应社会的能力，通过实践增加创业体验，熟悉社会环境，学会社会交往。同时，创业的决策要做得科学，要深思熟虑，该想到的困难要想到，做到心中有数，回避准备不足，以克服决策的随意性。

（二）创业中期的风险防范

（1）强化内部管理，培养骨干队伍。一个企业要想持久地保持活力，除了要有不断的创新意识、敏锐的市场观察能力，严格的管理制度也是必不可少的。在出现问题时，都应该严格按照制度处理。创业中期是管理风险集中爆发的阶段，风险解决方案的核心是骨干人才队伍的建设和培养。核心岗位人员配置时建议采用"AB岗"的方式。这样的方式，可充分发挥"相互帮助、相互协调、相互监督、责任共担"的团结协作的长处，可以提高核心岗位决策和执行当中的正确性，避免风险的发生。

（2）积极参与竞争，杜绝急功近利。没有春天的播种，哪来秋天的丰收喜悦。对于创业的思考来说也是一样，需要一个由小到大、由不成熟到成熟、由弱到强的过程。创业过程中，创业者要积极参与竞争，逆境中要坚韧，顺境中要冷静，作为一个大学生创业者，必须做好与风险和困难做斗争的思想准备。

创业不是一件小事情，应该克服急躁情绪，端正心态，采取"稳扎稳打、步步为营、积小胜为大胜"的策略。我们无法想象，一个在早晨沿街叫卖的小商小贩会成为百万富翁。可以说，任何浮躁和急功近利的举动，都对创业者有害无益，甚至会导致前功尽弃。

（3）加强内涵建设，创立品牌形象。创业中期，创业企业要适应市场变化，采用"内抓管理，外塑形象"的战略思想。要注重强化内涵建设，挖掘内部潜力，充分调动员工的主动性、积极性和创造性，用企业文化凝聚人心。同时，企业的经营需要实施正确的品牌经营战略，需要品牌来支撑企业的成长。企业品牌经营以客户为中心，以不断创新的方式、通过产品和服务满足客户的需求，尤其是开发客户潜在的需求，并以独到的产品和服务满足客户的这种需求，这样企业发展才有后劲。

（三）创业后期的风险防范

（1）建立激励机制，凝聚创新人才。人才是企业发展的关键，人力资本是企业的核心资本。创业过程中，创业者与员工都承担着巨大的风险，需要彼此风雨同舟、共渡难关。创业成功后，创业者关注的是未来的更大回报，而员工更关注现在的既得利益。随着企业的扩大，新员工不断加入，他们更多的是一种职业选择，创业者需要考虑建立有效的激励机制来维系企业所需要的更多优秀员工。有效的激励机制既能保障老员工或合伙人的既得利益，又能真正凝聚创新人才，使企业得以稳步发展。

（2）尝试权力授予，完善组织架构。创业过程中，创业者主要是通过集权来实施管理。创业初步成功后，创业者应该尝试授权：一是管理问题变得又多又复杂，创业者不堪重负；二是员工渴望分享权力，希望得到更多的空间与舞台来发挥自己。通过把一些日常性的、非核心的工作授权给中层管理人员，创业者就可以把自己从繁重的事务工作中解脱出来，把更多的精力集中在战略性问题的思考上。同时，创业成功后，企业为了更好地发展，必须建立一整套完善的组织架构来有效地执行决策，有计划地完成企业的既定目标。企业的组织架构需要根据企业的目标和发展阶段来进行调整，创业者应该尝试围绕工作本身来完善组织，力图通过企业组织来实现自己的管理决策和管理理念。

（3）逐步合理扩张，健全制约机制。创业取得初步成功后，随着企业规模的扩大和实力的增强，个人追求财富欲望的膨胀，再加上市场环境日渐规范和竞争的日趋激烈，创业者执着的个性开始显示出脱离实际的倾向，企业行为也围绕着个人的喜好而波动，从而盲目扩张，造成企业不能与自身能力、市场需求相协调，这样是极其危险的，稍不注意就可能血本无归。因此，要有计划、有步骤地，逐步、合理地扩张，建立相应的反馈机制与调控机制，健全各项规章制度，对权力进行必要的制衡，这样才能使创业企业稳步地成长壮大。

第三节 创建商业模式

商业模式是为实现客户价值最大化，通过整合企业运行所需的内外资源，培育和形成企业独特的核心能力，达成企业持续赢利目标的整体解决方案和运行方式。商业模式涵盖了产品和服务价值链的全过程，是企业理念、要素和流程的系统集成，也是企业战略的动态组合。商业模式本质上是若干因素构成的一组赢利逻辑关系的链条。

一、商业模式和商业战略的关系

（一）从内涵的角度看

商业模式和商业战略都涉及诸多彼此相关、必须权衡取舍的重要选择，而且相关选择一经做出并付诸实施，就具有较强的稳定性和持续性。商业战略与商业模式的区别在于：商业战略一般始于确定的目标，而商业模式则非常关注赢利模式。总体而言，商业战略的内涵要大于商业模式。

（二）从事前的角度看

商业战略是对商业模式的选择，商业模式是商业战略的工具，为企业做出适当的战略决策提供有益的支持。

（三）从事后的角度看

商业模式反映的是企业已经付诸实施的战略，既可供其他企业效仿，又能作为本企业判断是否应该进行调整或创新的依据。商业模式与战略的关系如图6-4所示。

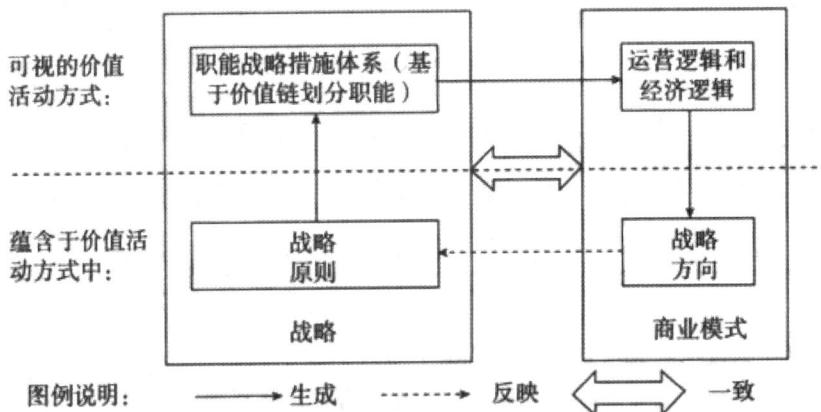

图6-4　商业模式与战略的关系

二、商业模式设计五步法

无论是设计还是完善企业商业模式，都必须遵循商业模式设计完善的五步法。

第一步：界定和把握利润源——顾客。

设计商业模式的时候，首先需要分析顾客需求，目的就是要为产品寻找能够比较容易呈现价值的顾客群。一般而言，企业赢利的难度主要在顾客端。如果商业模式无法找到相对明确的顾客需求，那么这项新事业将会面临无法创造利润的潜在风险。

第二步：不断完善企业利润点——产品。

利润点是指企业可以获取利润的、目标顾客购买的产品或服务。有些企业的产品和服务，要么缺乏顾客的针对性，要么根本不创造利润，这就不是好的利润点。

第三步：打造强有力的利润杠杆，构筑商业模式内部运作价值链。

利润杠杆决定产品或服务能否为企业带来价值。企业利润杠杆主要包括以下几种：组织与机制杠杆、技术与装备杠杆、生产运作杠杆、资本运作杠杆、供应与物流杠杆、信息杠杆、人力资源杠杆等。将没有竞争优势的企业内部价值链外包，是打造利润杠杆的一条有效途径。

第四步：疏通拓宽利润渠道，构筑商业模式外部运作价值链。

利润渠道，即企业向顾客供应产品和传递产品信息的渠道，是商业模式得以正常运作必不可少的外部价值链。戴尔电脑是成功的商业模式，它的利润渠道本身就为戴尔创造了巨大的价值，首先，直销模式大幅降低成本，简化、消灭中间商，这样避免庞大的渠道成本。其次，直销模式加快了戴尔的资金周转速度。

第五步：建立有效保护利润的利润屏障。

利润屏障是指企业为防止竞争者掠夺本企业的目标客户，保护利润不流失而采取的战略控制手段。形象地说，就是撬动"奶酪"为我所有，保护"奶酪"不为他人所动。比较有效的利润屏障主要有：建立行业标准，控制价值链，领导地位，独特的企业文化，良好的客户关系、品牌、版权、专利等。

三、商业模式的创新

失败的企业大致相同，成功的企业却各有各的道路。没有一种商业模式适合于所有企业，也没有一种商业模式永不过时，只要环境是变化的，所有企业都需要对商业模式进行创新。商业模式的创新就是为实现企业持续并有效赢利，而将内外部资源合理调配和利用，以便能够为购买者或消费者提供更为准确的价值的过程。

（一）价值链延展型商业模式创新

这种商业模式创新是在原有价值链的基础上，通过延长其两端的价值活动（按战略管理的说法是纵向一体化），即向行业价值链两端的供应商价值链、渠道价值链和顾客价值链延伸，或者在某些价值活动的横截面上延展同类价值活动，使企业价值链涵盖更多的价值活动，如并购同类企业以实现产品的相关多元化，从而获得成本领先和差异化优势。因此，又可以将延展型商业模式创新分为纵向延展型商业模式创新、横向延展型商业模式创新和混合延展型商业模式创新。

（二）价值链分拆型商业模式创新

价值链分拆型商业模式创新是将企业价值链缩短，只保留核心价值活动（具有核心竞争力且难以被模仿的价值活动）和相对优势价值活动，并在此基础上对价值活动的各利益方，尤其是伙伴关系进行重新整合，形成有效的制度安排。在价值链分拆型商业模式创新中，最具代表性的就是贴牌生产方式。

（三）价值创新型商业模式创新

价值创新既包括技术层面的创新，也包括组织结构、制度安排、价值理念和企业文化层面的创新，这是其他企业很难模仿的。这种通过价值创新形成的商业模式可以产生很强的协同效应，不仅能够提高企业的运营效率，而且可以降低企业的运营成本，增强企业的核心竞争力。

（四）价值链延展与分拆相结合的商业模式创新

价值链延展与分拆相结合的商业模式创新，既对企业基础价值活动进行分拆外包，又把企业以外的其他价值活动纳入企业价值体系中，然后再对价值活动、利益方关系进行优化整合，因此，它兼具了前两类商业模式创新的优点。

（五）混合创新型商业模式创新

混合创新型是现实中存在数量最多、最常见的一类商业模式创新，因为新创企业想要在激烈的市场竞争中长期保持一定的竞争优势，就必须不断地根据自身优势进行创新。一方面通过价值链的延展、分拆，获得成本领先和管理协同，实现优势互补和灵活反应；另一方面通过价值活动的创新，增强企业核心竞争力，提高企业差异化经营能力，为企业和顾客创造更多的价值。

第四节　筹集创业资金

一、借来的资源会放大创业

没有几个人会完全用自己的资源创业，很多人都是用别人的资源创业的。根本的原因是创业所需要的资源具有连续性，多数情况是找到机会时，却缺少足够的资源，况且创业者并不会将资源闲置在一边，去等待机会的到来，即使创业者准备了一定数量的资源，也很难预先估计需要多少资源，然后再去准备。

对于没有资源的创业者来说，要实现创业呢，只能借助于外部资源。如果把自己的资源作为核资源（不管是关键性资源，还是自有资本），它们都是获得外部资源的重要依据，这一核资源需要创业者自己创建。但是这还不够，因为如果创业者创建的是关键资源，外部资源就会被主动吸引，但如果创业者没有创造出关键资源，这时就需要考虑如何利用好外部资源。

首先，外部资源不容易被使用。原因是外部资源处于分散状态，分散的资源自己做不成什么，而且如果你想用这种资源做什么也很难，你得到处去拉这些资源，每每都要说服动员，有着很高的交易成本。这种成本又会因人而异，有些人不习惯张嘴求人，这样会导致更高的交易成本。另外，这些分散的资源又处于隐蔽状态，资源是人们的隐私，所以去说服谁也成为一个问题。

其次，外部资源的使用需要借助于个人信用。个人信用的建立是非常不容易的事情，一方面，个人信用多以个人诚信为基础，一个经历过不诚信事件的人，很难获得人们的信任；另一方面，个人信用的监督成本很高，只有在人们活动范围很小，如氏族社会的条件下，个人信用才会成为主要信用方式。

这样，就构成了一对矛盾——人们需要外部资源，却由于个人信用的原因无法获得外部资源，进而产生了很多能够获得外部资源的调配机构和中介机构。它们都是市场机构，有赢利目标，却能为个人信用不足的经济体制定利用外部资源的制度条件。最典型例子就是银行，人们需要资金，银行把社会的闲散资金集中起来，放贷给需要资金的人，银行在其中起着双向的资金担保作用：对存款者来说，银行可以用其他存款人的资金作为基础来保证某些存款人的急需；对贷款人来说，可以承担对贷款人的信誉担保，如果贷款人不能偿还，则由银行偿还。正因为有这种双向的担保，所以银行可以集中分散的资金，为储户保密，也可以建立用款人的信用审查制度，如抵押贷款或按揭，即以自有资源为基础，在银行制度下获得更多的资源。

除银行制度，市场还演化出多种租赁服务，如房屋租赁、家具租赁、办公设施租赁、施工设备租赁等。从本质上看，这些方式都是按揭，即以物为抵押分期付款（交纳租金）。

二、创业资金测算

在创业启动之前，我们需要对创业资金进行一次准确的预测，这样才能为以后的发展提供坚实的基础。我们如何寻找到具有可信性和可靠性的信息，并进行资金测算，以下几个渠道可以提供一些参考。

（一）正在运营公司的人

如果有些创业者经营与你正打算创立的企业类似的业务，他们应该是你获取创业成本信息的好渠道，当然，你未来的竞争对手可能会不愿意为你提供帮助，但在你所处地区以外的创业者往往愿意帮助你。

（二）供应商渠道

供应商是研究创业启动成本的另一个好资源。打电话，告诉对方自己正在研究某一地区的成本，因为你打算创业。通常来说，他们是非常欢迎你的，因为你未来可能会成为他们的客户。但是，不要过度依赖你最初联系的那些供应商，可以多做一些比较，你可能会发现明显差异。询问供应商是否有设备租赁业务、大宗购买的折扣、各种信用付款条件、打包购买的优惠和其他服务选项，这些都可能会降低你的前期成本。

（三）贸易协会

这是你直接面对的特定细分市场，根据不同的行业，贸易协会可以给你提供一些创业启动成本的工作表和财务报表，以及该行业的创业者和供应商信息、市场调研数据和其他有用的信息。供应商协会也是好的资源。

（四）创业指南

从一些独立的出版公司和行业协会都可以得到《创业指南》一类的报刊。这些指南会成为研究创业成本的好资源，特别是在成熟的产业中。另外还要考虑到全国各地在成本上有很大的差别。当你在阅读时，要寻找那些可以帮助你降低开办成本的提示和建议。

（五）特许经营组织

如果你想购买特许经营权，特许授权人会给你大量关于启动公司的数据。不要认为这些数字是绝对的，因为成本也取决于你所处的位置。根据你自己的情况，测算特许人给你的数据。还可以打电话给现有的特许加盟者，询问他们的实际成本，看看与特许人提供的预测数字差距有多大。

（六）与创业起步相关的文章

报纸和杂志上的文章很少会逐项告诉你某个地区、特定行业的创业成本。然而，通过这些文章还是可以粗略估计出总的运营成本，并帮助你逐项列出需要调研的成本项目。要始终使用可靠的消息来源。

（七）商业咨询顾问

合格的商业咨询顾问可以为你在创业启动成本上提供很好的咨询意见，他们甚至还做了很多适合你的调研。咨询顾问们还可以帮助你将自己的调研转化为有用的财务预测和假设。如果你决定找一名咨询顾问帮忙，那么要找一个熟悉你所在行业，并且在服务初创公司、创立公司方面很有经验的人。

单一的渠道来源可能无法告诉你，创立一家新的企业究竟具体需要多少成本。但只要努力研究，调研结果最终会真实地告诉你，你的经营理念在财务上是否可行，并建议你如何提升自己的成功概率。一旦你调查出了公司的启动成本，并制订了健全的商业计划，基于这些数字，你就已经做好一切准备了。

三、创业的融资方式划分

融资是指企业根据自己的财务状况，经营状况，以及未来发展目标的需要，向投资者或者债权人募集资金，以保证公司正常生产需要、经营管理活动需要的行为与过程。在我国市场经济条件下，创业企业的融资方式按照融资来源可分为内源融资和外源融资。

（一）内源融资

内源融资是指企业将折旧和余存盈利转化为投资的过程。融资来源可以是企业税后利润（积累资金）或者处于生产过程之外的闲置资金（沉淀资金）。由于处于初创期的企业经营时间较短，积累资金相对缺乏。因此，大多数初创业的企业会选择沉淀资金作为其内源融资的来源。内源融资由于其资本来源，而具有原始性、自主性、低成本性、抗风险性等特点。

最适合大学生创业融资的方式莫过于亲情融资，这是典型的内源融资方式。创业初期最需要的是低成本资金支持，如果亲朋好友在银行存有定期存款或国债，这时，你可以和他们协商借款，按照存款利率支付利息，并可以适当上浮，你就可以非常方便快捷地筹集到创业资金，亲朋好友也可以得到比银行略高的利息，可以说两全其美。不过，这需要借款人有良好的信誉，必要时可以找担保人或用房产证、股票、金银饰品等做抵押，以解除亲朋好友的后顾之忧。

再者就是合伙创业。合伙创业不但可以有效筹集到资金，还可以充分发挥人才的作用，并且有利于对各种资源的利用与整合。合伙投资要特别注意以下问题：一是要明晰投资份额，个人在确定投资合伙经营时应确定好每个人的投资份额。二是要加强信息沟通。很多人合作是因为感情好，你办事我放心，所以就相互信任。长此以往，容易产生误解和分歧，不利于合伙基础的稳定。三是要事先确立章程。合伙企业不能因为大家感情好，或者有血缘关系，就没有企业的章程，没有章程是合作的大忌。

（二）外源融资

外源融资是指企业募集其他经济个体的资金，使之转化为自己的生产经营投资的过程。外源融资又可分为直接融资和间接融资。

直接融资是指资金供需双方直接磋商确立信贷关系，或由供给方直接购入需求方发行的股票或债券。从资金来源划分，直接融资可分为股权融资和企业债券融资。股权融资是股份公司通过发行股票实现的。这些特点决定其适合发展潜力较大，具有较大升值空间的创业企业。债券融资是企业为了筹集资金，作为债务人向债权人承诺在将来一定时期返还本息，而发行有价证券的融资方式。由于创业企业的经营状况和信用状况尚不明确，加之债券融资在审批程序上的耗时性，债券融资一般不适合作为创业企业的融资方式。

间接融资是指资金供需双方通过金融媒介确立债权债务关系的融资方式。这些金融媒介通过出售间接证券（如银行存款单、人寿保险单等）筹得资金，以放款和投资的形式购入资金需求者发行的股票或债券。间接融资的主要优点是风险由金融结构的多样化资产和负债承担，这也有利于向社会各界广泛筹集资金。下面介绍几种适合创业的间接融资办法。

（1）银行贷款。被誉为创业融资的"蓄水池"，与债券融资相比，银行借贷具有速度较快的优势；与股权融资相比，银行借贷具有融资成本较低的优势。这是由于贷款人承担的风险低，所以银行所要求的收益率也就较低。因而对于初始资本较为匮乏，而又需要短时间内获得资金的创业企业来说，间接融资（包括银行借贷）是较理想的外源融资渠道。然而在实际操作中，由于创业企业一般缺乏信用记录，间接融资具有一定的困难。

目前我国为了鼓励创业，开设了个人创业贷款。这是指具有一定生产经营能力或已经从事生产经营活动的个人，因创业或再创业提出资金需求申请，经银行认可有效担保后而发放的一种专项贷款。符合条件的借款人，根据个人的资源状况和偿还能力，最高可获得单笔50万元的贷款支持；对创业达一定规模或成为再就业明星的人员，还可提出更高额度的贷款申请。创业贷款的期限一般为1年，最长不超过3年。

银行贷款一般分为短期贷款和中长期贷款，贷款期限越长利率越高，如果创业者资金使用需求的时间不是太长，应尽量选择短期贷款。比如，原打算办理2年期贷款可以一年一贷，这样可以节省利息支出。另外，创业融资也要关注利率的走势情况，如果利率趋势走高，应抢在加息之前办理贷款；如果利率走势趋降，在资金需求不急的情况下则应暂缓办理贷款，等降息后再适时办理。

创业过程中，如果因效益提高、货款回笼，以及淡季经营、压缩投入等原因致使经营资金出现闲置，这时，可以向贷款银行提出变更贷款方式和年限的申请，直至部分或全部提前偿还贷款。贷款变更或偿还后，银行会根据贷款时间和贷款金额据实收取利息，从而降低贷款人的利息负担，提高资金使用效率。

作为创业者，要做好打"持久战"的准备，因为申请贷款除了与银行打交道，还要与工商管理部门、税务部门、中介机构等接触。手续烦琐，任何一个环节都不能出问题。

（2）民间借贷。民间借贷多发生在经济较发达、市场化程度较高的地区，如广东、江浙地区。这些地区经济活跃，资金流动性强，资金需求量大。市场存在的现实需求决定了民间借贷的长期存在并能兴旺发达。借贷过程中要注意借据要素齐全，借贷双方应就借贷的金额、利息、期限、责任等内容签订书面借据或协议。法规规定，民间借贷的利率可适当高于银行贷款利息，但最高不得超过银行同类贷款的 4 倍，超过此限度的部分称之为"高利贷"，不受法律保护。此外，不得将利息计入本金中计算复利（即利滚利），否则同样不受法律保护。

（3）风险投资和天使投资。风险投资也叫"创业投资"，一般指对高新技术产业的投资。初次创业者不要只把风险投资仅看作是掏钱给你的人，他们对你的公司会有所掌控，在产品开发、公司扩大规模等方面有很多经验，除了资金注入之外，他们还会提供重要的增值服务。天使投资是自由投资者或非正式风险投资机构，对原创项目构思或小型初创企业进行的一次性的前期投资。天使投资虽是风险投资的一种，但两者有着较大差别：天使投资是一种非组织的创业投资形式，其资金来源大多是民间资本，而非专业的风险投资商；天使投资的门槛较低，有时即便是一个创业构思，只要有发展潜力，就能获得资金。此外，还可以寻找来自商业计划竞赛的奖金，或捐赠等形式的免费资金。这些资金不用偿还，也不用考虑回报问题。可以向当地的商业孵化器、经济发展中心、小企业发展中心等机构寻求有关本地区免费资金来源的信息。

（4）创业融资宝，是指将创业者自有合法财产或在有关法规许可下，将他人合法财产进行质（抵）押的形式，从而为其提供创业急需的开业资金、运转资金和经营资金。该融资项目主要针对"4050人员"，以及希望自主创业的社会青年群体。贷款期限最长为半年。创业融资宝的融资"力度"不是很大，因此，解决创业资金问题一般要经过几轮融资后才能实现。

四、创业融资策略选择

如何从纷繁复杂的融资方式中选择最适合本企业的方式，我们应注意以下选择策略。

（一）先内源后外源

由于内源融资相较外源融资所具有的自主性、抗风险性，创业企业宜采用先内源、再外源的融资顺序。维持创业企业正常运转的资金宜采用内源融资。而在资金急需时期，可考虑银行借贷、股权融资等外源融资手段。

（二）确定资金需要量

发展生产经营需要资金，但如果资金过剩，就很可能影响资金使用效率。所以创业企业不可盲目大量融资。这就需要创业企业决定好在各个发展阶段自身的资金需求，从而根据自身的资金需求来选择融资方式和数量。对于创业企业，由于其缺乏经营的历史资料，最常用的确定资金需要量的方法是定性预测法。也就是由熟悉企业财务情况和生产经营的专家，根据经验对企业的资金需要量做出判断。

（三）选择合适的规模

对所在行业进行调研，再确定自己的细分市场。如果第一条生产线规模太大，所需的启动资金就多。不能盲目认为市场需求大就应该一上来就抓住时机大干一番，利用手上的现有资金，看看这些资金究竟适合多大的生产规模。

（四）降低融资成本

不同融资方式通常意味着不同的融资成本。创业企业的初始资金一般较少，没有抵押物，而且信用记录缺失。如果融资成本过大，则企业资不抵债的风险会相应加大，甚至导致破产。所以创业企业在选择融资方式时要尽量降低融资成本。一般来讲，对于几种主要融资方式按融资成本由低到高的排列顺序是：内源融资＜银行借贷＜债券融资＜股权融资（其中债券融资在创业企业中不常用）。

（五）保持对企业的控制权

在融资过程中，企业可能会以一部分企业控制权和所有权来交换外界的风险投资，这在股权融资中尤为常见。对于创业企业来说，保持企业的控制权对公司的长远发展至关重要。所以创业企业在融资时不仅要考虑融资成本，而且要考虑企业控制权的丧失。比如，在选择融资方式时，可考虑银行借贷等渠道以保证对企业的控制权。

（六）根据外部环境选择融资方式

创业企业在选择融资方式时需考虑诸多外界环境因素，包括宏观经济环境、外币汇率、国家财政政策、法律条文修改等。比如，在利率较低的时期，创业企业可考虑银行借贷；在利率较高的时期，则宜采用股权融资以减少融资成本。

总体来说，创业企业有多重的融资渠道，盲目选择是不可取的。应该根据自身特点和外界环境因素选择适合自身未来经营发展的融资方式。

第五节　选择创业人才

一、创业初期人才的吸引

创业办企业，就要招聘人才，通过人才来完成企业的各项任务。创业第一年，当你还不具有相当的经济实力时，只能借助其他优势来吸引人才。例如，为人才提供一个能发挥自己能力的舞台、创造一个良好的人际关系环境、开发能看到前途的适应市场竞争的产品项目，等等。

（一）价值回报

高薪固然能吸引人才，但它不是唯一的途径，而且仅靠高薪吸引的人才能不能留住也是一个问题，因为人的需求是多方面的，对于真正重视自身价值的人才来说，金钱不是唯一的考虑。创业时期的企业，保证人才在事业的成功中拿到自己该拿的那一份报酬，就能够吸引很多优秀的人才。

（二）领导的个人魅力

一般来说，企业文化对吸引人才有很重要的作用，但是对于初创的企业来说，企业文化氛围还未成熟。在这种情况下，创业者的个人魅力起着举足轻重的作用，个人魅力包括魄力、人品等很多方面，是创业者综合素质的表现。

（三）发展前景

由于社会的压力，人们在择业上越来越慎重，他们不仅看重企业的当前状况，更注重企业的未来前景及自己在企业的发展（这种发展本身具有对未来社会的适应性）机会。因此，创业者不仅要做好企业当前管理，还必须有一个长远的发展规划与方略。通俗地讲，要有一个"企业的梦"，同时还应有一个系统的人才培养与选拔的体系，它给进入企业的每人一个"个人的梦"，也就是个人职业生涯规划。除了采用、落实前述各种吸引人才的措施，还必须有其他相应的方法，以保证人才始终处于被激励的状态，从而长久地为企业作贡献。对此，主要是要建立起一套开放的人才流动的机制。

二、创业初期需要的人才

创业第一年，创业者的时间和资金都非常宝贵，如果能迅速招到大批合格的员工，那么就能推动企业顺利进入运营状态；相反，如果招到的员工不合格，或者很长时间派不上用场，那么势必会浪费时间和财力。而这些浪费往往有可能危及新生企业的生存和发展。因此，在创业之初，创业者在招聘员工时，一定要坚持"每个员工必须有用"的招聘原则，迅速地为自己打造起一支高效的创业团队。针对初期的特殊性，创业第一年，创业者应该招揽具有以下特征的人才。

（1）智谋胆略皆备的英才。这是胸怀天下一类的豪杰人物。他们不但胸怀奇谋，智慧超群，更可贵的是他们有敢于行动的勇气和策略，能够机敏灵活地应对各种突变，而不会惊慌失措。

（2）顽强竞争的人才。这种人具有挑战精神，不怕挫折和失败，明确自己的目标和意愿，顽强地奋争，去争取目标的实现。他们还有强烈的主体意识和主人翁态度，不安于在指令下做一些不需承担风险和责任的工作，并有独立思考能力，不怕孤军作战，能独当一面，并有总揽全局的设想。

（3）敢于提出创见的人才。新颖的见解表现在创新、探索上，是可贵的创造性品质，现代企业将敢于提出并善于提出新见解的人，看得比仅有勤奋品质的人更重要。

（4）灵活创新的人才。不因循守旧，不墨守成规的人是最富有魅力的。面对超速运行的信息社会，按照既定模式办事的人迟早会被淘汰，应努力开拓视野，以适应现代社会产业结构的不断变化

（5）愈战愈勇的人才。有的人经不起批评，忍受不了失败的挫折，这是人的心理承受能力低下、个性羸弱的表现。在现代社会，成功与风险并存，聪明的领导不敢重用一帆风顺或祈望一帆风顺的人。只有百折不挠，对困难、失败有良好耐受能力的人，才可能被委以重任。

三、创业者招聘计划的制订

创业者在招聘人才前，应制定好一份详实的招聘计划，为正式招聘时提供参考指导。

招聘计划一般包括以下内容。

（1）人员需求清单，包括招聘的职务名称、人数、任职资格要求等内容。

（2）招聘信息发布的时间和渠道。

（3）招聘小组人选，包括小组人员姓名、职务、各自的职责。

（4）应聘者的考核方案，包括考核的场所、大体时间、题目设计者姓名等。

（5）招聘的截止日期。

（6）新员工的上岗时间。

（7）招聘费用预算，包括资料费、广告费、人才交流会费等。

（8）招聘工作时间表，尽可能详细，以便于他人配合。

（9）招聘广告样稿。

招聘计划的编写一般包括以下步骤。

（1）获取人员需求信息。人员需求一般发生在以下几种情况：人力资源计划中明确规定的人员需求信息；企业在职人员离职产生的空缺；部门经理递交的招聘申请，并经相关领导批准。

（2）选择招聘信息的发布时间和发布渠道。

（3）初步确定招聘小组。

（4）初步确定考核方案

（5）明确招聘预算。

（6）编写招聘工作时间表。

（7）草拟招聘广告样稿。

四、创业者招聘渠道

创业者可以通过以下一些渠道来招聘人才。

（1）人才交流中心。在全国的各大中城市，一般都有人才交流服务机构。这些机构常年为企事业用人单位服务。他们一般建有人才资料库，用人单位可以很方便地在资料库中查询条件基本相符的人员资料。通过人才交流中心选择人员，有针对性强、费用低廉等优点，但对于如计算机、通讯等热门人才或高级人才的招聘效果不太理想。

（2）招聘洽谈会。人才交流中心或其他人才机构每年都要举办多场人才招聘洽谈会。在洽谈会中，用人企业和应聘者可以直接进行接洽和交流，节省了企业和应聘者的时间。随着人才交流市场的日益完善，洽谈会呈现出向专业方向发展的趋势。比如有中高级人才洽谈会、应届生双向选择会、信息技术人才交流会，等等。洽谈会应聘者集中，企业的选择余地较大。但招聘高级人才还是较为困难。

通过参加招聘洽谈会，企业招聘人员不仅可以了解当地人力资源素质和走向，还可以了解同行业其他企业的人事政策和人力需求情况。

（3）传统媒体。在传统媒体刊登招聘广告可以减少招聘的工作量，广告刊登后，只需在企业等待应聘者上门即可。在报纸、电视中刊登招聘广告费用较大，但可展现企业形象。很多广播电台有人才交流节目，播出招聘广告的费用较报纸、电视广告会少很多，但效果也比报纸、电视广告差一些。

（4）校园招聘。对于应届生和暑期临时工的招聘可以在校园直接进行。方式主要有张贴招聘告示、举行招聘讲座和"毕分办"推荐三种。

（5）网上招聘。随着网络普及，通过因特网进行招聘具有费用低、覆盖面广、时间周期长、联系快捷方便等优点。

（6）员工推荐。员工推荐对招聘专业人才比较有效。员工推荐的优点是招聘成本小、应聘人员素质高、可靠性高。据了解，美国微软企业40％的员工都是通过员工推荐方式获得的。为了鼓励员工积极推荐，企业可以设立一些奖金，用来奖励那些为企业推荐优秀人才的员工。

（7）人才猎取。对于高级人才和尖端人才，用传统的渠道往往很难获取，但这类人才对企业的作用确是非常重大的。通过人才猎取的方式可能会更加有效。人才猎取需要付出较高的招聘成本，一般委托"猎头"企业的专业人员来进行，费用原则上是被猎取人才年薪的30%。目前在北京、上海和沿海地区"猎头"企业较为普遍。

第六节　赚取第一桶金

一、进行市场调研

市场调研是指创业者运用科学的方法，有目的、有计划、系统地搜集、整理和记录相关市场信息，通过对信息的分析，初步判断市场情况，了解市场的现状及其发展趋势，为预测市场发展和创业决策提供相对客观、准确的依据，以便指导创业者做出正确的创业决策。"知己知彼，百战不殆。"作为创业者，需要的是激情，而不是冲动，创业不是赌博，作为大学生往往因为信息获得得不够全面，看到很多成功企业家在商界如鱼得水，就抱有"只要有钱投入就有结果"的心态，把创业变成了"闯业"。大学生创业点子不缺创意和商机，有些还能站在市场的前沿，但启动一个商业计划前，都需要做大量的市场调研，仔细研究计划是否可行、如何实施等问题，要让市场调研成为创业者不可忽视的辅佐力量，这样才能够让创业者更加理性，提升创业的成功率。

（一）市场调研的步骤

市场调研是创业者创业前的必要工作，调研必须有计划地、按步骤进行，避免调研的混乱与盲目。市场调研一般按照以下步骤进行，如图6-5所示。

1. 确定市场调研目标

市场调研的目的在于帮助创业者准确地做出创业决策和经营战略。在市场调研之前，必须先认清计划创办企业所面临的市场现状和亟待解决的问题，如现有市场情况、人们对

产品的需求情况、原料以及服务的情况等，然后再确定市场调研的目标和范围

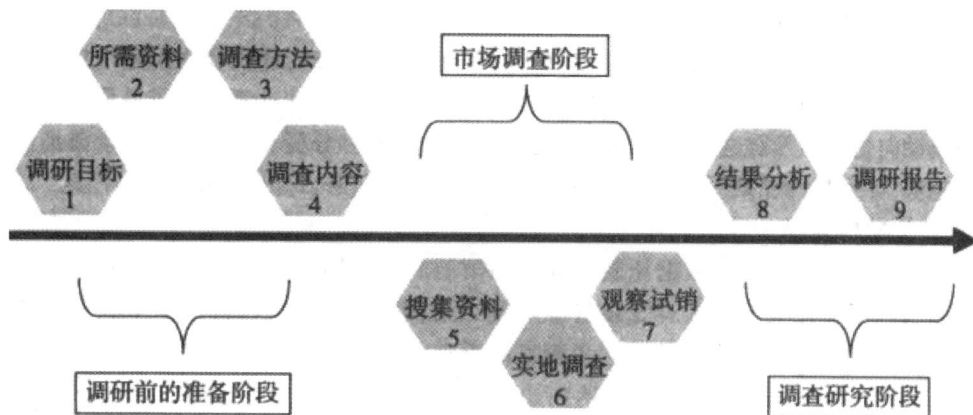

图6-5　市场调研的一般步骤

2．确定所需要信息资料

任何一个市场的信息都浩若烟海，创业者进行市场调研必须根据已确定的目标和范围，来收集与之密切相关的资料，没有必要面面俱到。纵使资料堆积如山，如果没有确定的目标，也只会事倍功半。

3．选择调查方法

创业者在进行市场调查时，收集资料必不可少。而收集资料的方法极其多样，创业者必须根据自己计划创办企业所需的信息与资料来选择适合自己的方法，特别需要确认这些方法确实是自己能够实施的。调查的主要目的是判断自己的企业能否创办或者如何创办，而不是为了调查而调查，所以创业者在选择调查方法时，首要的就是选择自己能够实施的调查，当然有必要且经济允许的条件下，可以借助专业的调查机构购买服务，这也是可以的。

4．设计调查内容

每一个企业都有很多共性的东西，当然更多的是其独特性。作为创业者，在设计调查内容时既要全面考虑，同时又要重点突出自己必需的调查内容。调查内容的设计，关系到整个调查的成败。作为计划尝试创业的大学生，由于社会经验相对比较少，更要认真设计好自己的调查内容。创业前常见的调查内容有：市场需求调查、顾客情况调查、竞争对手调查、市场销售策略调查等。

5．搜集二手资料

搜集二手资料是最廉价、最便于初步了解自己所需资料与信息的方法，创业者要尽可

能充分地利用二手资料和信息。很多二手资料对创业者而言，调查价值非常高，而且是创业者很难完成的，例如，国家统计局数据、同类大企业市场调研报告等。

6. 实地调查

遇到二手资料不能搜集，或者二手资料需要验证的问题时，需要实地调查。实地调查要结合自己的创业目的与既定的调研计划进行，实地调查可以结合二手资料，做深入的调研，这些深入的调研对创业者的决策尤为重要。

7. 进行观察与试销

在调查结果不足以揭示既定目标要求和信息广度及深度时，还可以采用实地观察和体验试销的方法，组织有经验的市场调研人员对调查对象进行公开和秘密的跟踪观察，或是对自己计划生产的产品或服务进行必要的客户体验或者试销，记录相关的数据与信息，以获得更具有针对性的信息。

8. 结果分析

对调查获得的信息和数据进行进一步统计分析，提出相应的建议和对策是市场调研的根本目的。创业者必须以客观的态度和科学的方法进行细致的统计计算，以获得具有高度概括性的市场动向指标，并对这些指标进行横向和纵向的比较、分析和预测，以揭示市场发展的现状和趋势，结果分析的禁忌就是创业者带有自身的感情色彩，片面分析数据与信息。

9. 研究报告

市场调研的最后阶段是根据比较、分析和预测的结果写出调研报告，一般分专题报告和全面报告两种，用来阐明针对既定目标所获结果，以及建立在这种结果基础上的经营思路、可供选择的行动方案和今后进一步探索的重点。特别要注意的是，对调研结果进行统计、分析和预测后所获得的信息，要达到如下要求.

（1）准确性。准确性是创业者创业前市场调研的基础，对于市场的调查必须坚持科学的态度、求实的精神，要客观地反映事实。要认真鉴别信息的真实性和可信度，要求做到信息的根据充分、推理严谨、准确可靠，这样的调研才能为创业者提供创业的参考与指导。

（2）及时性。创业市场是瞬息万变的，任何市场信息，重要的情报，都有极为严格的时效性。所以市场调研必须适时提出，迅速实施，按时完成，其所得信息情报要及时利用。

（3）针对性。市场信息多如牛毛，不应该也不可能处处张网，所以市场调研首先要明确目的。根据目的的要求，有的放矢，以免劳民伤财，事倍功半。

（4）系统性。市场信息在时间上应有连贯性，在空间上应有关联性，随着时、空的推移和改变，市场将发生日新月异的变化，信息也将不断扩充。创业者应对市场调研的资料加以统计、分类和整理，并提炼为符合事物内在本质联系的情报，否则只是一个"杂烩"。

（5）规划性。市场信息面广量大，包罗万象，因此，要做好信息管理工作，就得加强规划。既要广辟信息来源，又要分清主次，突出重点；既要持之以恒，又要注意经济效益；既要充分利用各方面的力量，又要有专业化的组织和统一管理。

（6）预见性。市场信息的搜集和整理，既要满足当前创业决策的需要，又要分析未来的变化趋势，预见今后的发展，看创业是否具有持续性。

（二）市场调研内容

在实施市场调研的过程中，作为第一次创业的大学生往往感觉需要调研的内容特别多，而且无从下手。实际上，作为创业者我们要重点考虑以下四个方面：你的市场需求在哪里？你的顾客在哪里？你的竞争对手如何？你的市场销售策略是什么？

1. 市场需求调研

市场需求是指人们在欲望驱动下的一种有条件的、可行的且是最优的选择，这种选择能够使欲望得到最大限度的满足。需求不等于需要，即人们总是选择能负担得起的最佳物品，市场需求分为直接需求和潜在需求。

直接需求是指已经存在的市场需求，表现为消费者既有欲望，又有一定的购买力（货币支付能力）。直接需求往往是大多数人能够看得到的，所以竞争力比较大，一般不作为创业者的首选。

潜在需求是指消费者虽然有明确意识的欲望，但由于种种原因还没有明确显示出来的需求。一旦条件成熟，潜在需求就转化为直接需求，为企业提供无穷的商机。潜在需求是十分重要的，在消费者的购买行为中，大部分需求是由消费者的潜在需求引起的。因此，创业者要想在激烈的市场竞争中取胜，不但要着眼于直接需求，更应捕捉市场的潜在需求，进而采取行之有效的开发措施。

潜在需求可分为以下四种类型。

第一类，购买力不足型。这是指市场上某种商品已现实存在，消费者有购买欲望但因购买力一时受到限制而不能实现，使得购买行为处于潜伏状态。这种类型的商品多是高档消费品。创业者可以从成本控制与价格因素两方面考虑是否介入这类产品。

第二类，适销商品短缺型。这是指由于市场上现有商品并不符合消费者需求，消费者处于待购状态，一旦有了适销商品，购买行为随之发生。目前市场上属于短缺的产品非常少，如果不是垄断行业，一旦发现短缺商品的情况将是创业者的首选。

第三类，对商品不熟悉型。这是指由于消费者对某一商品不了解，甚至根本不知道，而使消费需求处于潜伏状态。这类商品大多是新科技类产品，市场认同需要一定的过程。但是，创业的潜力非常大。

第四类，市场竞争倾向型。这是指由于生产厂家很多，同类商品市场竞争激烈，消费者选择性强，所以在未选定之前，对某一个企业的产品而言，这种需求处于潜伏状态。这类产品更多地可能是在比拼服务与附加价值的直接竞争。

了解了市场的需求，创业者就要结合自己计划创业的企业挖掘市场的需求，特别是潜在需求，根据这些需求设计相应的调研，这些调研的数据与信息对创业者尤为重要。

2. 顾客情况调研

这些调研的顾客可以是你原有的客户，也可能是你潜在的顾客。顾客情况调查包括两个方面的内容。

（1）顾客需求调查。例如：购买某种产品（或服务项目）的顾客大都是些什么人（或社会团体、企业），他们希望从中得到哪方面的满足和需求（如效用、心理满足、技术、价格、交货期、安全感等），现时的产品（或服务项目）为什么能够较好地满足他们某些方面的需要等。

（2）顾客类型调查。重点了解顾客的数量、特点及分布，明确你的目标顾客，掌握他们的详细资料，如果是某类企业和单位的话，应了解这些单位的基本状况，如：进货渠道、采购管理模式、联系电话、办公地址，某项业务负责人具体情况和授权范围，对某种产品和服务项目的需求程度、购买习惯和特征。如果顾客是消费者个人，应了解消费群体种类，即目标顾客的大致年龄范围、性别、消费特点、用钱标准、对某种产品和服务项目的需求程度、购买动机、购买心理、使用习惯等。掌握这些信息，将为你有针对性地开展业务打下基础。

3. 竞争对手调查

在开放的市场经济条件下，很难做到独家经营。所以在你开业前，也许已有人做相同或类似的业务，这些就是你现实的竞争对手。也许你开展的业务是全新的，有独到之处，所以在你刚开始经营的时候，没有对手；一旦你的生意兴旺，马上就会有许多人学习你的业务，竞相加入，这些就是你的潜在对手。了解竞争对手的情况，包括竞争对手的数量与规模，分布与构成，竞争对手的优缺点及营销策略，做到心中有数，才能在激烈的市场竞争中占据有利位置，有的放矢地采取一些竞争策略，做到"人无我有，人有我优，人优我独，人独我精"。

4. 市场销售策略调查

重点调查了解目前市场上经营某种产品或开展某种服务项目的促销手段、营销策略和销售方式主要有哪些。例如，销售渠道与销售环节：最短进货距离和最少批发环节，广告宣传方式和重点，价格策略。有哪些促销手段：有奖销售还是折扣销售。销售方式有哪些：批发还是零售、代销还是自销、专卖还是特许经营等，调查一下这些经营策略是否有效，有哪些缺点和不足，从而为你决定采取什么经营策略、经营手段提供依据。调查对象：一般为消费者、零售商、批发商。在以消费者为调查对象时，要注意到有时某一产品的购买者和使用者不一致，如对婴儿食品的调查，其调查对象应为孩子的母亲。此外，还应注意到一些产品的消费对象主要针对某一特定消费群体，或侧重于某一消费群体，这时调查对象应注意选择产品的主要消费群体，如对于化妆品，调查对象主要为女性；对于酒类产品，其调查对象主要为男性。

二、分析市场机会

创业者分析市场机会可从以下四个方面入手。

（1）潜在市场机会和表面市场机会。市场机会中那些明显没有被满足的市场需求称为表面市场机会；而那种隐藏在现有需求后面的未被满足的市场需求被称为潜在市场机会。

（2）行业市场机会与边缘市场机会。每个企业都有它特定的经营领域。对于出现在本企业经营领域内的市场机会，我们称之为行业市场机会；对于在不同企业经营领域之间的交叉与结合部分出现的市场机会称之为边缘市场机会。一般来说，企业对行业市场机会比较重视，因为它能充分利用自身的优势和经验，且发现、寻找和识别的难度系数小。但是行业市场机会可能因为同行业间的激烈竞争而失去或降低成功的机会。由于各企业都比较重视行业的主要领域，所以在行业与行业之间有时会出现"夹缝"，从而形成真空地带，无人涉足。但它比较隐蔽，难于发现，需要有丰富的经验和大胆的开拓精神。

（3）目前市场机会与未来市场机会。那些在目前环境变化中出现的机会市场被称作目前市场机会；而那些在目前市场上并未表现出大量需求，仅仅表现为一部分人的消费意愿或极少需求，但通过市场研拜和预测分析将在未来某一时期内实现的市场机会被称作未来市场机会。二者并没有明显区别，只是在于时间先后顺序和是否具备可能转变为现实的客观条件。一般来说，刚成立的企业，从发现有利的市场机会到推出产品进入市场，总是需要一定时间的。如果有企业提前预测到这种机会将在某一时间出现，从而早做准备的话，就缩短了这一时间过程，可以在这种市场机会到来时将自己准备好的产品推入市场，获得领先优势。

（4）全面市场机会与局部市场机会。全面市场机会是在大范围市场（如国际市场、全国市场）出现的未满足的需求，而局部市场机会则是在一个局部的市场（如某个省或某个特定地区）出现的未满足的需求。对于一个创业者来说，区分这两种市场机会非常必要。一个企业所处的外部环境，既受到作用于整个市场的一般因素的影响，又受到只作用于该特殊区域的相关因素的影响。因此，这种区分可以使自己少犯教条主义或主观主义的错误。

三、进行市场细分

创业之初，可从以下几点进行市场细分。

（1）依据需求选定产品市场范围。产品市场范围应以市场的需求而不是产品特性来定。比如一家房地产公司打算建一幢简朴的小公寓。从产品特性如房间大小、简朴程度等出发，可能认为这幢小公寓是以低收入家庭为对象的，但从市场需求的角度分析，便可看到许多并非低收入的家庭也是潜在客户。举例来说，有的人收入并不低，市区已有宽敞舒适的居室，但又希望在乡间再有一套房，作为周末生活的去处，所以，企业要把这幢普通的小公寓，看作整个住宅出售业的一部分，而不应孤立看成只是提供低收入家庭居住的房子。

（2）列举潜在客户的基本需求。选定产品的市场范围以后，大致估算一下潜在客户有哪些需求，这一步能掌握的情况有可能不那么全面，但能为以后的深入分析提供基本资料。

（3）分析潜在客户的不同需求。向不同的潜在客户调查了解，上述需求哪些对他们更为重要？比如，在校外租房住的大学生，可能认为最重要的是遮风避雨、停放车辆方便、经济、方便上课和学习等；新婚夫妇的希望是遮蔽风雨、停放车辆方便、不受外来干扰、满意的公寓管理等；较大的家庭则要求遮蔽风雨、停放车辆方便、经济、足够的儿童活动空间等。这一步至少应进行到有三个分市场出现。

（4）移去潜在客户的共同需求。企业需要移去各分市场或各客户群的共同需求。这些共同需求固然很重要，但不能作为市场细分的基础。比如说，遮蔽风雨、停放车辆方便和安全等几乎是每一个潜在客户都希望的。企业可以把它用作产品决策的重要依据，但在细分市场时则要移去。

（5）分市场暂时取名。企业对各分市场剩下的需求，要进行进一步分析，并结合各分市场的客户特点，暂时安排一个名称。

（6）进一步认识细分市场的特点。现在，还要对每一个分市场的客户及其行为，进行更深入地考察。看看各分市场的特点掌握了哪些，还要了解哪些。以便进一步明确，各分市场有没有必要再作细分，或重新合并。比如，经过这一步骤，可以看出，新婚家庭与有小孩的家庭的需求差异很大，应当作为两个分市场。公寓设计也许能同时迎合两类客户，但对他们的广告宣传和人员销售的方式都可能不同。企业要善于发现这些差异，要是他们原来被归属于同一个分市场，现在就要把他们区分开来。

（7）测量各分市场的大小。以上步骤基本决定了各分市场的类型。紧接着应测量各分市场潜在客户的数量，因为企业进行市场细分是为了寻找获利的机会，这又取决于各分市场的销售潜力。不做这一步是很危险的，有的分市场或许根本就不存在客户。

四、选择目标市场

市场细分化之后，存在着众多子市场，如何在子市场中选出自己的目标市场，主要有以下三种策略。

（1）集中性策略。集中性策略是指以追求市场利润最大化为目标，创业不是面向整体市场，而是将主要力量放在一个子市场上，为该市场开发具有特色的项目活动，进行广告宣传。这种策略主要适合于小规模企业，成本小，能在短期内取得促销的效果。

（2）无差异策略。无差异策略是指创业不是针对某个市场，而是面向各个子市场的集合，以一种形式在市场中推展开来。这种策略应配以强有力的促销活动，进行大量统一的广告宣传，但是活动成本比较大，时间比较长，一般适合大型企业。

（3）差异性策略。差异性策略是指面对已细分化的市场创业，从中选择两个以上或多个子市场作为目标市场，分别向每个市场提供有针对性的活动。这种策略配置的促销活动应有分有合，不同项目对应不同的子市场。广告宣传应针对各自的特点而有所不同，以调动各个子市场消费者的消费欲望，从而实现实际消费行为。选出目标市场以后，还要依据目标市场的市场潜力和竞争环境对其进行评估。

①市场规模。对创业者来说，市场规模指的是创业者从目标市场所获得的业务量。

②发展潜力。一个小规模的目标市场，如果有发展潜力，也是具有吸引力的，成长中的市场是极具魅力的。而那些在当时看来获利较多，好像极有诱惑力的市场很可能正在衰退中，因此看一个市场要看前景而非仅仅看现在。

③服务成本。不同市场中的购买期望值不同，为不同的目标市场服务，成本也就不同。市场的服务成本必须与该市场的购买水平相协调，使得创业者可以有一定的利润。

第七章　大学生创新创业的法律保障

　　市场经济是法治经济，法律是规范企业一切活动的准绳。创业活动的每一个环节都离不开法律的规范、保障和制约，只有严格按照法律程序办事才能将自己置于主动创业位置，自身的权益才能得到保障。以法律手段保护大学生创新创业是明确大学生创新创业中相关主体权利和义务，对于相对弱势地位大学生的创业权利给予特别保护，以促进其创新创业成功的需要。无论在创业之初还是在企业发展之中，大学生都有必要学习了解有关国家对大学生创新创业的政策和法律问题，需要具备加强的法律意识，掌握必要的法律知识，知法守法、依法创业，最大限度地减少创业风险。

第一节　大学生创新创业法律保障概述

一、大学生创新创业涉及的法律问题

（一）企业创建的法律形式问题

　　我国的企业分类是按所有制的标准进行的，在《中华人民共和国民法通则》中，将企业分为全民所有制企业、集体所有制企业、外资企业、私有企业和个体工商户。但国际上对企业分类的通行标准是根据企业投资者的出资方式和责任形式的不同而进行的，据此企业可分为独资企业、合伙企业和公司企业。我国已颁布实施的《中华人民共和国公司法》《中华人民共和国个人独资企业法》和《中华人民共和国合伙企业法》是大学生创业者选择企业形式时必须熟知的。

1. 个人独资企业

2000 年 1 月 1 日起实施的《个人独资企业》从组织形式上完善了自然人市场准入法规。所谓的个人独资企业，是指依照《个人独资企业法》在中国境内设立，由一个自然人投资，财产为投资人个人所有，投资人以其个人财产对企业债务承担无限责任的经营实体。设立条件包括对作为投资的自然人、合法的企业名称、投资人申报的出资、固定的生产经营场所和必要的生产经营条件、必要的从业人员等五方面的规定。设立时，到所在区域的工商行政管理部门进行登记注册，递交设立申请书，设立申请书中载明：企业的名称和住所，投资人的姓名和居所，投资人的出资额和出资方式，经营范围。工商行政管理部门在收到设立申请文件之日起 15 日内，对符合《个人独资企业法》规定条件的予以登记，发给营业执照，营业执照的签发日期就是该企业的成立日期。

2. 合伙企业

《合伙企业法》于 1997 年 8 月 1 日起施行，是指依照《合伙企业法》在中国境内设立的由各合伙人订立合伙协议，共同出资、合伙经营、共享收益、共担风险，并对合伙企业债务承担无限连带责任的营利性组织。申请设立要满足有两个以上合伙人，并且都是依法承担无限责任者，有书面合伙协议，有各合伙人实际缴付的出资，有合伙企业的名称，有经营场所和从事合伙经营的必要条件。设立时，到所在区域的工商行政管理部门提交登记申请书、合伙协议书、合伙人身份证明等文件，工商行政管理部门自收到申请登记文件之日起 30 日内，做出是否登记的决定。对符合规定登记条件的，将发给营业执照，合伙企业以营业执照的签发日期为其成立日期。

3. 公司

我国《公司法》于 1993 年施行，1999 年底修订，是指按照法律，以营利为目的，有股东投资而设立的企业法人。分为有限责任公司和股份有限公司。

（1）有限责任公司。是指由一定人数的股东组成，股东以其出资额为限对公司承担责任，公司以其全部资产对公司债务承担责任的公司。设立时要满足股东符合法定人数、股东出资达到法定最低资本限额、股东共同制定公司章程、有公司名称，建立符合有限责任公司要求的组织机构、有固定的生产经营场所和必要的生产经营条件等条件。通过订立章程、缴纳出资、验资、申请设立登记后公司成立。

（2）股份有限公司。是指全部资本分为等额股份，股东以其所持股份为限对公司承担责任，公司以其全部资产对公司债务承担责任的法人。设立股份有限公司注册资本方面要求非常高，最低限额为1000万元人民币。

4. 个体工商户

个体工商户是指从事个体工商业经营的个体经济形式。它以本人或家庭的生产经营资料进行生产经营活动，成员为劳动者本人或其家庭成员。经营范围包括工业、手工业，可从事产品生产、加工、矿产开采以及生产设备、生产工具等修理；商业经营，可从事商品的收购、销售、运输、存储、保管等；交通运输业，可从事公路、水上的货运、装卸、搬运等；建筑业；餐饮业；服务业；修理业；其他。

（二）知识产权保护问题

知识产权是人们对于自己的智力活动创造的成果和经营管理活动中的标记、信誉依法享有的权利。它包括专利权、商标权、著作权等，是企业的重要资产。

1. 专利权

专利是指为了促进科学技术的发展和应用，经国家专利主管机关依照专利法规定的审批程序审查，被授予专利权的发明创造。《中华人民共和国专利法》于1984年3月12日颁布，于1992年9月4日第一次修订，2000年8月25日第二次修订。受保护的对象分为发明、实用新型和外观设计。其应具备新颖型、创造型和实用型三个条件。申请人通过向专利局提交请求书、说明书、摘要、权利要求书来申请专利。发明专利的保护期限为20年，实用新型和外观设计是10年。对于大学生创业者来说，可以通过自己发明并申请专利、对他人的专利产品进行改造以及购买来取得专利优势。

2. 商标权

商标是商品生产、经营者、服务的提供者为了表明自己的商品或服务与他人相区别而使用的一种专用标记。一般由显著的文字、图形、字母、数字、三维标志和颜色等要素组合构成。《中华人民共和国商标法》于1982年8月23 El颁布，自1983年3月1日起实施，于1993年2月22日进行第一次修订，2001年10月27日进行第二次修订。商标的设计、注册、使用、转让和保护是大学生创业者要面对的一个问题。

3．著作权

著作权是指文学、艺术和科学作品的作者或者其他著作权人对其创作的作品依法享有的权利。《中华人民共和国著作权法》于1990年9月7日颁布，自1991年6月1日起施行，2001年10月27日进行了修正。1991年5月30日《中华人民共和国著作权法实施条例》颁布实施。

（三）税法问题

依法纳税是每个企业和公民应尽的义务，大学生创业者必须学习和了解这方面的内容。我国的税收制度的核心是税法，是国家向纳税人征税的法律依据和操作程序。现行税法规定，纳税人在开业的一定时间内应当向当地税务机关办理税务登记。税种分为国税和地税两部分。国税局核定缴纳的主要是增值税（部分企业还要缴纳消费税等其他税种），地税局核定缴纳的主要为营业税、个人所得税、企业所得税、城建税、教育附加税等。我国对于新创企业还有法定的税收优惠政策，主要包括以下几方面。

（1）为农业生产提供服务。对农村的为农业生产前、产中、产后服务的行业，即乡村的农技推广站、植保站、水管站、林业站、畜牧兽医站、水产站、种子站、劳务所得到的收入以及城镇其他各类事业单位上述技术服务或劳务所取得的收入暂免征收所得税。

（2）为科研院所提供服务。对科研单位和大专院校服务于各业的技术成果转让、技术培训、技术咨询、技术服务、技术承包所取得的技术性服务收入暂免征收所得税。

（3）新办企业。对新办独立核算的从事交通运输业、邮电通信业的企业或经营单位，自开业之日起，第一年免征所得税，第二年减半征收所得税。对新办独立核算的从事咨询业、信息业、技术服务业的企业或经营单位，自开业之日起，第一年至第二年免征所得税。新办从事公共事业、商业、物资业、对外贸易业、旅游业、仓储业、居民服务行业、餐饮业、教育文化事业、卫生事业的企业或经营单位，自开业之日起，报经主管税务机关批准，可减免或者征所得税1年。

对新办的三产企业经营多业的，按其经营企业（以实际营业额来计算）来确定减免税政策。私营新办的生产型企业缓征所得税1年。对于高新技术企业，按规定一般企业所得税减免期满后，高新技术企业仍可延长3年减半缴纳企业所得税。

二、大学生创新创业涉及的法律

(一) 关于企业设立的法律法规

创业者在设立企业之前，必须了解关于企业设立和登记注册方面的法律知识，包括企业有哪些组织形式、设立企业要符合哪些条件、企业的组织机构应如何设置、企业的规章制度应如何制定等。这些法律知识可以从我国的《公司法》《合伙企业法》《个人独资企业法》《企业登记管理条例》《公司登记管理条例》《个体工商户条例》《企业破产法》等法律法规中找到。

根据《公司法》《合伙企业法》《个人独资企业法》等法律规定，我国的企业组织形式可以是有限责任公司、股份有限公司、合伙企业、个人独资企业等。大学生一人创业，可以选择的组织形式有个体工商户、一人有限责任公司、个人独资企业；大学生多人共同创业，可以选择的组织形式有有限责任公司、合伙企业、股份合作制企业（劳动合作与资本合作有机结合）；大学生融资创业，可以选择的组织形式有有限责任公司、有限合伙企业。现实中，大学生在创业时较多选择的企业组织形式主要有有限责任公司、个人独资企业、合伙企业、个体工商户等。

不同的企业组织形式有各自的特点和不同的设立要求，包括登记注册资金的多少、手续办理的难易、投资人风险责任的大小等。大学生创业者可以通过了解各种企业组织形式的特点、设立要求及其利弊，根据个人的实际情况，选择适合自己创业的组织形式。关于企业设立的内容在前面的章节中已有详细介绍，在此不再赘述。

(二) 关于企业运营的法律法规

创业者在企业运行和经营的过程中，需要和各种各样的经济主体联系，落实、解决各类不同的事务，比如与员工订立劳动合同、与供应商签订购货合同、应对产品质量检查、面对经营对手的竞争、知识产权的保护、依法纳税等，每一项事务的办理都涉及相关的法律规定。具体来看，企业运营涉及的法律、法规、规章主要包括以下几类。

第一，规范企业劳动关系的法律法规，如《劳动法》《劳动合同法》《就业促进法》《社会保险费征缴暂行条例》《社会保险登记管理暂行办法》《工伤保险条例》《最低工资规定》《企业劳动争议处理条例》等。

第二，规范企业市场交易活动的法律法规，如《合同法》《担保法》《产品质量法》《保险法》《反不正当竞争法》《反垄断法》《广告法》《消费者权益保护法》等。这部分法律法规主要解决的是合法经营、公平交易的问题。

第三，规范国家宏观调控行为的法律法规，如《环境保护法》《对外贸易法》《行政许可法》《税法》《金融法》《投资法》等。

第四，关于规定企业知识产权的法律法规，主要包括《商标法》《专利法》《著作权法》等。

第五，与企业纠纷解决相关的程序性法律法规，如《民事诉讼法》《行政诉讼法》《仲裁法》《劳动争议调解仲裁法》等。

（三）关于知识产权保护的法律法规

与知识产权保护相关的法律法规有《专利法》《商标法》《著作权法》《信息网络传播权保护条例》《计算机软件保护条例》等。

三、大学生创新创业的法律保障现状

大学生创业的主流行为是科技创新创业，它不是经营普通商品的一般经营行为，也不是普通的专业性比赛或科研设计。大学生创业往往具有对新发明、新创造最旺盛的活力，对高新科技最敏锐的触觉，它要求大学生利用已有的科研成果，结合自己的专业，开发出迎合市场前景和社会需求的创新成果，进行成果转化，创造出可观的经济效益。目前，大学生创新创业已成为政府鼓励、社会支持和大学生群体认同并自主选择的一种就业方式。然而，与创业环境非常成熟的欧美国家相比，中国的创业者尤其是大学生创业者创业往往更容易半途夭折，创业成功率低。比较突出的原因是科技创新创业中存在的诸多法律缺失，一方面是大学生创新创业法律政策的保障力度跟不上现实需要，另一方面表现为大学生创新创业教育中法律教育的缺失。

（一）大学生创新创业法律缺失的表现

（1）相关国家法律政策的匹配力度不足。例如，《企业法》上企业注册登记的程序以及经营范围的规定限制太多，不利于大学生企业捕捉稍纵即逝的商机；《公司法》仍然不能适应知识经济发展的现状，使许多大学生没有足够的动力采用以自己的知识成果入股的方式创业；《民法》方面对创新创业学生的年龄的限制可能会影响部分少年天才创业者等等。

（2）创新创业法律教育的不足。学校在创业教育的课程设置上更多地关注企管、金融、财会、市场营销等方面的知识培训，对与创业有关的法律知识关注较少，有的也只是简单介绍一下企业法的相关内容；从开设的课程体系看，少有法律类课程设置的，法律教育及相关课程设置没有提到应有的地位。

（3）大学生创新创业者存在着法律意识和法律素养不足的现象。不能有效地化解矛盾，促成和谐，支持创业，反而极易误入歧途，甚至违法犯罪；创业者的法律知识欠缺，运用法律知识防范、抵御并化解各种风险的能力差；法律政策掌控力尚待加强，不能有效地依法妥善解决纠纷，维护自身的合法权益。创业风险与利益并存，对大学生来说，存在风险较大，对学业有一定消极影响，对校园文化形成不良冲击等弊端。但是大学生创新创业的积极影响也非常显著：它可以推动科研市场化、教育产业化；促进知识成果向生产力转化；促进经济的发展；创造就业机会、缓解就业压力；激发青年人的创新精神，培养创新型人才，对个人、对社会都有重要的作用和意义。创业既是经济活动，又是社会活动，它受到国家法律和政策的规制，大学生创业过程中是否了解和掌握与其创业相关的法律法规是创业成功的重要因素。中国的社会主义市场经济本质上是法制经济，大学生作为创业者进入市场，必须按市场规则，遵循社会主义市场经济法律来运作，但如果促进大学生创新创业的各项法律法规的支持跟不上形势需要，再加上大学生创业者的法律知识欠缺、法律意识淡薄，就不足以面对复杂的社会和市场，大学生创新创业的健康发展就无从谈起。既然大学生创新创业利大于弊，我们应当鼓励其发展，并为其清除有碍发展的因素．创设保障其发展的环境，所以为促进大学生创新创业的顺利开展，对大学生创业中的法律缺失进行研究是十分必要的。

在开始创业前，需要了解我国的基本法律环境。我国尚处于社会主义市场经济的初级阶段，在许多领域仍有很多计划经济的痕迹，政府对经济的管制还比较多，许多经营项目需经审批，行政检查比较多，税外费用也时有发生。

（二）大学生创新创业法律缺失的原因

1. 国家和社会层面

大学生创新创业离不开政府的政策法规扶持以及社会各界力量的支持。但是目前国家颁布的对于在校学生的创新创业的立法还是空白，已经颁布的针对大学生创业的政策法规和优惠措施也只局限于大学生毕业之后的直接创业。其次，政府针对大学生创新创业服务的相关职能设置还相对滞后，没有专门为大学生创业者提供创业法律咨询和服务的机构。这种现实情境使得大学生创新创业的各种限制太多，创业者在创业过程中往往需要花费更多的时间、精力去处理一些不熟悉的法律事项，导致大学生的创业成本增加。

2. 学校创新创业法律教育方面

目前，我国各高校对大学生的创新创业教育的内容侧重于培养大学生的创新创业的意识、精神、能力、品质等，在增长大学生的创业知识及技能上又着重于创业团队、创业计划、营销计划、创业融资等方面；对与创业有关的法律知识涉及甚少，各高校都没有专门针对创业教育开设的课程，针对本科生开设的法律基础课以及一些专业选修课，如经济法、合同法等都是学位课程，对培养创业者的法律意识、法律素养，提高创业者的法律能力的促进远远不够。从开设的课程体系看，少有法律类课程设置的，法律教育及相关课程设置没有提到应有的地位。不将法律课程作为一个体系，作为创业教育不可缺少的一部分来科学规划和设置，不可避免的会导致创业法律教育缺失。

3. 高校创新创业的氛围同步建设落后

这主要表现为高校对大学生创新创业的鼓励与支持存在政策上的缺失。虽然国家制定了相应政策鼓励大学生创新创业，但法律本身必然是粗线条的，即使制定出来也需要各学校根据自身的情况加以细化才具有可操作性。大学生创新创业是新生事物，与传统观念存在一定程度的冲突，目前仍有许多学校将"不许经商"作为大学生的禁止性义务；还有一些高校，其对创新创业的重视程度主要取决于学校决策者的支持，往往会出现人走茶凉的现象，这些做法与法律的欠缺不无关系，所以有必要将学校对大学生创新创业的鼓励与支持以学校制度的形式固定下来。

4. 大学生创新创业的个人法律知识准备不足

（1）创业者法律政策掌控力不强，不懂得如何利用国家的优惠政策。近年来，为支持大学生创新创业，国家各级政府出台了涉及融资、开业、税收、创业培训、创业指导等诸多方面的一系列优惠政策，对立志创业的大学生来说，只有了解这些政策，才能走好创业的第一步。但实践中许多创业者根本不知道或知道但不知如何利用这些优惠政策。

（2）创业者利用法律和政策来防范风险、抵御风险、化解风险的能力差。创业风险和利益同时存在的实践，大学生创新创业必会遭遇各种风险，其中也包括各种法律风险，然而很少有大学生在创业前认真了解与创业相关的法律内容；或者即使有所了解，在创业中的众多环节上却忽视法律，不懂得运用法律，在遭遇风险时束手无策，使创业夭折。

（3）创业者在实践中运用法律维权的能力尚待加强。企业在经营过程中可能会与供应商、经销商、消费者等关系人发生矛盾和纠纷，而仲裁和诉讼则是解决商事纠纷的有效手段。但在实践中，对诉讼法、仲裁法等程序法有基本的了解的创业者不多，利用法律解决争议，协商和解、调解维护自身的合法权益的能力有待加强。

（三）大学生创新创业法律缺失的应对

1. 在国家法律法规的制定上，将创业法律法规纳入到创新创业整体规划之中

首先，完善现有创新创业法规政策，清除创业的法律障碍。例如，教育法方面，对大学生创新创业的相关具体细节问题做出明确的规定，以法律的形式加以肯定；民法方面，对于未成年人及其企业适当放开政策，为少年奇才的诞生和成长营造一个宽松的环境；企业法方面，简化企业注册登记的程序，根据许多学生企业普遍规模较小、转型较快的现实，对大学生创新创业经营范围应加以放宽；修改对知识成果出资的限制，减少对以知识成果出资的这一限制，尤其对那些投资少、收益大的工业产权和非专利技术的限制，鼓励此类企业的发展。

其次，创新外部激励机制。应制定有利于大学生自主创新与创业的金融与法规政策，提高大学生自主创新创业的外部环境；建立服务大学生科技创业的专门研究与指导机构，对科技创业的法律法规进行理论研究与实践探索，为学校以及政府部门决策提供建议，并对大学生的科技创业活动进行具体指导。

再次，构建国内交流平台。构建国内交流平台，健全创业法律社会支撑体系，可以建立创业法律教育综合服务网站，加强信息交流，实现资源共享；对外交流上与国际学术研

究接轨，充分借鉴国外经验．整合政府、企业家资源和学术界，共同推动创业及创新法律环境建设。

2．积极开展高校创新创业法律教育

（1）高校要制定完善的创新创业法律教育方案。在师资建设上，建设一支高质量的科技创业法律指导教师队伍。校、院、各学科都要高度重视，加强科技创业教育师资队伍的选拔、培训、考核，不断造就一支懂市场、懂法律、善教学的与时俱进的能胜任科技创业法律教育的师资队伍；在教育内容上，一要从学生的需求出发，注重法律教育的创新性和实用性；二要从本校实际出发，逐步建立起较完善的有自己特色的科技创新创业法律教育课程体系；在教育方式上，除课堂教育外还要加强校企合作，搞好科技创业实践基地建设，通过这个平台为学生提供科技创业实战演习场所并践行同学们学到的各项创业法律；在考试考核方法上，将创业法律学科课程考试和创业实践课程综合考评，将学生的创业的法律实践活动列入考评的内容，并分配相应的学分。

（2）建设高校创新创业法律教育大环境。一是要挖掘学生社团潜力，活跃校、院级的学生科技创新创业竞赛．在这些活动中给同学们灌输创业法律意法律知识和法律能力；二是筹建大学生科技创业基金，可考虑从中提供一定的专项经费支持，推进大学生科技创业法律教育；三是通过展览、校报、广播台、校园网等渠道，抓好科技创业政策、法规宣讲，使学校、政府制定出台的科技创业鼓励政策与有关法规深入人心；四是积极进行科孩创业法律咨询和风险教育，锤炼大学生的科技创业素质。

3．积极培养个人的科技创新创业法律意识和知识储备及训练

（1）培养创新创业法律意识和法律理性。培养创业法律意识不仅可以指导学生在校期间规避风险，也可以对学生真正走入社会后的独立创业起到很好的指导作用。大学生创业者特别是非法律专业的，在创业过程中，应该接纳一个核心价值理念即法律的权威性和至上性，市场经济实质上是法制经济。应该清楚地认识到，只有在法律允许范围内的市场参与才是健康理性的，才能保证创业合法有序进行。

（2）加强大学生创业者的法律知识储备。在创业之前，认真了解与创业相关的法律内容，特别是对国家的优惠政策应充分了解，提高法律政策的掌控力；在创业过程中，要对诉讼法、仲裁法等程序法有基本的了解，来防范风险、抵御风险、化解风险，利用法律

解决争议和纠纷，维护自身的合法权益。

（3）创业者要有意识地通过各种实践平台加强创业法律素养训练。可以积极参加创业大赛、文化科技卫生"三下乡"等实践活动，在社会实践过程中将所学到的创业法律知识学以致用，为开展科技创新创业行动奠定坚实的基础。

四、大学生创业组织形式选择的法律风险及其规避

大学生进行创业，首先应当根据投资额、合作伙伴、所进入的行业等情况成立一个创业组织形式并进行工商登记，这就需要进行创业组织形式的选择。不同的创业组织形式自身所存在的法律风险是不一样的。

（一）创业者对不同创业组织形式的债务承担的法律责任不同

个体工商户、个人合伙、个人独资企业的投资者，对该组织形式的债务承担无限责任或者无限连带责任；合伙企业的投资者在我国《合伙企业法》修改之前，对合伙企业的债务承担无限连带责任，而 2006 年 8 月 27 日修订通过的新《合伙企业法》中，普通合伙企业的合伙人、有限合伙企业的普通合伙人对合伙企业债务承担无限连带责任．而有限合伙企业的有限合伙人则以其认缴的出资额为限对合伙企业债务承担有限责任；我国公司法规定，有限责任公司的股东也是以其认缴的出资额为限对公司债务承担有限责任。由于我国尚没有个人破产法律制度，一旦创业者对创业组织形式的债务承担无限或者无限连带责任，且该组织的债务又是比较庞大的话，则创业者不但将倾家荡产，并且将因还债的巨大压力无法重新创业。因此，创业者在选择创业组织形式时，如果选择的是个体工商户、个人独资企业等组织形式，应尽量控制该组织的资产负债率。由于创业者自己说了算，因此是完全能够控制住的；如果选择的是个人合伙、普通合伙企业等组织形式，由于人合的因素，部分创业者可能无法控制该组织的债务规模，则创业者应当通过合伙协议、规章制度、参加保险等法律措施对组织的债务规模进行约束，对相关的风险进行控制和规避；而如果选择的是有限合伙企业、有限责任公司，则有限合伙企业的有限合伙人、公司股东由于对组织债务承担的是有限责任，这些创业者则不必考虑这方面的风险了。

（二）创业组织形式的选择应考虑到组织运行后的管理成本风险

从个体工商户、个人合伙、个人独资企业、合伙企业、有限责任公司这样的顺序上讲，组织运行的管理成本是不断增加的。个体工商户、个人合伙、个人独资企业、合伙企业往往没有注册资本的要求，而有限责任公司则有注册资本的要求。即使在有限责任公司的两种组织形式之间，管理成本也是不同的。2005年《公司法》修改后，允许设立一人有限责任公司，许多人也注册了一人有限责任公司。但一人有限责任公司的注册资本的最低要求是10万元，必须一次交齐，而一般有限责任公司的最低注册资本为3万元，对于注册资本高于3万元的可以分期缴纳。如果一人有限责任公司在运行过程中将公司与股东、家庭没有严格区分，则有可能被揭开公司的面纱，股东就要对公司债务承担无限责任，则成立一人有限责任公司的意义就失去了。因此，选择创业组织形式应考虑到创业者在组织运行后对管理成本的承受能力。

（三）在一些创业组织形式中存在着人合的风险

个人合伙、合伙企业、有限责任公司这些组织形式，明显存在着人合的性质。合伙人之间、股东之间会发生各种各样的冲突，如经营思想的、利益的甚至性格的。这些冲突往往会演变为组织的僵局，使组织因为创业者之间的矛盾而陷于危机。因此，在选择这些创业组织形式的同时，选择志同道合、善于沟通、以创业组织的利益为重的合作者是非常重要的。

第二节　大学生创新成果的专利保护

一、创新成果及保护

发明创新成果是发明创新人或发明创新单位经过很长时间的艰苦努力，甚至要花费大量的人力、物力、财力后，才能取得的成果。它是发明创新人或发明创新单位劳动和智慧的结晶。如果不能采取有效的措施加以保护而任人使用，就会极大地挫伤创新的积极性，使不劳而获者获得极大的利益。

为使发时创新成果受到有效的保护，各国都相应地制定了有关的法律来实现对知识产权的保护，国际社会也成立了相应的组织，用以协调各成员国之间有关知识产权方面的问题。在我国，主要由《中华人民共和国专利法》（以下简称《专利法》）《中华人民共和国著作权法》《中华人民共和国商标法》来实现对知识产权的保护。

对于发明创新成果，一般是由发明创新人或发明创新单位通过申请专利权来实现对创新成果的保护。为了更好地保护企业的创新成果，必须及时申请知识产权保护，这样才能激励更多的人加入到创新、创造的工作中去；要申请知识产权保护，必须找正规合法的代理机构办理，或者由申请人亲自办理，且对申请的程序必须非常了解。

二、专利的内涵

（一）专利的含义

专利，是专利权的简称。它是指一项发明创造、实用新型或外观设计向国家知识产权局专利局提出专利申请，经依法审查合格后，向专利申请人授予的在规定的时间内对该项发明创造享有的专有权。专利权的内容主要有制造权、使用权、许诺销售权、销售权、进口权、许可实施权和转让权。此外，专利权还包括放弃权、标记权、署名权等。

（1）制造权。专利权人拥有自己生产制造专利文件中记载的专利产品的权利。在未经许可的情况下，只要他人生产制造的产品与专利产品相同，不论使用什么设备装置或方法，也不管制造数量多少，只要结果相同，即构成侵权。对于制造类似的产品，如果其技术特征落人权利要求书中划定的保护范围，尽管产品看似不完全相同，也可能构成等同侵权。

（2）使用权。使用权包括对产品专利的使用权和对方法专利的使用权。一件产品可能有多种用途，所以使用的方式也就不同。如果专利产品是一种机器设备，可以用于生产；如果是一个部件，可以用于各种装置中；如果是一种日用品，则可以用于消费。但是，使用权有两种例外：一种是专利权人自己制造或许可他人制造的产品，这种产品销售出去后使用权就消失了，即所谓"权利用尽"；第二种是非为生产经营目的的善意使用，即不知道是未经许可制造的专利产品，且其使用并非为生产经营目的的，不属于侵犯专利权人的使用权。方法专利的使用权是指对其专利方法的使用，以及使用、许诺销售、销售、进口依照该专利方法直接获得的产品的权利。我国1992年修改前的专利法对于方法专利权的保护仅限于专利方法本身，1992年之后，扩展到对依照该专利方法直接获得的产品。

（3）许诺销售权（Offering for Sale）。专利法上的许诺销售是指明确表示愿意出售一种专利产品的行为。Offering的含义为合同法所指的"要约"，Offering for Sale即指为了将来的销售而提出要约。赋予发明专利和实用新型专利的专利权人独占性的许诺销售权是我国专利法根据TRIPS协议第二十八条第一款的规定所作的修改补充。在实践中，一些企业制造或者从他人那里购得侵权产品后，为了销售这些产品，往往会进行一些销售前的推销或促销行为，如做广告、在展览会上展出等，这些推销或促销行为就属于许诺销售。按修改前的专利法，当专利权人发现这一情况后，只有等到侵权人实际销售该侵权产品后才能主张权利。这不利于及早制止侵权行为，防止侵权产品的扩散。为了充分保护专利权人的利益，专利法修改后增加了专利权人的许诺销售权是有必要的。

（4）销售权。销售是指专利产品的销售行为，它与通常意义的货物买卖一样，是将其产品的所有权按市场价格从一个单位或者个人转移到另一个单位或个人。这种销售不管是专利权人自己销售，还是许可他人销售，其第一次销售行为受法律保护，对于第一次售出的产品，则销售权用尽。

（5）进口权。进口权是指专利权人享有的自己进口或者禁止他人未经许可为制造、许诺销售、销售、使用等生产经营目的进口其专利产品或进口依照其专利方法直接获得的产品的权利。进口权是我国专利法1992年修改后增加的，给专利权人以进口权，强化了对专利权的保护，符合国际惯例，并有利于消除贸易壁垒，促进国际交流。

（6）许可实施权。许可实施权是指专利权人（称许可方）通过签订合同的方式，允许他人（称被许可方）在一定条件下使用其取得专利权的发明创造的全部或者部分技术的权利。

（7）转让权。转让权包括专利申请权的转让和专利权的转让，转让使权利主体发生了变更，从而使权利从原所有人转移到新所有人。这种权利转移的结果是，原申请人或专利权人不再享有申请权或专利权。转让有两种形式：一种是合同转让，比如因买卖、交换、赠与、技术入股而进行专利权的转让；另一种是继承转让，这是因法定原因而发生，当专利权人死亡后，专利权依继承法的规定而转移至有继承权的人。转让必须履行法律规定的手续，我国专利法第十条规定专利申请权和专利权可以转让。"中国单位或者个人向外国人转让专利申请权或者专利权的，必须经国务院有关主管部门批准。""转让专利申请权或者专利权的，当事人应当订立书面合同，并向国家专利局登记，由国家专利局予以公告。专利申请权或者专利权的转让自登记之日起生效。"

（8）标记权。标记权是指专利权人在其专利产品或者该产品的包装上标明或者不标明专利标记和专利号的权利。行使标记权，可以起到宣传作用，也可以起到警示作用。当然，专利权人不在专利产品或其包装上标明专利标记或专利号，并不意味着放弃专利保护，其他人仿造专利产品，仍负侵权责任。不知道一项发明创造已受到专利保护而实施该项专利，不能免除侵权责任。此外，专利权人认为自己不需要维持专利权时，可以书面声明放弃专利权，也可以不缴纳国家专利局规定的年费从而自动中止专利权。放弃专利权的专利技术进入公有领域，他人可以无偿使用。

（二）专利的分类

专利法律关系的客体即专利法保护对象，统称为发明创造，我国在专利法中明确规定："本法所称之发明创造是指发明、实用新型和外观设计"。也就是说，专利类型主要有发明、实用新型和外观设计。

1. 发明

专利法所称的发明，是指对产品、方法或者其改进所提出的新的技术方案。

（1）发明是一项技术方案。所谓技术方案是指发明人利用自然规律为了解决某一个技术问题而提出的解决方案，因此，仅仅是提出课题或解决课题的方向性设想是不够的，必须提出解决课题的完整的切实可行的方案。技术方案，并非等同于技术，尽管两者都是利用自然规律，通过创造性的脑力劳动和采用必要的物质条件作出的成果，但它们之间是有区别的。技术更为具体，它是经过实践证明可以直接应用于产业的成果，而技术方案则达不到这种程度。"技术"当然可以作为发明得到专利保护，但从专利法的要求来说，"技术方案"就已经可以作为发明得到专利保护。也就是说，对于申请专利的发明，不一定要求它是已经成熟的，已经达到了实践程度的"技术"，但一定要求它已构成"技术方案"，已具备成为"技术"的可能，一旦付诸实施，必能解决技术领域中的某个特定问题。

（2）发明是一种新的技术方案。所谓新的技术方案，是指该技术方案是前所未有的，富有首创性的，并且这个前所未有是以申请日为时间界限的。也就是说，在申请日以前，没有同样的发明在世界上被人们所公知，在国内被人们所公用。

（3）发明可分为产品发明、方法发明以及产品或方法的改进发明。

产品发明：指经过人工制造的各种新产品，包括具有一定形状和结构的物品以及固体、液体、气体之类的物质。完全在自然状态下的天然物，未经人工加工制造，就不是专利法规定的产品发明。

方法发明：指为解决某一技术问题所采用的手段与步骤。方法发明可以是机械方法发明、化学方法发明、生物方法发明。

改进发明：指对已知产品或方法的改进，经过改进改善了已知产品的性能或已知方法的效果，使其获得新的特性或特征。

此外，也可从其他角度，将发明分为首创发明和改进发明、组合发明和选择发明、应用发明等。

首创发明又称开拓性发明，是指一种全新的技术解决方案，在技术史上未曾有过先例。它为人类科学技术的发展开创了新的里程碑，如指南针、蒸汽机、白炽灯、电话等发明。相对于首创发明的是改进发明。

组合发明是指将已知的某些技术特征进行新的组合，以达到新的目的的一种技术解决方案。如将发动机、轮胎、车厢、方向盘组合在一起，构成一种交通工具，使之产生了与原来各个特征完全不同的技术效果。

选择发明是指从许多公知的技术解决方案中选出某一技术方案的发明。选择发明主要出现在工艺、配方等发明创造中。例如，将温度设定在50℃～100℃时，C物质的产量通常是恒定增加，但若设定在70℃～70.5℃时，C物质的产量有明显的大幅度增加，这种发明即是在很宽的范围内做出的选择发明。往往是在申请人欲将自己的保护范围划得很宽而又没有足够的实例加以支持时，很容易被他人在原发明的基础上做出选择发明。

应用发明是指将某一技术领域的公知技术用于某一新的领域的发明。这种新应用产生意想不到的技术效果。例如，洗衣粉是一种洗涤剂，但作为家畜饲料的添加剂，可以达到催肥的目的，洗衣粉的这种新用途就属于应用发明。

2．实用新型

我国《专利法》明确将实用新型作为专利保护的对象之一，规定实用新型专利是指：对产品的形状、构造或者其结合所提出的适于实用的新的技术方案。该技术方案在技术水平上低于发明专利，有以下几个特点。

（1）实用新型专利只保护产品，而产品必须具备两个要素：第一，它是个物品；第二，它的产生必须经过一定的生产制造过程。

（2）实用新型保护的产品必须是具有确定的形状、构造，占据一定空间的实体。产品的形状是指产品具有的、可以从外部观察到的确定的空间形状。产品的构造可以是机械构造，也可以是线路构造。机械构造是指构成产品的零部件的相对位置关系、连接关系和必要的机械配合关系等；线路构造是指构成产品的元器件之间的确定的连接关系、产品的微观结构特征。可以是对产品的三维形态的空间外形所提出的技术方案，如对凸轮形状、刀具形状作出的改进；也可以是对产品的二维形态所提出的技术方案，如对型材的断面形状的改进。无确定形状的产品，如气态、液态、粉末状、颗粒状的物质或材料，其形状不能作为实用新型产品的形状特征。以摆放、堆积等方法获得的非确定的产品形状特征，或者生物的或自然形成的形状特征，不能作为实用新型产品的构造和形状的特征。

（3）实用新型必须是一种适于实用的技术方案。申请人对产品的形状、构造或其结合所提出的技术方案必须适于实用，即该产品必须能够在产业上制造，并且能够产生积极效果。

（4）实用新型必须是一项新的技术方案。所谓"新的技术方案"，是指该技术方案在申请日以前没有被公知、公用，既没有在国内外出版物上被公开披露，也没有相同内容的技术方案在先申请公布在中国专利公报上，该产品没有在国内被公开出售、公开使用。

3．外观设计

外观设计也称工业品外观设计。我国专利法所称外观设计，是指对产品的形状、图案或者其结合，以及色彩与形状、图案的结合所作出的富有美感并适于工业应用的新设计。按照这个定义，外观设计必须具备下列要素：

（1）外观设计必须与产品有关。也就是说，它必须应用于具体产品之上。必须是产品形状、图案或者色彩与形状、图案的设计。形状是指具有三维空间的产品造型，也就是产品或者部件外表的装饰性形状；图案是指通过各种手段设计出的线条的各种排列或者组合；色彩是指用于图案上的颜色或其组合，并且该色彩应理解为制造产品所用材料的本色以外的装饰性颜色。

（2）富有美感。凡是富有美感的外观设计必须是肉眼可以直接看到的，因为，肉眼看不到的设计，无法使人产生美感。应按照消费者的眼光看，消费者认为是美观的，就可以认为富有美感。

（3）适合工业上应用。适合工业上应用是对外观设计的工业实用性方面的要求，既包括使用一项外观设计的产品能够在工业上大量复制生产，又包括通过手工业大量地复制生产。

（三）专利权的基本特性

专利权是由国务院专利行政部门依照法律规定，根据法定程序赋予专利权人的一种专有权利。它是无形财产权的一种，与有形财产相比，具有以下主要特征。

（1）排他性。排他性也称独占性，是指专利权人对其拥有的权利享有占有、使用、收益、处分的权利；专利权人有权许可或不许可他人实施其拥有专利的技术；而他人未经专利权人的许可不得制造、使用、许诺销售、销售、进口已获专利的发明创造，否则就构成法律上的侵权行为。

（2）地域性。地域性是指专利权仅在一定的地区范围内有效，专利权是经有关国家或地区主管专利的机构按照其本国专利法或本地区的专利条约审查后授予的，仅在该国家或该地区范围内有效，对其他国家和地区不发生法律效力。

（3）时间性。时间性是指专利权仅在法律规定的保护期限内受到法律保护。此外，一旦专利权人在此期限届满前因各种主、客观原因而失去所有权，该项无形财产也就落入了公用领域，可供任何人无偿使用。我国专利法第四十二条规定："发明专利权的期限为20年，实用新型和外观设计专利权的期限为10年，均自申请日起计算。"

（4）公开性。公开性是指发明创造受到法律保护的前提是必须将其发明创造的内容向公众公开。

（四）专利申请的原则

1. 书面原则

该原则指专利申请必须以书面形式提交国务院专利行政部门。不仅是申请，以后整个审批程序中的所有手续，都必须以书面形式办理，不能以口头说明或提交实物来代替书面申请，或者以口头说明代替对申请进行修改补正。

不过，计算机和网络的普及，使得用电子文件提交专利申请成为未来的趋势。不少国家已经开始推行专利申请的电子政务改革。《中华人民共和国专利法实施细则》也允许采用书面形式以外的"国务院专利行政部门规定的其他形式"。

2. 先申请原则

同样内容的发明创造，只能授予一项专利权。所以，两个以上的申请人分别就同样发明创造申请专利的，专利权授予最先申请的人。如果是在同一天申请的，申请人应当在收到国务院专利行政部门通知后自行协商确定申请人，协商不成的，该发明即成为社会公有技术。

申请日以专利申请文件递交到国务院专利行政部门之日算起，如果是邮寄的，以寄出的邮戳日为申请日。专利申请一旦被受理，国务院专利行政部门立即对该申请编制一个编号，称为申请号。此号在专利授权后即作为专利号。专利制度中先申请原则在商业竞争中是一个很残酷的竞争制度。

3. 优先权原则

1985 年我国专利法采用了优先权原则，但只对外国申请人适用这一原则，中国申请人在中国申请专利不享有优先权。1992 年修改后的专利法增加了本国优先权。

优先权的主要内容是，申请人自发明或实用新型在外国第一次提出专利申请之日起12 个月内，或者自外观设计在外国第一次提出专利申请之日起 6 个月内，又在中国就相同主题提出专利申请的，依照该外国同中国签订的协议或者共同参加的国际条约，或者依照相互承认优先权原则，可以享有优先权。申请人自发明或实用新型在中国第一次提出专利申请之日起 12 个月内，又向国务院专利行政部门就相同主题提出专利申请的，可以享有优先权。前者为国外优先权，后者为本国优先权，两者在适用的专利类型、申请地点上，都有所不同。

优先权的实际意义是，以其第一次提出专利申请日为判断新颖性的时间标准，第一次提出申请的日期，称为优先权日，上述特定的期限，称为优先权期限。申请人要求优先权的，应当在申请的时候提出书面声明，并且在3个月内提交第一次提出的专利申请文件的副本；未提出书面声明或者逾期未提交专利申请文件副本的，视为未要求优先权。第一次申请被放弃或驳回时，其优先权仍然存在。优先权可以转让，即可以随专利申请权一起转让。

4. 单一性原则

该原则是指一件发明或实用新型专利的申请应当限于一项发明或实用新型，一件外观设计专利的申请应当限于一种产品所使用的一项外观设计。由于专利分类极为详细，为保证审查质量，审查员分工也很细，不同的发明创造如果放在一件申请中提出，势必给审查工作带来极大的麻烦。办理申请、审批手续都需交费，把不同的发明创造作为一件申请提出，只缴纳一件的费用显然是不合理的。

对于属于同一构造的两项以上的发明和实用新型，或者用于同一类别并且成套出售，或使用的产品的两项以上的外观设计，可以作为一件申请提出，称为合案申请。

国务院专利行政部门经审查认为专利申请不符合发明创造单一性原则时，会通知申请人在规定的期限内将其专利申请分案，即分为几个申请。分案申请保留原申请日，但不得超出原说明书记载的范围。

三、专利的申请

（一）专利申请的一般过程

专利申请应当提交规定的申请文件，并按规定缴纳费用。专利申请必须采用书面形式或者电子申请的形式办理，不能用口头说明、提供样品或模型的方法，来代替书面申请文件。在专利审批程序中只有书面文件才具有法律效力。

申请人申请专利时，应当将申请文件直接提交或寄交国家知识产权局专利局受理处（以下简称专利局受理处），也可以提交或寄交到设在地方的国家知识产权局专利局代办处（以下简称专利局代办处）。国防专利分局专门受理国防专利申请。

各种手续文件都应当按规定签章，签章应当与请求书中填写的姓名或者名称完全一致。签章不得复印。涉及权利转移的手续，应当由全体申请人签章，其他手续可以由申请人的代表人签章办理，委托专利代理机构的，应当由专利代理机构签章办理。

专利局受理处或各专利局代办处收到专利申请后，对符合受理条件的申请，将确定申请日，给予申请号，发出受理通知书。对申请人面交专利局受理处或各专利局代办处的申请文件，当时进行申请是否符合受理条件的审查，符合受理条件的当场办理受理手续。

向专利局受理处寄交申请文件的，一般在 1 个月左右可以收到国家知识产权局专利局（以下简称专利局）的受理通知书，不符合受理条件的，将收到不受理通知书以及退还的申请文件复印件。超过一个月尚未收到专利局通知的，申请人应当及时向专利局受理处查询，以及时发现申请文件或通知书在邮寄中丢失的可能。

（二）申请专利需要准备的文件

1. 申请专利需要准备的文件

（1）申请发明专利需要准备的文件。申请发明专利需要准备的文件有发明专利请求书、说明书（说明书有附图的，应当提交说明书附图）、权利要求书、说明书摘要（必要时应当有摘要附图），以上文件均要求一式两份。要求减缓各项专利费用的可同时提交减缓请求书两份。

（2）申请实用新型专利需要准备的文件。申请实用新型专利需要准备的文件有实用新型专利请求书、说明书、说明书附图、权利要求书、说明书摘要及其摘要附图，以上文件均要求一式两份。要求减缓各项专利费用的可同时提交减缓请求书两份。

（3）申请外观设计专利需要准备的文件。申请外观设计需要准备的文件有外观设计专利请求书、图片或者照片，各两份。要求保护色彩的，还应当提交彩色图片或者照片各两份。提交图片的，两份均应为图片；提交照片的，两份均应为照片，不得将图片或照片混用。如对图片或照片需要说明的，应当提交外观设计简要说明，一式两份。要求减缓各项专利费用的可同时提交减缓请求书两份。

2. 可能需要提交的后续文件

（1）要求提前公开声明。为了加快审批程序，发明专利申请人可以要求提前公开（提前公开声明为一式两份）。

（2）补正书。对于实用新型专利和外观设计专利，在申请文件提交之日起三个月内，可以对申请文件中的错误进行补正。发明专利申请人可在提出实质审查请求的同时，对申请文件进行补正。对专利局审查员提出的不符合要求的地方应在规定的期限进行补正。各种形式的补正都要填写补正书一式两份。

（3）实质审查请求书。发明专利申请人必须在申请日起3年内提出实质审查，提交实质审查请求书一式两份及已有技术的参考资料，缴纳实质审查费。无正当理由不提出实质审查视为专利申请撤回。

（4）意见陈述书。对于被专利局驳回的申请，申请人有陈述自己意见的权利，提交意见陈述书一式两份。

（5）复审请求书。对被专利局驳回、撤销或维持决定不服的，申请人可以从收到通知之日起3个月内，向专利局复审委员会请求复审，提交复审请求书一式两份并缴纳复审费。

（6）恢复权利请求书。如果专利申请人因不可抗拒因素造成没能在规定的时间内答复审查员的通知、补正意见、缴纳申请费等使其专利申请被驳回，专利申请人可提交恢复权利请求书一式两份，补办相关手续，提供相应证明，缴纳恢复权利请求费。

3．专利文件的书写要求

申请文件各部分一律使用汉字。外国人名、地名和科技术语如没有统一中文译文，应当在中文后的括号内注明英文或原文。申请人提供的附件或证明是外文的，应当附有中文译文，申请文件包括请求书在内，都应当用宋体、仿宋体或楷体打字或印刷，字迹呈黑色，字高应当在3.5～4.5毫米，行距应当在2.5～3.5毫米。要求提交一式两份文件的，其中一份为原件，另一份应采用复印件，并保证两份文件内容一致。申请文件中有图的，应当用墨水和绘图工具绘制，或者用绘图软件绘制，线条应当均匀清晰，不得涂改。不得使用工程蓝图。

申请文件的纸张质量应相当于复印机用纸的质量。纸面不得有无用的文字、记号、框、线等。各种文件一律采用A4尺寸（210毫米×297毫米）的纸张。

（三）授予专利权的条件

发明专利和实用新型专利应具备新颖性、创造性和实用性才能被授予专利权。

（1）新颖性。新颖性是指在申请日以前没有同样的发明或者实用新型在国内出版物上公开发表过、在国内公开使用或以其他方式为公众所知，也没有同样的发明或实用新型由他人向专利局提出过申请并且记载在申请日以后公布的专利申请文件中。

（2）创造性。创造性是指同申请日以前已有的技术相比，该发明有突出的实质性特点和显著的进步，该实用新型有实质性特点和进步。

（3）实用性。实用性是指该发明或实用新型能够创造或使用，并且能够产生积极效果。

下列各项情况不授予专利权：

①违反国家法律、社会公德或妨害公共利益的发明创造。

②用原子核变换方法获得的物质。

③动植物新品种。

④疾病的诊断和治疗方法。

⑤违背科学规律的发明。

⑥科学发现（发现新星、自然科学定理、定律等）。

⑦智力活动的规则和方法。

（四）提交申请文件注意事项

提交申请文件时应注意下列事项。

（1）向专利局提交申请文件或办理各种手续的文件，应当使用国家知识产权局统一制定的表格，申请文件均应一式两份，手续性文件可以一式一份；表格可以从网上下载，网址是 www.sipo.gov.cn，也可以到国家知识产权局受理大厅索取或以信函方式索取（信函寄至：国家知识产权局专利局初审及流程管理部发文处）。

（2）一张表格只能用于一项专利申请。

（3）向专利局提交的各种文件，申请人都应当留存底稿，以保证申请审批过程中文件填写的一致性，并可以此作为答复审查意见时的参照。

（4）申请文件是邮寄的，应当用挂号信函。无法用挂号信邮寄的，可以用特快专递邮寄，不得用包裹邮寄申请文件。挂号信函上除写明专利局或者专利局代办处的详细地址（包括邮政编码）外，还应当标有"申请文件"及"国家知识产权局专利局受理处收"或"国家知识产权局专利局XX代办处收"的字样。申请文件最好不要通过快递公司递交，通过快递公司递交申请文件，以专利局受理处以及各专利局代办处实际收到日为申请日。一封挂号信内应当只装同一项申请的文件。邮寄后，申请人应当妥善保管好挂号收据存根。

（5）专利局在受理专利申请时不接收样品、样本或模型。在审查程序中，申请人应审查员要求提交样品或模型时，若在专利局受理窗口当面提交的，应当出示审查意见通知书；邮寄的应当在邮件上写明"应审查员XXX（姓名）要求提交模型"的字样。

（6）申请人或专利权人的地址有变动，应及时向专利局提出著录项目变更；申请人与专利事务所解除代理关系，应向专利局办理变更手续。

（五）专利申请与审查的程序

专利申请与审查的程序如图7-1所示

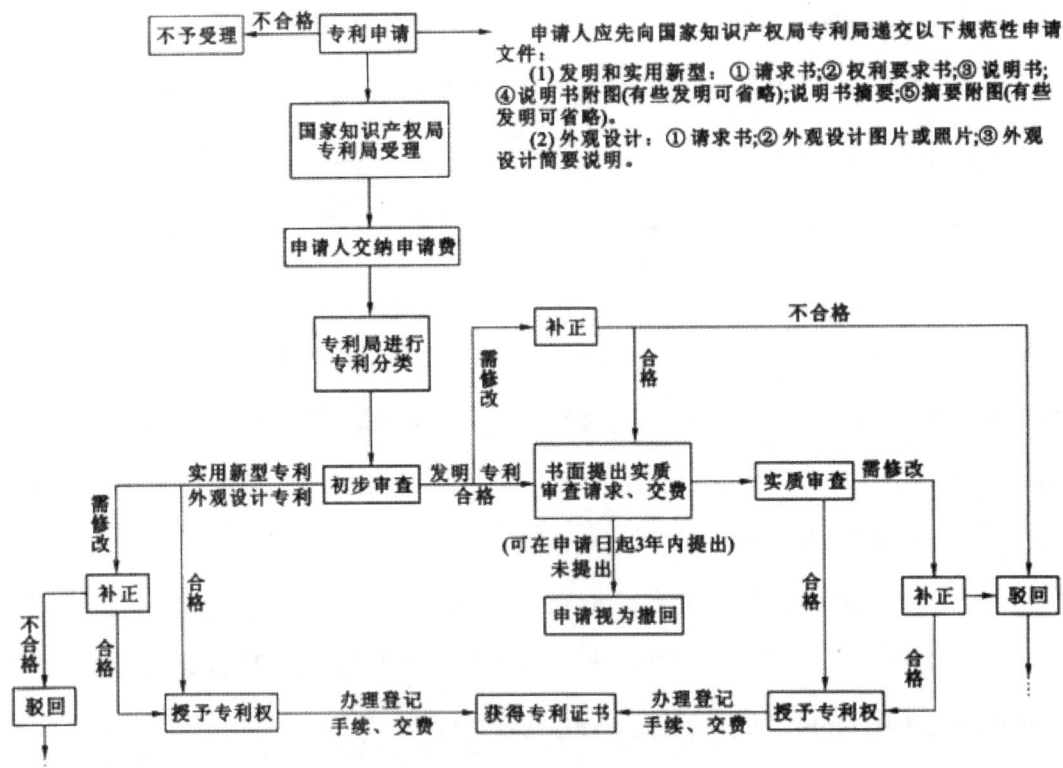

图7-1 专利申请与审查的程序

（六）专利申请代理

当发明创造人不能按照专利局的规定办理专利申请等各种专利事项时，可以委托专利代理机构办理有关事项。专利代理是指由他人代为把当事人的创造发明向专利局申请专利或代为办理当事人其他专利事务。专利代理是一种委托代理，它是指专利代理机构受一方当事人的委托，委派具有专利代理人资格的在专利局正式授权的专利代理机构中工作的人员，作为委托代理人，在委托权限内，以委托人的名义，按照专利法的规定向专利局办理专利申请或其他专利事务所进行的民事法律行为。专利代理人资格是经特定考核后取得的，任何其他机构和个人无权接受委托，不能从事专利代理工作。

专利代理机构可以承办专利咨询，代写专利申请文件，办理专利申请，请求实质审查或者复审的有关事务，请求撤销专利权、宣告专利权无效等有关事务，办理专利权的转让，解决专利申请权、专利权归属纠纷等事务。

四、专利申请文件的撰写

获得专利衩是从专利申请开始的，专利申请文件的撰写必须依照专利法及专利局规定的统一格式书写。

（一）发明、实用新型专利申请文件的撰写

1. 专利申请文件的类型及作用

《专利法》第二十六条规定的专利申请文件有请求书、说明书、权利要求书、其他附件等。

请求书：写明发明或者实用新型的名称、发明人或者设计人的姓名，申请人的姓名或者名称、地址，以及其他事项（确立专利的主体和客体，列出提交文件清单）。

说明书：对发明或者实用新型作出清楚、完整的说明，以所属技术领域的技术人员能够实现为准，必要时，应有附图（公开发明）。

说明书摘要：简要说明发明或者实用新型的技术要点（提供发明技术情报）。

权利要求书：以说明书为依据，说明要求专利保护的范围（确立保护范围）。

其他附件：代理委托书（确立代理关系和代理权项）、费用减缓请求书、提前公开请求书、实质性审查请求书等。

专利申请文件是一种法律文件，其主要作用有以下几点。

（1）构成受理必要条件，启动审批程序。

（2）向社会公开发明创造的内容，充分公开是授权的先决条件。

（3）作为审查的原始依据。

（4）阐明申请人要求的保护范围。

（5）批准授权后，作为判断侵权的依据。

2．专利申请文件的撰写

（1）撰写的依据：《中华人民共和国专利法》《中华人民共和国专利法实施细则》（以下简称细则）《审查指南》。

（2）文件撰写工作步骤

①了解发明创造的实质及有关情报：第一，发明任务是什么，发明以前存在什么具体问题，发明打算解决什么问题，发明是否真正解决了这个问题。第二，发明人知道哪些现有技术。第三，发明的技术特征是什么，哪些技术特征对发明来说是本质的、最重要的，发明人认为哪些要素的组合是创新的。第四，发明的具体效果，哪些方面超过现有技术，如性能、成本、可靠性等。第五，能否进一步改进或改型，发明能否扩展范围。第六，实施方案，能否实现，有无样品。

②排除专利不保护的发明。

③判断实用性（永动机、固定建筑物应立即排除）。

④尽可能进行检索，判断新颖性和创造性。

⑤分析保护方式，确定申请哪类专利。

⑥分析发明的技术特征，确定所需的附图。

⑦撰写权利要求书（细则第二十条至二十三条）。

⑧撰写说明书（细则第十八条）。

⑨检查权利要求书和说明书是否符合法规规定，内容披露与保护范围是否相适应。

⑩撰写说明书摘要（细则第二十四条）。

（3）申请文件的撰写要求

①符合法规的规定（包括内容和形式）。

②发明内容披露与保护范围相适应（反映代理水平）。

③文字要求：符合格式，开门见山，简练流畅，逻辑清晰（基本要素）。

（二）外观设计专利申请文件的撰写要求

1. 外观设计专利的保护客体

细则第二条第三款规定：专利法所标外观设计，是指对产品的形状、图案或者其结合以及色彩与形状、图案的结合所作出的富有美感并适于工业应用的新设计。

（1）产品

①外观设计的载体必须是产品。

②产品是指任何用工业方法生产出来的物品。

③不能重复生产（再现）的手工艺品、农产品、畜产品、自然物，不能作为外观设计的载体。

（2）形状

形状是产品的造型，即指产品外部的点、线、面变化组合而呈现的外表轮廓。

（3）图案

①由线条、文字、符号、色块的排列或组合，而在产品的表面构成的图案。

②图案可以通过绘图或其他能够体现设计者的图案设计构思的手段制作。

③产品的图案应当是固定、可见的，而不应是时有时无的，或者在特定的条件下才能看见的。

（4）色彩

色彩是指用于产品上的颜色或者颜色的组合。制造该产品所用材料的本色不是外观设计的色彩。

（5）形状、图案、色彩的结合

①形状、图案、色彩三要素是相互依存的，有时其界限是难以界定的，如多种色块的搭配即成图案。

②产品的色彩是不能独立构成外观设计的，除非产品色彩变化的本身已形成一种图案。

③可以构成外观设计的组合有产品的形状；产品的图案；产品的形状和图案；产品的形状和色彩；产品的图案和色彩；产品的形状、图案和色彩。

（6）富有美感并适于工业应用的新设计

①适于工业应用，是指能应用于产业上，并形成批量生产。

②新设计是对一种产品作出新的设计。即应同国内外公开过的、国内公用过的外观设计不相同和不相近似，并无冲突申请。

①富有美感：不丑，即有美感。

（7）不给予外观设计专利保护的客体

①取决于特定地理条件，不能重复再现的固定建筑物、桥梁等。

②因含有气体、液体或粉末状等无固定形状的物质而导致形状、图案、色彩不固定的产品。

③产品的不能分别、不能单独出售或使用的部分，如帽檐、杯把等。

④由多个构件组成的产品，构件本身不能成为一个独立使用价值的产品，则构件不属于外观设计专利保护客体。如：由接插件接插成的接插组件玩具，以一件外观设计专利申请，才能给予外观设计专利保护。

⑤由作用于视觉或肉眼难以确定其形状、图案、色彩的物品。

⑥要求保护的外观设计不是产品本身常规的形态，如用手帕扎成动物形态的外观设计。

⑦以自然物原有形状、图案、色彩作为主体的设计，如雨花石、泰山石、根雕。

⑧纯属美术范畴的作品。

⑨仅以在产品所属领域内司空见惯的几何形状和图案构成的外观设计。

⑩一般文字和数字的字形以及字音、字义不能作为要求保护的外观设计的具体内容（但美术字可以）。

2. 外观设计专利申请的文件

外观设计专利申请的文件应包含以下内容。

（1）请求书.

（2）外观设计图或照片。

（3）简要说明。

3. 申请文件的撰写要求

（1）请求书

①外观设计专利产品名称的具体要求：应简短、准确地表明请求保护的产品，以1 7个字为宜，不得超过15个字。应当符合下述要求：第一，一般应当符合国际外观设计分类表中的名称。第二，应当导设计内容相符合。第三，应当避免使用下述名称：含有人名、地名、公司名称、商标、代号、型号或以历史时代命名的产品名称。概括、抽象的名称，如"文具""炊具""建筑物"等。附有构造、功能或作用效果的名称，如"节油发动机""人体增高鞋"等。附有产品规格、数量单位的名称，如"21英寸彩色电视机""一副手套"等。以产品造型或色彩命名的名称，如"红色外衣""菱形尺"等。省略写法的名称，如"玩具汽车"不能写成"汽车"等。以外国文字命名的名称。附有外观设计内容的名称，如把"书包"写成"带有熊猫图案的书包"。

②外观设计专利产品所属类别。按国际外观设计分类表中的类别，申请人不明确其类别的，可以写明技术领域或使用场所。

（2）外观设计图或照片

①应提交的图：立体外观设计产品、平面外观设计产品。

立体外观设计产品：产品设计要点涉及六个面的，应提交六面正投影视图，其图名是主视图、后视图、左视图、右视图、俯视图和仰视图。产品设计要点仅涉及一个面或几个面的，应提交所涉及的面的正投影视图和立体图。

平面外观设计产品：产品设计要点涉及一个面的，可以仅提交该面正投影视图。产品设计要点涉及两个面的（正面、反面），应提交两面正投影视图。

为了更使人易于理解，可以提交"使用状态图"。

②尺寸：图形尺寸不得小于3厘米（细长物品除外），不得大于15厘米X22厘米，并应当保证图形缩小到三分之二时，产品外观轮廓的各个细节仍能清晰可辨。

③色彩：请求保护外观设计色彩的，应当提交彩色图片或照片一式两份。

④应注意下列要求：第一，各视图的比例一致。第二，六面图可省略的，应当省略掉，其省略内容在"简要说明"中说明。第三，照片要清晰，反差适当，轮廓清楚，摄影时不要有前大后小的透视反映，要拍成正投影视图，周围不要出现阴影。第四，各视图名称写

在各视图下方。第五，采用剖视图或局部放大图，则应画出箭头，并用 A—A、B—B 符号标注剖切位置，用圆圈和箭头及符号 A、B 等标出被放大部位，对其剖视图和放大图加以"A–A 剖视图"和"A 处局部放大图"的图名。

（3）简要说明

①应该只是对外观设计图或照片作必要的补充或解释。不应对产品本身的设计特点、设计构思、产品功能、结构等加以介绍，更不应作商业性宣传。

②其他必要的注明：第一，六面图中有相同或对称的情况，注明省略的视图。第二，产品的状态是变化的情况，如折叠伞、活动玩具等。第三，产品的透明部分在图中可用"/"符号标示出。第四，平面产品中的单元图案两方连续或四方连续等而无限定边界的情况，如花布、壁纸等。第五，采用省略画法的细长物品的长度。第六，用特殊材料制成的产品（材料说明）。第七，请求保护的外观设计包含色彩。第八，新开发的产品的使用方法、用途或者功能。第九，设计要点。

五、专利的转让

（一）专利转让的形式

专利转让一般有以下几种形式。

（1）普通许可

许可方（即专利权人）允许被许可方在规定的区域内使用其专利，许可方仍保留使用该项专利或再与第三方签订许可合同的权利。

（2）独占许可

被许可方取得在规定区域内使用其专利，不仅如此，还有权拒绝任何人（包括许可方）在该区域内实施。

（3）独家许可

被许可方有权在规定区域内使用，但许可方仍有权在该区域内实施。

（4）分售许可

被许可方可以在许可方的同意下，以自己的名义许可第三方实施许可方的专利。

（5）交叉许可

两个专利权人以技术互惠交换的形式相互使用对方的专利，这是因为双方的技术交叉，一方为了实施其专利必须运用到另一方的专利。如：改进发明方与原发明方，改进方要实施，需要利用原发明；原发明方要发展，也要使用改进的发明。

（6）专利申请权与专利权转让

原专利申请人将其申请权或原专利权人将其专利权转让出去。

（二）签订专利许可证合同

专利许可证合同有以下条款。

（1）前言。

（2）定义。

（3）合同的标的：指技术范围的确定和说明，写明专利的种类、名称、申请日、批准日、有效期等。

（4）费用的支付：分为一次总算支付，提成费（按销售金额或利润确定提成比例），入门费加提成费（签订合同后，预付一笔费用，然后每年再按销售金额或利润来提成），技术入股（专利权人以其专利技术作为股份投入，利益共享、风险共担）。

（5）技术资料的支付：规定技术资料的范围、交付时间、地点、验收方法。

（6）技术改进：签约后一方对该专利技术的改进，其成果归谁所有及另一方的利益问题。

（7）技术服务和人员培训：被许可方获得技术资料后可能无法制造出合格产品，还需许可方提供培训、指导等。

（8）保密条款：主要涉及 KNOW-HOW（技术秘密），被许可方应对许可方负有保密的义务。

（9）担保条款：双方各自互相给予对方履行合同的许诺。

（10）争议的解决：规定双方发生争议后的解决办法。

（11）违约：对不履行或不按时履行合同等违约的处理。

（12）合同的生效日、有效期限、终止及延期。

签订合同时应注意以下几点。

（1）合同条款不可违反国家法律，否则该合同将成为无效合同。

（2）合同的条款应完整，合同的附件应提供齐全。

（3）合同的内容应该描述详细、正确、准确。

（4）合同的文字要叙述准确，不可模糊、模棱两可。

（三）专利转让有关事宜

开发新产品是"九死一生"的事，除非是企业家和冒险家，一般的投资者往往只热衷于做加工。如果我们的专利是开拓性发明，推广时要找真正的创业者和企业家；如果我们的专利可以给企业带来更多的商机，尤其是解决工艺或制造成本方面问题的技术，适用对象就多了，而且也容易转让或许可。

专利转让难有很多原因，最主要的原因是发明人说不清楚自己的发明，或者发明方案有问题，再就是转让和推销方法有问题。转让专利是很费时间的事，一般都要投入大量的精力和时间，可能还要投入一定的财力。我们在转让或许可专利时，尽可能不要通过中介公司。如果我们没有足够的精力和时间，可以委托技术经纪人，这个技术经纪人必须有一定的人脉关系，而且是愿全力投入的人。另外，支付给经纪人的报酬一定要高。

我们在转让专利时，还可采取直接和投资者联系的方式，国外一些发明人就是直接和大量投资者联系把专利转让出去的。日本的一些发明人是通过电话簿和企业名录来联系企业投资者的，转让专利的成功率很高。

通过朋友介绍和投资者面谈是最有效的专利转让方法，成功率非常高。但是，给朋友的报酬不可少，而且还要注意和投资者身边的人搞好关系，必要时还要支付一定的辛苦费。一般的投资者不精通技术，他们买专利的信心往往来自身边人。还有就是在一些展览会上展出自己的发明，这样会有很好的效果。如果资金很少，可以在场外展出，或者在展会内向一些企业发送专利资料。转让专利时有发明样机最好，这是最好的广告宣传。

对专利不是很精通的人，最好在转让专利之前请教一下有经验的人。拿着专利交底书到处转让，等于在向公众免费赠送技术或发明创意，除非遇到只买技术并尊重他人知识和技术的买主。发明人的专利授权后有可能会收到大量的来信，发明人一定要头脑冷静、认真分析。转让专利前最好做出发明样机。为了获得最大的经济利益，很多发明人选择了许可方式。发明人要注意区别"许可"和"转让"的概念,"许可"能将一个专利让多个买主使用,而"转让"是一次性的。

投资者一般对发展科学技术没什么兴趣,他们关注的主要是经济利益。有些投资者到处打听"好项目",所谓的"好项目"无非是那些能快速实现经济利益的短平快发明项目。其实,简单而能快速盈利的发明背后凝聚的智慧往往比那些复杂发明更高,这样的专利价值更大。要说明的是,简单的发明要获得适当的专利保护不简单,要获得最宽的专利保护更是难上加难。

签订专利转让合同时必须注意以下几点事项。

(1)专利刚授权时,专利局先在专利公报上向全世界公开专利权人的姓名和专利权人的通信地址、发明摘要等信息,但此时权利要求书和说明书还很难查到,或者专利全文还在出版之中。如果此时有人写信给我们,说是要购买我们的专利,或者说某公司对我们的发明很感兴趣,我们不能高兴得太早,有些信确实提供了一些重要信息,但对有些信要作认真分析。不少企业有专门检索专利的技术人员,他们会认真分析每一期的专利公报,分析专利公报的目的不是为了购买别人的专利,相反,他们是要找出别人的专利问题,甚至窃取技术、技巧,申请自己的专利或发展自己的技术。

(2)专利开价适当可以反映出权利人的实事求是精神,但不要轻易让人还价,实在把握不准时可以进行专利许可。通过第一个被许可人的实施情况可估算出专利的价值,以便下次开出适当的价格。第一次许可的许可费不能太低,开价过低不如把专利直接送人。

(3)没有经验的发明人进行专利许可时要看清合同条款,尤其要注意有没有独家许可的限制性条款。

(4)由于任何一项专利(包括经实审的发明专利)都有被宣告无效的可能,而中国专利法默认专利权人要承担专利无效的责任。发明人完成发明和申请专利已经付出了很多心血,在最后的冲刺中仍要保持谨慎和冷静。为防不测,发明人在与他人签订专利转让或专利许可合同时一定要写明:权利人不承担专利宣告无效的责任。

之所以要加上"权利人不承担专利宣告无效的责任"的条款,是因为我国专利法有个默认原则:专利权人的专利被宣告无效后要退还专利转让费。法律是无情的。殊不知,我们的发明人为了完成发明创造和申请专利往往付出了很大的代价,而专利受让人在买进他人专利前要进行市场预测和技术分析，按理说，专利受让人要承担部分责任或全部责任。发明人一定要注意某些品德恶劣的专利受让人，他们即使已经获得了专利带来的利益，也会让发明人承担专利宣告无效的责任。

第三节　大学生创业过程中的法律常识

在激烈的商场竞争中，优胜劣汰是无情的法则。每一天都有众多新公司成立，也有很大企业被迫破产。每个企业都有规模不小的不同、人员多少的不等、产品种类的差别、技术含量的高低等，但有一点是一样的，那就是在市场经济中，企业的种种行为都必须以法律为准绳，遵循商场的游戏规则，否则迟早被淘汰出局。因此，对于在商业竞争本来就处于劣势的大学生创业者来说，要是在万变的商海中站稳脚跟、发展壮大，就应该树立正确的法律意识和善于运用法律武器，在保护自己的同时也约束自己。以下就一般大学生创业者所应该必备的法律常识进行阐述。

一、有限责任公司的设立、组织机构与股权

有限责任公司，简称"有限公司"，是我国企业实行公司制最重要的一种组织形式，其优点是设立程序比较简单，不必发布公告，也不必公布账目，其缺点是不能公开发行股票。在实践中，由于有限责任公司设立的条件要求相对较低，所以成为了多数人选择的公司形式。

（一）设立有限责任公司的条件

设立有限责任公司条件低，但并不等于无条件，我国法律规定设立有限责任公司必须满足一定的条件，根据《公司法》第二十三条的规定，设立有限责任公司，应当具备下列条件：股东符合法定人数；有符合公司章程规定的全体股东认缴的出资额；股东共同制定公司章程；有公司名称，建立符合有限责任公司要求的组织机构；有公司住所。

（二）有限责任公司中的股东责任承担

股东是指通过向公司出资或其他合法途径出资并获得公司股权，并对公司享有权利和

承担义务的人。一般分为股份有限公司的股东和有限责任公司的股东两种，股东是公司存在的基础，是公司的核心要素，没有股东，就不可能有公司。在实践中，由于欠缺法律知识，很多主体在设立公司时不了解作为股东如何承担公司责任，对此我国《公司法》第三条作出了明确的规定，即有限责任公司的股东以其认缴的出资额为限对公司承担责任；股份有限公司的股东以其认购的股份为限对公司承担责任。

在有限责任公司的设立中，所谓"以其认缴的出资额为限对公司承担责任"，通俗地讲就是股东出多少资，就在该资金的范围内承担公司的债务，如果该资金已经被消耗完，那么股东个人将不对公司的债务承担连带责任。

（三）有限责任公司成立后，股东未按照约定缴清全部出资的处理

根据《公司法》第三十条的规定，有限责任公司成立后，发现作为设立公司出资的非货币财产的实际价额显著低于公司章程所定价额的，应当由交付该出资的股东补足其差额；公司设立时的其他股东承担连带责任。

（四）一人有限责任公司中，股东财产和公司财产混同的将承担的责任

一人有限责任公司的股东对公司债务承担有限责任是公司法上的一项基本原则，但在现实生活中，一些股东并未在财务管理上引起重视，未将公司财产与个人财产严格区分，从而损害了债权人的利益，破坏了有限责任公司和股东之间的独立关系，为了防止此种现象带来的不利后果，我国《公司法》第六十三条规定，一人有限责任公司的股东不能证明公司财产独立于股东自己的财产的，应当对公司债务承担连带责任。建立有限责任公司的好处之一就是股东的财产与公司的财产分离，股东以其出资为限对公司的债务承担有限责任。但是股东与公司的财产一旦混同，就丧失了有限责任公司的优势，自然也得不到有限责任的保护。

（五）有限责任公司的股东在转让股权时应当遵守的法定程序

股权转让是指出让人让渡自己的股份，受让人支付相应价款并取得股东权的民事法律行为，是股东享有的一项法定权利。但是，股权转让也应该遵循相应的程序和规则，近几年来，公司股权转让纠纷逐渐增多，集中表现在股权转让的程序不合法、股东的优先购买权不能得到保障等方面。依照我国《公司法》第七十一条的规定，有限责任公司的股东之

间可以相互转让其全部或者部分股权。股东向股东以外的人转让股权，应当经其他股东过半数同意。由此，我们可以看出，为了保护有限责任公司的人合性，法律将股权转让分为两种情况来处理，一种为股东之间的股权转让，股东之间可以自由转让其全部或部分股权，而不需其他股东同意，其他股东也没有优先购买权；另一种为股东向股东以外的人转让股权，应当经其他股东过半数同意，股东应就其股权转让事项书面通知其他股东征求同意。

二、股份有限责任公司的设立、组织机构与股份

（一）成立股份有限公司的条件

我国《公司法》第七十六条明确规定，设立股份有限公司，应当具备下列条件：发起人符合法定人数。有符合公司章程规定的全体发起人认购的股本总额或者募集的实收股本总额；那么，也就是说，成立股份有限公司之前，首先要在发起人数量和发起资金上满足法律要求了。股份发行、筹办事项符合法律规定。发起人制订公司章程，采用募集方式设立的经创立大会通过，这就是说明，在股份有限公司成立以后，公司的管理要符合法律规定。有公司名称，建立符合股份有限公司要求的组织机构。有公司住所。

（二）股份有限公司章程应载明的内容

公司按照法律规定的程序成立以后，还要按照相应的规定建立相应的公司组织机构，如董事会、股东大会等，同时，还要按规定制定严格的公司章程。根据《公司法》第八十一条的规定，股份有限公司章程应当载明下列事项：（1）公司名称和住所；（2）公司经营范围；（3）公司设立方式，（4）公司股份总数、每股金额和注册资本；（5）发起人的姓名或者名称、认购的股份数、出资方式和出资时间；（6）董事会的组成、职权和议事规则；（7）公司法定代表人；（8）监事会的组成、职权和议事规则；（9）公司利润分配办法；（10）公司的解散事由与清算办法；（11）公司的通知和公告办法；（12）股东大会会议认为需要规定的其他事项。其中，有公司章程中对公司设立本身的强制性规定；有对公司资金、股份的规定；有些是对公司组织机构的规定，还有关于公司经营运作和解散清算等的相关办法。

（三）法定期限内未召开创立大会，认股人可要求返还股款

成立股份有限责任公司往往需要大量的资金作为支撑，此时，发行股票，向社会公开募股集资是股份有限公司集资的一种形式，但是，根据我国法律规定，发起人应当在规定日期内召开公司创立大会。《公司法》第八十九条规定，发行股份的股款缴足后，必须经依法设立的验资机构验资并出具证明。发起人应当自股款缴足之日起三十日内主持召开公司创立大会。创立大会由发起人、认股人组成。发行的股份超过招股说明书规定的截止期限尚未募足的，或者发行股份的股款缴足后，发起人在三十日内未召开创立大会的，认股人可以按照所缴股款并加算银行同期存款利息，要求发起人返还。例如，股民虽然认购了某公司公开发行的股票，但是该公司发起人没有在法定的期限内召开公司创立大会，这是违反法律规定的，此时，认购股票的股民可以根据法律的规定，按照所缴股款并加算银行同期存款利息，要求发起人返还。

（四）创立大会的职责和权利

创立大会在股份有限公司中扮演着十分重要的角色，是设立中的公司的意思决定机关，在公司成立之初，公司的发起人向社会发行股票，当股票资本认购成功以后，创立大会就开始发挥作用。根据《公司法》第九十条的规定，发起人应当在创立大会召开十五日前将会议日期通知各认股人或者予以公告。创立大会应有代表股份总数过半数的发起人、认股人出席，方可举行。这是我国法律关于创立大会召开时间和程序的规定。另外，关于创立大会的职权，法律规定创立大会行使下列职权：（1）审议发起人关于公司筹办情况的报告；（2）通过公司章程；（3）选举董事会成员；（4）选举监事会成员；（5）对公司的设立费用进行审核；（6）对发起人用于抵作股款的财产的作价进行审核；（7）发生不可抗力或者经营条件发生重大变化直接影响公司设立的，可以作出不设立公司的决议。可见，创立大会的主要职权即是作为在公司设立过程中的意思决定机关，在公司成立的过程中要依法履行职权，维护公司利益，同时，保护股民的合法权益。

（五）无记名股票持有人也可参加股东大会

根据我国法律规定，无记名股票持有人也有权参加公司股东方会，相反。所谓的无记名股票，是指在股票票面和股份公司股东名册上均不记载股东姓名的股票，持有者认购股

票时只要缴足股款就拥有该股票的股东权利。无记名股票和记名股票相比，只是股票记载方式不同，在股东权利和其他方面都是相同的。同时，我国《公司法》第一百零二条规定，"发行无记名股票的，应当于会议召开三十日前公告会议召开的时间、地点和审议事项"。根据该法律的规定，无记名股票的持有者，可在办理相关手续后，有权利参加股东大会。

（六）需要召开临时股东大会的情形

股东大会是公司的最高权力机关，它由全体股东组成，对公司重大事项进行决策，有权选任和解除董事，并对公司的经营管理有广泛的决定权。我国法律规定股东大会有定期召开和临时召开两种形式。定期股东大会一般每年召开一次，通常是在每一会计年度终结的6个月内召开，关于临时股东大会的召开，根据《公司法》第一百条的规定，出现有六种情形的公司应当在情形出现两个月内召开临时股东大会。第一种情形是董事人数不足本法规定人数或者公司章程所定人数的三分之二时；第二种情形是公司未弥补的亏损达实收股本总额三分之一时；第三种情形是单独或者合计持有公司百分之十以上股份的股东请求时；第四种情形是公司董事会认为必要时；第五种情形是监事会提议召开时；第六是出现公司章程规定的其他情形的。

（七）同种类的股票，其所代表的权利是一样的

股东持有的股票份额也许是不尽相同的，但是同种类的每一股股票在法律上被赋予的权利是相同的，也就是我们通常所说的"一股一权"。根据《公司法》第一百二十五条的规定："股份有限公司的资本划分为股份，每一股的金额相等。公司的股份采取股票的形式。股票是公司签发的证明股东所持股份的凭证。"同时本法第一百二十六条规定："股份的发行，实行公平、公正的原则，同种类的每一股份应当具有同等权利。同次发行的同种类股票，每股的发行条件和价格应当相同；任何单位或者个人所认购的股份，每股应当支付相同价额。"

三、公司的解散和清算

（一）资不抵债时，公司申请破产问题

资不抵债是指企业的全部债务超过其资产总值，以致不足以清偿债权人的状况。在我

国，法律并未对资不抵债时能否申请破产作出明确规定，但对公司不能偿还到期债务作了规定。我国《公司法》第一百八十三条规定："公司经营管理发生严重困难，继续存续会使股东利益受到重大损失，通过其他途径不能解决的，持有公司全部股东表决权百分之十以上的股东，可以请求人民法院解散公司。"我国《企业破产法》第二条和第七条对此进一步规定："企业法人不能清偿到期债务，并且资产不足以清偿全部债务或者明显缺乏清偿能力的，依照本法规定清理债务。债务人有本法第二条规定的情形，可以向人民法院提出重整、和解或者破产清算申请。"据此可知，只有公司出现了资不抵债并且同时不能清偿到期债务这一情形时，才能申请破产。

（二）清算组的权利和义务

公司清算是指解散的公司清理债权债务、分配剩余财产、了结公司的法律关系，使公司归于消灭的程序。公司清算是要由清算组来完成，清算组有法定的权利和义务。根据《公司法》第一百八十四条和一百八十九条的规定，在清算期间，清算组的职权为：清理公司财产，分别编制资产负债表和财产清单；通知、公告债权人；处理与清算有关的公司未了结的业务，清缴所欠税款以及清算过程中产生的税款；清理债权、债务；处理公司清偿债务后的剩余财产；代表公司参与民事诉讼活动。清算组应履行的义务为：忠于职守，依法履行清算义务，不得利用职权收受贿赂或者其他非法收入，不得侵占公司财产；因故意或者重大过失给公司或者债权人造成损失的，应当承担赔偿责任。清算组组成以后要按照法律规定履行职权和义务，一旦违反就会受到法律的追究。

（三）公司解散时对于财产的清偿顺序

清算组在进行清偿债务时会依照一定的顺序，该顺序也是由法律明文规定的，任何人不得自行决定。根据《公司法》第一百八十六条的规定，在公司清算期间的债务清偿中，应该首先支付的是清算费用，比如评估、变卖、分配公司财产等所需的费用，公告费用，清算组成员的报酬以及诉讼费用等都属于清算费用；其次是支付职工工资和社会保险费用及法定补偿金；再次是缴纳所欠税款；最后才是偿还其他公司债务。如果还有剩余，剩余财产由股东分配。有限责任公司按照股东的出资比例分配，股份有限公司按照股东持有的股份比例分配。

上述顺序也是根据债务的轻重缓急等多方因素考虑确定的，员工的工资关系到大家的切身利益，甚至有的会影响到每个家庭的正常生活。所以在拨付完清算费用以后，就会清偿员工的全部或部分工资。

（四）公司董事之间发生冲突并因此给公司带来损失的处理

股东是指向公司出资、持有公司股份、享有股东权利和承担股东义务的人。虽然股东出资组建公司的目的是为了盈利，但同时也要承担赔钱的风险。股东之间如果因个人意见不合时，也应该以公司的整体利益为重，但是这也不排除会出现因股东之间长期的个人矛盾影响公司效益的情况，一旦出现这种情况，应该怎么办呢？依照《最高人民法院关于适用〈中华人民共和国公司法〉若干问题的规定（二）》第一条和《公司法》第一百八十二条的规定可知，单独或者合计持有公司全部股东表决权百分之十以上的股东，可以以公司董事长期冲突，且无法通过股东会或者股东大会解决，公司经营管理发生严重困难为事由提起解散公司的诉讼。

（五）股东申请解散公司，提起诉讼时被告的确定

解散公司诉讼是指符合法定条件的股东因法定事由请求人民法院解散公司的诉讼。我国《最高人民法院关于适用〈中华人民共和国公司法〉若干问题的规定》第四条规定，股东提起解散公司诉讼应当以公司为被告。原告以其他股东为被告一并提起诉讼的，人民法院应当告知原告将其他股东变更为第三人。但是提起本诉讼的原告应该是单独或者合计持有公司全部股东表决权百分之十以上的股东。

（六）清算组完成清算的时间

清算组进行清算应该严格按照清算程序进行，同时，清算的时间也是有法律规定的。我国《最高人民法院关于适用〈中华人民共和国公司法〉若干问题的规定（二）》第十六条的规定："人民法院组织清算的，清算组应当自成立之日起六个月内清算完毕。因特殊情况无法在六个月内完成清算的，清算组应当向人民法院申请延长。"当然，如果因其他原因确实无法完成，也可以申请延长时限。

四、合伙企业的设立

(一) 合伙企业的两种类型

合伙是指两个以上的民事主体共同出资、共同经营、共负盈亏的企业组织形态，属于非法人组织。根据我国《合伙企业法》第二条的规定可知，我们国家的合伙企业分为普通合伙企业和有限合伙企业，普通合伙企业由普通合伙人组成，合伙人对合伙企业债务承担无限连带责任。有限合伙企业由普通合伙人和有限合伙人组成，普通合伙人对合伙企业债务承担无限连带责任，有限合伙人以其认缴的出资额为限对合伙企业债务承担责任。

(二) 学校不能成为普通合伙人

根据我国《合伙企业法》第三条的规定，国有独资公司、国有企业、上市公司以及公益性的事业单位、社会团体不得成为普通合伙人。所以，学校是不能成为普通合伙人的。法律作出此规定，是因为如果学校成为普通合伙企业，就要对外承担无限连带责任，而学校是不以营利为目的的公益性事业单位，一旦其他合伙人出现资不抵债的情况，学校势必要以自己的财产承担偿还责任，这就严重影响了学校行使国家教育的公共职能，损害了社会公共利益，因此，我国《合伙企业法》第三条明确规定了公益性的事业单位不得成为普通合伙人。

(三) 合伙协议

合伙协议是合伙成立的法律基础，是调整合伙人相互之间的权利义务关系的内部法律文件，具有对内效力。合伙协议必须采用书面形式，经全体合伙人签名、盖章后生效。订立合伙协议、设立合伙企业，应当遵循自愿、平等、公平、诚实的信用原则。成立合伙企业应该订立书面合伙协议，这样有利于保障合伙人的利益、减少纠纷，而且书面合伙协议也是合伙企业完成注册登记的必备文件。在签订合伙协议时，应该严格按照法律的规定，载明合伙企业的名称和主要经营场所的地点；合伙目的和合伙经营范围；合伙人的姓名或者名称、住所；合伙人的出资方式、数额和缴付期限；利润分配、亏损分担方式；合伙事务的执行；入伙与退伙；争议解决办法；合伙企业的解散与清算；违约责任等事项。

（四）设立合伙企业的条件

根据我国《合伙企业法》第十四条的规定，设立合伙企业，应当具备下列条件：（1）有二个以上合伙人。合伙人为自然人的，应当具有完全民事行为能力；（2）有书面合伙协议；（3）有合伙人认缴或者实际缴付的出资；（4）有合伙企业的名称和生产经营场所；（6）法律、行政法规规定的其他条件。

五、个人独资企业的设立

（一）申请设立个人独资企业，申请人需要向登记机关提交的材料

申请人准备的材料有投资人的身份证明，企业住所证明即租赁店铺的房屋所有权证和国有土地使用证复印件及租赁协议原件。除此之外，根据《个人独资企业登记管理办法》第九条的规定，申请人还应向注册登记机关领取投资人签署的《个人独资企业设立申请书》，按照其说明认真填写，以及还要提交国家工商行政管理总局规定提交的其他文件。需要说明的是如果申请人从事法律、行政法规规定须报经有关部门审批的业务的，比如经营音像制品或印章制作等特种行业的，还应当提交有关部门的批准文件。如果申请人委托代理人办理审批登记的相关事项，还应当提交委托书和代理人的身份证明或者资格证明。

（二）个人独资企业的名称问题

个人独资企业是一个自然人投资的，不具有法人资格，投资人对企业的债务承担无限责任。为了避免个人独资企业与其他形式的企业相混淆，保证企业的实际经营状况，保护交易相对人的合法权益，《个人独资企业登记管理办法》第六条明确规定了个人独资企业的名称应当符合名称登记管理有关规定，并与其责任形式及从事的营业相符合。个人独资企业的名称中不得使用"有限""有限责任"或者"公司"字样。

六、个体工商户的设立

（一）个体工商户经营者的住所在登记时应采用的标准

根据法律规定，个体工商户的住所地应采用户籍地的标准。住所是指为使法律关系集中于一处而确定的自然人或法人的地址，是公民生活和进行民事活动的主要基地或中心场

所。住所也是个体工商户在进行登记时必不可少的一项。我国法律对此进行了专门的规定，如《个体工商户登记管理办法》第七条规定，经营者姓名和住所，是指申请登记为个体工商户的公民姓名及其户籍所在地的详细住址。

（二）申请设立个体工商户的限定

根据《个体工商户登记管理办法》第十二条第一款的规定，个人经营的，以经营者本人为申请人；家庭经营的，以家庭成员中主持经营者为申请人。

（三）个体工商户在申请登记时需要准备的材料

个体工商户的经营者在申请登记时需要准备相关的资料才有可能申请成功。根据《个体工商户登记管理办法》第十四条的规定，申请个体工商户注册登记，应当提交下列文件：（1）申请人签署的个体工商户注册登记申请书；（2）申请人身份证明；（3）经营场所证明；（4）国家工商行政管理总局规定提交的其他文件。因此，申请人应该首先签署个体工商户注册登记申请书，带着自己的身份证和经营场所证明等文件到经营场所所在地的工商局进行工商登记申请。其中，经营场所证明，则是指个体工商户以自有场所作为经营场所的，应当提交自有场所的产权证明复印件；而租用他人场所的，应当提交租赁协议和场所的产权证明复印件。如果申请人是租用别人的场所，他只要提交租赁协议和场所的产权复印件证明即可。

（四）个体工商户营业执照副本的效力问题

根据《个体工商户登记管理办法》第二十四条的规定，个体工商户营业执照（以下简称营业执照）分为正本和副本，载明个体工商户的名称、经营者姓名、组成形式、经营场所、经营范围、注册日期和注册号、发照机关及发照时间信息，正、副本具有同等法律效力。由此可见，个体工商户的营业执照的正本和副本具有同等的法律效力。

参考文献

［1］孙伟，李长智．创新创业教程［M］．北京：清华大学出版社，2017．

［2］贾强，包有或．大学生就业创业指导［M］．北京：中国医药科技出版社，2017．

［3］王承业．创业第一年要考虑的16件事［M］．上海：立信会计出版社，2017．

［4］辛辉．不可不知的创业法律常识［M］．北京：中国法制出版社，2016．

［5］李永山，陆克斌，卞振平．大学生创新创业教育发展与保障研究［M］．北京：中国建材工业出版社，2016．

［6］周成军．大学生思想政治教育与创新创业［M］．北京：光明日报出版社，2016．

［7］蒋德勤．大学生创新教育［M］．北京：现代教育出版社，2012．

［8］于丽荣，郭艳红．大学生创新教育［M］．武汉：武汉大学出版社，2012．

［9］辽宁省普通高等学校创新创业教育指导委员会．创造性思维与创新方法［M］．北京：高等教育出版社，2013．

［10］李建平．创新思维方法论［M］．北京：社会科学文献出版社，2013．

［11］胡飞雪．创新训练与方法［M］．北京：机械工业出版社，2014．

［12］张红兵．超级创新力［M］．北京：人民邮电出版社，2013．

［13］李肖鸣，朱建新．大学生创业基础［M］．4版．北京：清华大学出版社，2014．

［14］冯丽霞，王若洪．创新与创业能力培养［M］．北京：清华大学出版社，2013．

［15］陈卫平，唐时俊．创业基础［M］．北京：清华大学出版社，2013．

［16］任荣伟，梁西章，余雷．创新创业案例教程［M］．北京：清华大学出版社，2014．

［17］李善友．颠覆式创新——移动互联网时代的生存法则［M］．北京：机械工业出版社，2014．

［18］曹晶，陈灿等．互联网＋：跨界与融合［M］．北京：机械工业出版社，2015．

［19］马化腾．互联＋：国家战略行动路线图［M］．北京：中信出版社，2015．

［20］姜立新，刘丽，单春晓．思想政治工作于就业创业教育［M］．沈阳：辽宁人民出版社，2010．

［21］孟万金．职业规划［M］．上海：华东师范大学出版社，2003．

［22］张鹤．人往高处走［M］．北京：经济管理出版社，2004．

［23］辽宁省教育厅．就业与创业概论［M］．沈阳：辽宁大学出版社，2006．

［24］张玲玲．大学生就业［M］．北京：社会科学出版社，2004．

［25］杜映梅．职北生涯规划［M］．北京：对外经济贸易大学出版社，2005．

［26］赵效．青年职业规划［M］．北京：经济管理出版社，2005．

［27］辽宁省教育厅．大学生就业与创业指导［M］．沈阳：辽宁大学出版社，2005．

［28］吴薇．就止指导［M］．上海：华东师范大学出版社，2005．

［29］罗玲玲．大学生创造力开发［M］．北京：科学出版社，2007．

［30］刘冰、张欣平．职业生涯管理［M］．济南：山东人民出版社，2004．

［31］张再生．职业生涯开发与管理［M］．天津：南开大学出版社，2003．

［32］黄天中．生涯规划［M］．北京：中国财政经济出版社，2001．

［33］龙立荣，李哗．职业生涯管理［M］．北京：中国纺织出版社，2003．

［34］邱伟光，张耀灿．思想政治教育学原理［M］．北京：高等教育出版社，1999．

［35］刘新庚．现代思想政治教育方法论［M］．北京：人民出版社，2006．

［36］陈秉公．思想政治教育学基础理论研究［M］．长春：吉林大学出版社，2007．

［37］马克思恩格斯选集（第1卷）［M］．北京：人民出版社，1995．

［38］马克思恩格斯全集（第2卷）［M］．北京：人民出版社，1957．

［39］马克思恩格斯选集（第4卷）［M］．北京：人民出版社，1995．

参考文献

［40］张耀灿，陈万柏．思想政治教育学原理［M］．北京：高等教育出版社，2001．

［41］张敏强．大学生职业规划与就业指导［M］．广州：广东高等教育出版社，
　　　2005．230．

［42］张怀重．论大学生职业生涯规划和思想政治教育内在关联性［J］．河南司法
　　　警官职业学院学报，2010（4）：122－124．

［43］王立仁．论思想政治教育内容的实效维度［J］．思想政治教育研究，2011．
　　　39－41．

［44］胡相峰．对思想政治工作若干基本问题的新思考［J］．徐州师范大学学报
　　　（哲学社会科学版），2001（3）：22．

［45］张文显．创新范式与方法：实现高校思想政治教育突破［J］．中国高等教
育，2004．（10）：19－21．

［46］张露.习近平新时代中国特色社会主义思想入"概论"课教学体系研究[J].青年
与社会，2019.（10）：59－60．

［47］张露.网络环境下高校思想政治理论课专题教学研究——以"毛泽东思想和中
国特色社会主义理论体系概论"课为例[J].才智，2018．（29）：17－18．

［48］张露.行政监督与行政效率的关系探索[J].价值工程,2018,37（14）:214－215.

［49］张露.中国梦融入大学生思想政治教育的思考[J].山西青年,2019(20):144.